1682

SAMMLUNG
METZLER

REALIEN ZUR LITERATUR
ABT. D
LITERATURGESCHICHTE

HELENE M. KASTINGER RILEY

Clemens Brentano

MCMLXXXV

J. B. METZLERSCHE VERLAGSBUCHHANDLUNG

STUTTGART

CIP-Kurztitelaufnahme der Deutschen Bibliothek

Riley, Helene M. Kastinger:
Clemens Brentano / Helene M. Kastinger Riley. –
Stuttgart : Metzler, 1985.
  ISBN 978-3-476-10213-3
  (Sammlung Metzler ; M 213 : Abt. D, Literaturgeschichte)

NE: GT

ISBN 978-3-476-10213-3
ISBN 978-3-476-03917-0 (eBook)
DOI 10.1007/978-3-476-03917-0

M 213

INHALT

Der vorliegende Band soll eine erste Einführung für den an Brentano Interessierten bieten, zugleich aber auch dem Brentano-Forscher als zusammenfassendes Hilfsmittel dienen. Da sich die gegenwärtige Forschungslage in einem Übergang befindet, der durch die seit langem geforderte und nun erfolgende Publikation eine historisch-kritischen Ausgabe (HKA) verursacht ist, muß die Darstellung zwangsläufig transitorisch bleiben. Sie ist Manifestation einer am Scheidewege angelangten Kritik und kann höchstens richtungsweisend wirken, ohne auf Vollkommenheit Anspruch zu erheben. Während der Erarbeitung der einzelnen Bände der HKA werden nicht nur neue Funde und Erkenntnisse von der Mitarbeitern publiziert, auch das gesamte Brentano-Material in der umfangreichen Sammlung des FDH und beisteuernder Archive ist dem Nichtbeteiligten unzugänglich. Die B-Forschung steht am Anfang einer neuen Epoche, die eine Neuorientierung und Neubestimmung von Leben und Werk des Dichters erwarten läßt.

Der Perspektive dieses Bandes liegt die Prämisse zugrunde, daß Brentanos Arbeits- und Lebensgemeinschaften sowohl auf seine Themenwahl wie auf seine literarische Produktion großen Einfluß ausübten. Die mit seiner Schaffensdynamik eng verflochtenen Beziehungen zur zeitgenössischen Literatur- und Gesellschaftsgeschichte bilden mit ihren wichtigsten Charakterzügen einen wesentlichen Teil der Erörterungen. Die restlichen Abschnitte sind der kritischen und bibliographischen Erfassung des Werks gewidmet, wobei ein Hauptaugenmerk auf einzelne Problemkreise, bzw. auf das noch zu Erarbeitende in der Forschung gerichtet wird.

Die Literaturangaben verzeichnen die wichtigsten Arbeiten neuerer Zeit, wobei nach Möglichkeit das bis 1983 Erschienene berücksichtigt wurde. Schon aus Platzgründen ist es unmöglich, ein Gesamtverzeichnis der B-Literatur zu liefern. Da zwischen 1970 und 1978 drei ausgezeichnete Forschungsberichte erschienen sind (Fetzer, Frühwald, Gajek) und für die ältere Forschung ebenfalls in Zeitabständen Zusammenfassungen der Literatur vorliegen (Mallons Bibliographie, u. a.) wird auf diese Arbeiten verwiesen. Schließlich sind alle jene Werke von der Diskussion und der bibliographischen Erfassung ausgeschlossen worden, die nicht eindeutig von Brentano stammen. Hierzu gehören die ihm manchmal zugeschriebenen »Nachtwachen«

des Bonaventura, die Übersetzungen und mehrere kleinere Schriften.

Zu besonderem Dank bin ich meinen verehrten Kollegen, den Herren Professoren Dr. Fetzer, Frühwald und Gajek verpflichtet, die die Güte hatten, das Manuskript durchzusehen und mit wertvollen Hinweisen zu bereichern.

Helene M. Kastinger Riley
New Haven, Ct., März 1984

AK	Ausstellungskatalog: CB 1778–1842. Ausstellung FDH, Frankfurter Goethe-Museum. 5. Sept. bis 31. Dez. 1978, hrg. v. D. Lüders (Frankfurt, 1978).
B, CB	Brentano, Clemens Brentano
BdK	CB. Beiträge des Kolloquiums im FDH 1978, hrg. v. D. Lüders (Tübingen, 1980)
Beutler	Ernst Beutler: »Briefe aus dem B-Kreis«, JbFDH (1934/35), 367–455
BM	Briefwechsel zwischen CB und Sophie Mereau, hrg. v. H. Amelung, 2 Bde (Leipzig, 1. und 2. Aufl., 1908)
CB I	CB. Werke in zwei Bänden, hrg. von v. F. Kemp/ W. Frühwald, Bd. 1 (München, 1972)
CB/BG	CB und die Brüder Grimm, von R. Steig (Stuttgart, 1914)
CBGS	CB's Gesammelte Schriften, hrg. v. Sauerländer Verlag (Frankfurt, 1852–1855)
CG	Colloquia Germanica
DVjS	Deutsche Vierteljahrsschrift für Literaturwissenschaft und Geistesgeschichte
EG	Etudes Germaniques
Eichendorff 4	J. v. Eichendorff. Werke, hrg. v. R. Strasser, Bd. 4 (Zürich, 1965)
ELN	English Language Notes
FB	Forschungsbericht
FDH	Freies Deutsches Hochstift
Feilchenfeldt	CB/Philipp Otto Runge. Briefwechsel, hrg. v. K. Feilchenfeldt (Frankfurt, 1974)
Fr	CBs Frühlingskranz aus Jugendbriefen ihm geflochten, hrg. v. Bettina v. Arnim (Leipzig, 1909)
GB, GB 2	CB, Gesammelte Briefe, Bd. 1–2 (= CB. Gesammelte Schriften, Bd. 8–9. Frankfurt, 1855)
GGB	J. v. Görres. Gesammelte Briefe, 3 Bde., hrg. v. M. Görres/F. Binder (München, 1858–1874)
GLL	German Life and Letters
GR	Germanic Rewiev
GRM	Germanisch-Romanische Monatsschrift
GQ	German Quarterly
HKA	CB. Sämtliche Werke und Briefe, historisch-kritische Ausgabe, hrg. v. J. Behrens, W. Frühwald, D. Lüders (Stuttgart, 1975 ff.)
Homo poeta	B. Gajek: Homo poeta (Frankfurt, 1971)
Jb, Jbb	Jahrbuch, Jahrbücher
JbFDH	Jahrbuch des Freien Deutschen Hochstifts
JbDSG	Jahrbuch der Deutschen Schillergesellschaft

JbSK	Jahrbuch der Sammlung Kippenberg
JEGPh	Journal of English and Germanic Philology
JIG	Jahrbuch für Internationale Germanistik
Kemp	CB. Werke, hrg. v. Frühwald/Gajek/Kemp, 4 Bde. (München, 1968)
LB	Lujo Brentano: CBs Liebesleben (Frankfurt, 1921)
Linder	CB. Briefe an Emilie Linder, hrg. v. W. Frühwald (Bad Homburg, 1969)
LJb	Literaturwissenschaftliches Jahrbuch im Auftrage der Görres-Gesellschaft
LLZ	Lieb, Leid und Zeit. Über CB, hrg. v. W. Böhme (Karlsruhe, 1979)
MLN	Modern Language Notes
MLQ	Modern Language Quarterly
MLR	Modern Language Review
MR	CB und Minna Reichenbach. Ungedruckte Briefe des Dichters, hrg. v. W. Limburger (Leipzig, 1921)
PMLA	Publications of the Modern Language Association
Spätwerk	W. Frühwald: Das Spätwerk CBs (Tübingen, 1977)
Steig	Achim von Arnim und die ihm nahe standen, hrg. v. R. Steig, 3 Bde (Stuttgart, 1894–1913)
Steinle	Eduard v. Steinle's Briefwechsel mit seinen Freunden, hrg. v. A. M. v. Steinle, 2 Bde (Freiburg, 1897)
UL	Das unsterbliche Leben. Unbekannte Briefe von CB, hrg. v. W. Schellberg und F. Fuchs (Jena, 1939)
WW	Wirkendes Wort
ZsfdPh	Zeitschrift für deutsche Philologie

I. Materialien

1. Hilfsmittel der Forschung

A. Forschungsberichte, Bibliographien.

Amelung, Heinz: »Neues u. Altes, Echtes u. Falsches v. CB«, Literarisches Echo 15 (1913), 1114–1119

Schellberg, Wilhelm: »CB: Forschungen u. Ausgaben«, Hochland 13 (1915/16), 476–494

Stockmann, Alois: »Die Brentano-Literatur im letzten Jahrzehnt«, Stimmen d. Zeit 93 (1917), 314 ff.

Martin, Ernst: »Neue Brentano-Literatur«, Die Literatur 26 (1923), 659–661

Viëtor, Karl: »Neue Brentano-Literatur«, DVjS 2 (1924), 576–580

Mallon, Otto: Brentano-Bibliographie (Berlin, 1926), Neudruck: Hildesheim, 1965

Müller, Hans v.: »Zur Methode der Bibliographie«, Euphorion 28 (1927), 313–317 (= zur Mallon-Bibliographie)

Müller, Günther: »CB-Literatur«, Euphorion 31 (1930), 493–494

Scholz, Felix: »Das wissenschaftl. Brentanobild d. Gegenwart«, Zs. f. dt. Bildung 6 (1930), 98–104

Stockmann, Alois: »Der heutige Stand d. Emmerickforschung«, Stimmen d. Zeit 119 (1930), 292–306

ders.: »Die neueste Krise d. Emmerickforschung«, Stimmen d. Zeit 119 (1930), 444–460

Seebass, Friedrich: »CB in d. neueren Forschung. Ein Literaturbericht«, GRM 19 (1931), 321–348

Siebert, Wernher: »Zur B-Forschung«, GRM 25 (1937), 275–286

Schmidt, Arno: »Stand d. Bearbeitung d. Wunderhorn-Materials im Nachlaß Rudolf Baier«, ZsfdPh 73 (1954), 237 ff.

Hümpfner, Winfried: »Neuere Emmerick-Literatur«, Theologie u. Glaube 49 (1959), 200–223

Lüders, Detlev: »Die B-Bestände d. FDHs u. d. bisherigen Vorarbeiten zu einer hist.-krit. B-Ausgabe« (Masch. FDH, 1964)

Frühwald, Wolfgang: »Zu neueren B-Ausgaben«, LJb NF 5 (1964), 361–380

Katann, Oskar: »Die Glaubwürdigkeit v. CBs Emmerick-Berichten. Zum ggw. Stand d. Quellen u. d. Forschung«, LJb NF 7 (1966), 145–194

Boetius, Henning: »Zur Entstehung u. Textqualität v. CBs ›Gesammelten Schriften‹«, JbFDH (1967), 406–457

Frühwald, Wolfgang: »Frankfurter B-Ausgabe«, JIG 1, H. 2 (1969), 70–80

Behrens/Frühwald/Lüders: »Zum Stand d. Arbeiten a. d. Frankfurter B-Ausgabe«, JbFDH (1969), 398–426

Meuer, Adolph: »Der Zuwachs im Frankfurter Goethehaus«, Das Anti-quariat 19 (1969), 68 f.

Krättli, Anton: »Zu C. u. Bettine B. Ein Literaturbericht«, Schweizer Monatshefte 50 (1970), 268–272

Fetzer, John: »Old and New Directions in CB Research (1931–1968) LJb NF 11 (1970), 87–119; NF 12 (1971), 113–203; NF 13 (1972), 217–232

ders.: Weiterführung seit 1970 jährlich in: »Romantic Movement Bibliography«, ELN 9 (1971), 124–125 (vgl. die folgenden Jgg.)

ders.: Weiterführung seit 1980 jährlich in: The Romantic Movement. A Selective and Critical Bibliography, hrg. v. David V. Erdman (New York, 1981), 279–290 (vgl. die folgenden Jgg.)

Gajek, Bernhard: Homo poeta. Zur Kontinuität d. Problematik bei CB (Frankfurt, 1971); Literaturbericht: 19–54; Bibliographie: 571–606

Frühwald, Wolfgang: »Stationen d. B-Forschung: 1924–1972«, DVjS 47, Sonderheft Forschungsref. (1973), 182–269

Tunner, Erika: CB (1778–1842). Imagination et Sentiment Religieux, 2 Bde. (Paris, 1977); Bibliographie: Bd. 2, 1237–1308

Gajek, Bernhard: »Die B-Litertatur 1973–1978«, Euphorion 72 (1978), 439–502

Für kurze biographische Angaben, bzw. wichtige bibliographische Vermerke hinzuzuziehen sind auch:

Goedeke, Karl: Grundriß z. Gesch. d. dt. Dichtung, Bd. 6 (Leipzig, 1898), 52–63; 799–800 (vgl. die Neuauflagen)

Kluckhohn, Paul: »CB«, Neue Dt. Bibliographie, Bd. 2 (Berlin, 1955), 589–593

Kosch, W., Hrg.: Dt. Literatur-Lexikon, Bd. 2 (Bern, 1969), 14–28

B. Kataloge, Quellenkunde, Chroniken

Herrmann, Albert: Gräber berühmter u. im öffentl. Leben bekannt gewordener Personen auf den Wiesbadener Friedhöfen (Wiesbaden, 1928)

Henrici, Karl Ernst: Versteigerungskatalog 149 (Berlin, 23. März 1929)

Guignard, René: Chronologie des poésies de CB (Paris, 1933)

Frels, Wilhelm: Dt. Dichterhandschriften von 1400–1900; Gesamtkatalog d. eigenhd. Hs. dt. Dichter i. d. Bibliotheken u. Archiven Deutschlands, Österreichs, der Schweiz u. d. CSR (Bibliographical Publications 2), 1934

Rave, Paul O.: »Die Bildnis-Sammlung Wilhelm Hensel« Berliner Museen. Berichte a. d. ehem. Preuß. Kunstsammlungen, NF 6 (1956), 37–44

Rosen, Gerd: »Die Bibliothek CBs«, Das Antiquariat 13 (1957), 269 f.

Dessauer, Franz: »Die Entstehung der i. d. Universitätsbibliothek Mainz befindl. sog. ›B-Bücherei‹«, Masch. 1959 (UB Mainz, Sign. 4⁰. Ms. 121). Angebunden: »Verzeichnis d. Musikalien« (= Vertonungen B'scher Gedichte)

Baader, Peter: »Die B-Sammlung u. d. übrigen handschr. Bestände d. UB Mainz«, Jb. d. Vereinigung »Freunde d. Univ. Mainz« (Mainz, 1960), 9–36

Escher, Konrad: »Die Emilie Linder-Stiftung«, Jahresbericht d. Oeffentl. Kunst-Sammlung in Basel, LXII Jahresbericht, NF VI (1960)

Henning, Hans: »Kleine Mitteilungen a. d. Zentralbibliothek d. dt. Klassik«, Marginalien H. 13 (1963), 52 f.

Behrens, Jürgen, et al: Katalog d. CB Ausstellung im FDH, 22. 6.–20. 9. 1970 (Bad Homburg, 1970)

Gajek, Bernhard: C. u. Christian B's Bibliotheken. Die Versteigerungskataloge von 1819 u. 1853 (Heidelberg, 1974). Beiheft zu Euphorion, H. 6

Folter, Roland: Dt. Dichter- u. Germanistenbibliotheken (Stuttgart, 1975)

Lüders, Detlev: Katalog d. CB Ausstellung im FDH, 5. 9. – 31. 12. 1978 (Frankfurt, 1978)

Feilchenfeldt, Konrad: Brentano-Chronik (München, 1978)

Trapp, Hildegard: CB. Ein Führer durch d. Ausstellung i. d. Stadtbibliothek Koblenz z. 200. Geburtstag d. Dichters (Koblenz, 1978)

dies.: CB. Leben u. Werk. Aus d. Beständen d. Stadtbibliothek Koblenz (Koblenz, 1978)

Steude, Rudolf: CB u. das Buch (Koblenz, 1978)

Gajek, Bernhard: Führer durch d. Ausstellung 17. 1. – 18. 2. 1979: J. M. Sailer, M. Diepenbrock, CB. Museum d. Stadt Regensburg (Regensburg, 1979)

Krafft, Eva Maria: Katalog z. Ausstellung 20. 11. 1982 – 16. 1. 1983: Zeichnungen dt. Künstler d. 19. Jahrhunderts Kunstmuseum Basel (Basel, 1982)

2. Nachlaß und Nachlaßeditionen

A. Nachlaß

B. Gajek (Homo poeta) berichtet im Anhang seines Werks über die Bücher in Bs Nachlaß aus den beiden im FDH befindlichen Bücherlisten. Eine der Listen, überwiegend von Emilie Brentano, der Schwägerin des Dichters, geschrieben (Inv.-Nr. 10 172), umfaßt wahrscheinlich die von B bei der letzten Übersiedlung nach Aschaffenburg mit sich geführten Bücher. Die zweite Liste (Inv.-Nr. 10 171) ist z. T. von Clemens, z. T. von unbekannter Hand verfertigt. Diese Aufzeichnung von meist theologischer Literatur datiert Gajek zwischen 1826 und 1833/34. Er gibt auch Aufschluß über F. Bartschers Edition von Luise Hensels Tagebüchern von 1818–1843 (Paderborn, 1882), bzw. über die sich daran knüpfenden Fragen der B-Forschung. Im

Anhang veröffentlicht Gajek auch einige bis dahin ungedruckte Texte. W. Frühwald (Spätwerk) listet ebenfalls ungedruckte Texte im Anhang auf. H. Schultz gibt im Ausstellungskatalog des FDH (1978), S. 180–184, zusammenfassende Informationen über die Bücher aus Bs Bibliothek.

B. Nachlaßeditionen

Die nach Bs Tod erschienenen Werksausgaben sind bis 1926 in der B-Bibliographie Mallons verzeichnet. Gajek (Homo poeta) führt dieses Verzeichnis bis 1971 weiter. Zu den neueren Erstveröffentlichungen aus den Nachlaßbeständen zählen vor allem die seit 1975 erscheinenden Bände der historisch-kritischen Frankfurter B-Ausgabe (HKA), sowie die hier S. 10 f. angegebenen Erstdrucke von Briefen. Außerdem gehören dazu:

Lefftz, Josef: »Kindermärchenfragmente von CB«, Märchen d. Brüder Grimm (Heidelberg, 1927)

Schürmann, Johannes: »Ein Studentenstammbuch vor 130 Jahren«, Die Gartenlaube, Nr. 40 (4. 10. 1928), 843 f.

Mallon, Otto: »Ein unbekannter Erstdruck CBs«, Philobiblon 3 (1930), 137 f.

Viëtor, Karl: »Paralipomena zu Bs Gockel-Märchen«, Euphorion 32 (1931), 393–398

»CB: ›Sätze die verteidigt werden können‹. Thesen der ›Deutschen Tischgesellschaft‹«, Dt. Almanach f. d. Jahr 1932, 192 f.

Schellberg, Wilhelm: »Unbekannte Gedichte u. Briefe d. jungen CB« Hochland 34 (1936), 47–56, 192

ders., u. Fuchs, Friedrich: Unbekannte Gedichte u. Briefe d. jungen CB (Jena, 1939)

Liedke, Herbert R.: »Unknown Portrait Sketches of Arnim by CB« GR 14 (1939), 154–158

ders.: »Achim von Arnim's Unpublished Review of CB's ›Der Goldfaden‹«, JEGPh 40 (1941), 331–338

Fuchs, Friedrich: »CB ›Der arme Raimondin‹. Ein unbekanntes Fragment«, Die neue Rundschau 55 (1944), 107–117

Rehm, Walther: CBs Romanfragment ›Der schiffbrüchige Galeerensklave vom todten Meer‹ (Berlin, 1949). – Hierzu Henning Boetius' Berichtigungen im JbFDH (1969), 413

Behrens, Jürgen: »FDH Jahresbericht 1969«, JbFDH (1970), 453–466 (Bs Gedicht »Trost . . .«)

Mathes, Jürg: »Ein Tagebuch CBs für Luise Hensel«, JbFDH (1971), 198–310

Rölleke, Heinz: »Neuentdeckte Beiträge CBs zur ›Badischen Wochenschrift‹ i. d. Jahren 1806 u. 1807«, JbFDH (1973), 241–346

Pregler, Rosa u. *Feilchenfeldt, Konrad:* »CB an Andreas Räß. Die wiedergefundene Druckvorlage der v. W. Kreiten 1878 publizierten Briefe u. unbekannten Erstdrucke aus d. Zs. ›Der Katholik‹«, LJb NF 14 (1973), 237–336

Rölleke, Heinz: »Scherzhafte Bildbeschreibungen CBs u. Achim v. Arnims. Zwei neuentdeckte Autographen«, ZsfdPh 93 (1974), 579–586

Feilchenfeldt, Konrad: »CBs publizist. Kontakte mit Hamburg. Neuentdeckte Beiträge z. ›Frankf. Staats-Ristretto‹ u. zu ›Der dt. Beobachter‹ im Jahre 1815«, Aurora (1976), 47–60

ders. u. *Frühwald, Wolfgang:* »CB: Briefe u. Gedichte an Emilie Linder« JbFDH (1976), 216–315

Bellman, Werner: »Eine unbekannte Selbstanzeige Bs zum ›Gustav Wasa‹«, BdK (Tübingen, 1980), 331–333

3. Die wichtigsten Ausgaben

A. Sammelausgaben

Die Märchen des CB, hrg. v. Guido Görres, 2 Bde. (Stuttgart, 1846–1847)

CBs Gesammelte Schriften, Bd. 1–9, hrg. v. J. D. Sauerländer (Frankfurt, 1852–1855)

CBs Ausgewählte Schriften, hrg. v. J. B. Diel, SJ, 2 Bde. (Freiburg/Br., 1873)

Arnim, Klemens u. Bettina Brentano, J. Görres, hrg. v. Max Koch (Stuttgart, 1891) = Dt. National-Litteratur, Bd. 146

Unbekannte Aufsätze u. Gedichte v. L. A. v. Arnim. Mit einem Anhang v. CB, hrg. v. Ludwig Geiger (Berlin, 1892) = Berliner Neudrucke, 3. Serie, Bd. 1

Bs Werke, hrg. v. Julie Dohmke (Leipzig/Wien, 1893)

CBs Ausgewählte Werke, hrg. v. Max Morris, 4 Bde. (Leipzig, 1904)

Klemens B. Ausgewählte Schriften, 2. Aufl., hrg. v. J. B. Diel, SJ, und Gerhard Gietmann, SJ, 2 Bde. (Freiburg/Br., 1906)

CBs Sämtliche Werke, hrg. v. Carl Schüddekopf (München/Leipzig, 1909–1917). Erschienen sind: Bd. 4, 5, 9/2, 10, 11, 12/1, 12/2, 13, 14/1, 14/2

Bs Werke, hrg. v. Max Preitz, 3 Bde. (Leipzig/Wien, 1914)

CBs Gesammelte Werke, hrg. v. Heinz Amelung u. Karl Viëtor, 4 Bde. (Frankfurt, 1923)

CB. Leben lebt allein durch Liebe, hrg. v. Karl Rauch (Leipzig, 1937)

Dramen v. CB u. L. A. v. Arnim, hrg. v. Paul Kluckhohn (Leipzig, 1938) = Dt. Lit. in Entwicklungs-Reihen, Bd. 21

Lustspiele, hrg. v. Paul Kluckhohn (Leipzig, 1938) = Dt. Lit. in Entwicklungs-Reihen, Bd. 23

CB. Ausgewählte Gedichte, hrg. v. Sophie Brentano u. Rudolf Schröder (Berlin, 1943)

CB. Ausgewählte Werke, hrg. v. Curt Hohoff, 2 Bde. (München, 1948). 2. Aufl. in einem Bd. (München, 1950)

CB. Gedichte, hrg. v. Wernher Siebert, (Krefeld, 1949)

CB. Gedichte, Erzählungen, Märchen, hrg. v. Otto Heuschele (Zürich, 1958) = Manesse Bibl. d. Weltliteratur

CB. Gedichte, Erzählungen, Briefe, hrg. v. H. M. Enzensberger (Frankfurt/Hamburg, 1958) = Fischer Bücherei 231

CB. Ausgewählte Werke, hrg. v. Walter Flemmer (München, 1963–1964) = Goldmanns Gelbe TB 1328, 1363, 1454, 1459

CB. Werke, hrg. v. Wolfgang Frühwald, Bernhard Gajek, Friedhelm Kemp (Bd. 1), F. Kemp (Bde. 2–4) (München, 1963–1968). 2. Aufl., 1978

CB. Werke, hrg. v. Geno Hartlaub (Hamburg, 1964)

CB. Gedichte, hrg. v. Wolfgang Frühwald (Reinbek, 1968) = Rowohlts Klassiker d. Lit. u. Wiss., Dt. Lit. 25

CB. Werke, hrg. v. W. Frühwald, F. Kemp, 2 Bde. (München, 1972)

Brentano, Arnim. Werke, hrg. v. Karl-Heinz Hahn (Weimar, 1973)

CB. Märchen, hrg. v. W. Frühwald/F. Kemp (München, 1978) = dtv 2031

CB. Gedichte, hrg. v. Frühwald/Gajek/Kemp (München, 1977) = dtv 6909

CB. Gedichte, hrg. v. Hartwig Schultz (Aschaffenburg, 1978)

CB. Gedichte, Erzählungen, Märchen, hrg. v. Hans-Georg Werner, 2 Bde (Berlin, 1978)

CB. Italien. Märchen, Nachw. v. Siegfried Sudhof (Modantal/Neunkirchen, 1980)

CB. Gedichte, Erzählungen, Briefe, hrg. v. Hans Magnus Enzensberger (Frankfurt, 1981) = Insel TB 557

CB. Italienische Märchen, Nachw. v. Maria Dessauer (Frankfurt, 1983) = Insel TB 695

CB. Sämtliche Erzählungen, Nachw. v. Gerhard Schaub (München, 1983) = Goldmanns Klassiker 7625

B. Einzelausgaben

Es existieren zahlreiche Einzelausgaben, darunter die Erstdrucke (religiöse Werke, einzelne Lieder, Kantaten, Gedichte, Einzelausgaben der Prosawerke, usw.). Vgl. hierzu Mallons Bibliographie für die älteren, Gajeks bibliographische Angaben (Homo poeta; FB) für die neueren Ausgaben. Bei Gajek nicht mehr verzeichnet sind die nach 1978 erschienenen Reclam-Einzelausgaben, sowie mehrere Neuauflagen neuester Zeit, darunter:

Visionen über die armen Seelen im Fegefeuer, die streitende Kirche u. a.: aus den Tgb. CBs/A. K. Emmerich, hrg. v. Karl Erhard Schmöger, 7. Aufl. (Aschaffenburg, 1980)
Das bittere Leiden, hrg. v. Frank Steinmüller, 2. Aufl. (Leipzig, 1982)

C. Die historisch-kritische Frankfurter B-Ausgabe (HKA)

Des Knaben Wunderhorn eröffnete 1975 die vom FDH veranstaltete historisch-kritische Ausgabe der Werke Bs. Die ersten, Quellenforschung und Textkritik vereinigenden Bände, erweisen diese Ausgabe als die definitive, für jede weitere Forschung grundlegende Werkesammlung. Bisher sind folgende Bände erschienen:

Sämtliche Werke und Briefe, hist.-krit. Ausgabe, hrg. v. Behrens/ Frühwald/Lüders,

Bd. 6–8:	Des Knaben Wunderhorn, T. I–III, hrg. v. Heinz Rölleke, u. v. demselben
Bd. 9,1–9,3:	Lesarten (Stuttgart, 1975–1978)
Bd. 12:	Dramen I, hrg. v. Hartwig Schultz (Stuttgart, 1982)
Bd. 14:	Dramen III: Die Gründung Prags, hrg. v. Georg Mayer/Walter Schmitz (Stuttgart, 1980)
Bd. 16:	Godwi, hrg. v. Werner Bellmann (Stuttgart, 1978)
Bd. 17:	Die Mährchen vom Rhein, hrg. v. Brigitte Schillbach (Stuttgart, 1983)
Bd. 24,1:	Lehrjahre Jesu, hrg. v. Jürg Mathes (Stuttgart, 1983)
Bd. 24,2:	Lehrjahre Jesu, hrg. v. Jürg Mathes (im Druck)
Bd. 26:	Bitteres Leiden, hrg. v. Bernhard Gajek (Stuttgart, 1980)
Bd. 28,1:	Anna Katharina Emmerick-Biographie, hrg. v. Jürg Mathes (Stuttgart, 1981) u. v. demselben
Bd. 28,2:	Lesarten (Stuttgart, 1982)
Bd. 29:	Briefe, hrg. v. Walter Schmitz (in Vorbereitung)
Vorgesehen sind:	
Bd. 1–3:	Gedichte, und
Bd. 4,1–4,3:	Lesarten zu den Gedichten
Bd. 5:	Gedichtbearbeitungen
Bd. 10:	Romanzen vom Rosenkranz, und
Bd. 11:	Lesarten zu den Romanzen
Bd. 13:	Dramen II: Juanna; Blutschuld; Todtenbraut; Aloys und Imelde; Zigeunerin; Am Rhein, am Rhein; Österreichs Muth; Oranje boven; Merlin; Geheimrat Schmalz; Viktoria u. ihre Geschwister; Fragmente
Bd. 15,1–15,2:	Lesarten zu den Dramen
Bd. 18:	Italienische Märchen

Bd. 19:	Prosabearbeitungen
Bd. 20:	Journalistische Arbeiten
Bd. 21,1–21,2:	Lesarten zur Prosa
Bd. 22:	Barmherzige Schwestern; kleine religiöse Prosa
Bd. 23:	Marienleben
Bd. 25:	Lehrjahre Jesu (Fortsetzung)
Bd. 27:	Lesarten zu den religiösen Werken
Bd. 30–34:	Briefe
Bd. 35,1–35,2:	Erläuterungen zu den Briefen
Bd. 36:	Lebenszeugnisse

Nicht vorgesehen zur Publikation sind (nach Angabe von Dr. Detlev Lüders) Teile des religiösen Nachlasses sowie Briefe an B (mit Ausnahme der Briefe von Arnim).

D. Die neueren »Wunderhorn«-Ausgaben

Da das »Wunderhorn« (DKW) eine Gemeinschaftsarbeit Arnims und Bs ist, sind Ausgaben davon in Werkeditionen beider Autoren vertreten. Für die zahlreichen älteren Ausgaben, Nachahmungen und Parodien, ist zum Vergleich Mallons Arnim-Bibliographie heranzuziehen (Berlin, 1925; reprografischer Neudruck: Hildesheim, 1965), 12–22, 24–33, 173–175. Die HKA des »Wunderhorns« ist bereits zum Standardwerk geworden. Weitere Ausgaben:

Koch, Willi, Hrg.: DKW (München, 1957)
Stockmann, Erich, Hrg.: DKW in den Weisen seiner Zeit (Berlin, 1958)
Henkel, Arthur, Hrg.: DKW (München, 1963) = dtv. Gesamtausgabe
Preißler, Helmut, Hrg.: L. A. v. Arnim u. CB. Kinderreime und Kinderlieder aus DKW (Ost-Berlin, 1973[2])
Feilchenfeldt, Konrad, Hrg.: DKW (Frankfurt, 1974). Nachdruck d. Auswahl von F. Ranke (1923)
Rölleke, Heinz, Hrg.: DKW (Stuttgart, 1975–1978) = HKA

4. Briefe

Von den zahlreichen Briefausgaben sind hier nur die wichtigsten verzeichnet. Mallons B-Bibliographie und die FB von Fetzer, Frühwald, und Gajek liefern zusätzliche Angaben. Weiterführende Hinweise, vor allem ein Verzeichnis der Briefausgaben von mit CB Befreundeten, bringt Konrad Feilchenfeldt in seiner B-Chronik (vgl. dort die Quellennachweise, 180–188).

A. Sammelausgaben

CBs Frühlingskranz aus Jugendbriefen ihm geflochten, hrg. v. Bettina v. Arnim (Charlottenburg, 1844)

CBs Gesammelte Briefe von 1795 bis 1842, 2 Bde. (Frankfurt, 1855) = CBs Gesammelte Schriften, Bd. 8–9

J. v. Görres. Gesammelte Briefe, hrg. v. Marie Görres u. Franz Binder, 3 Bde. (München, 1858–1874) = Ges. Schriften, 7. bis 9. Bd., 2. Abt., Bd. 1–3

CB. Ein Lebensbild nach gedruckten u. ungedruckten Quellen, hrg. v. Johannes Baptista Diel, SJ, u. Wilhelm Kreiten, SJ, 2 Bde. (Freiburg i. Br., 1877–1878)

Achim von Arnim und die ihm nahe standen, hrg. v. Reinhold Steig, Bd. 1: Arnim und CB (Stuttgart, 1894; Neudruck: Bern, 1970)

Edward v. Steinle's Briefwechsel mit seinen Freunden, hrg. v. Alphons M. v. Steinle, 2. Bd. (Freiburg i. Br., 1897)

Goethe und die Romantik, hrg. v. Carl Schüddekopf u. Oskar Walzel, Bd. 2 (Weimar, 1899) = Schr. d. Goethe-Ges., Bd. 14

Briefwechsel zwischen CB und Sophie Mereau, hrg. v. Heinz Amelung, 2 Bde. (Leipzig, 1. u. 2. Aufl., 1908)

CB und die Brüder Grimm, hrg. v. Reinhold Steig (Stuttgart/Berlin, 1914)

CBs Liebesleben, Lujo Brentano (Frankfurt, 1921)

CB und Minna Reichenbach, hrg. v. W. Limburger (Leipzig, 1921)

CB und Apollonia Diepenbrock, hrg. v. Ewald Reinhard (München, 1924)

Das unsterbliche Leben, hrg. v. Wilhelm Schellberg/Friedrich Fuchs (Jena, 1939)

CB. Briefe, hrg. v. Friedrich Seebass, 2 Bde. (Nürnberg, 1951)

CB und Luise Hensel, hrg. v. Hubert Schiel (Aschaffenburg, 1956)

CB. Briefwechsel mit Heinr. Remigius Sauerländer, hrg. v. Anton Krättli (Zürich, 1962)

Aus den Jahren preuß. Not u. Erneuerung. Tagebücher u. Briefe d. Gebr. Gerlach u. ihres Kreises 1805–1820, hrg. v. Hans Joachim Schoeps (Berlin, 1963)

CB. Briefe an Emilie Linder, hrg. v. Wolfgang Frühwald (Bad Homburg, 1969)

CB. Dichter über ihre Dichtungen, hrg. v. Werner Vordtriede/Gabriele Bartenschlager (München, 1970)

CB. – Philipp Otto Runge. Briefwechsel, hrg. v. Konrad Feilchenfeldt (Frankfurt, 1974)

Briefe an Goethe, geschr. v. C. E. Goethe, Herzog Carl August, F. Hölderlin, C und Bettina B, W. v. Humboldt, L. Börne u. d. Grafen K. F. Reinhard i. d. Jahren 1792–1829, hrg. v. Bertold Hack (Frankfurt, 1975)

Goethe. Leben u. Welt in Briefen, hrg. v. Friedhelm Kemp (München, 1978)

Philipp Otto Runge. Die Begier nach der Möglichkeit neuer Bilder. Briefwechsel u. Schriften z. bild. Kunst, hrg. v. Hannelore Gärtner (Leipzig, 1978) = Reclams Universal Bibl. 762

CB. Der Dichter über sein Werk, hrg. v. W. Vordtriede/G. Bartenschlager (München, 1978) = dtv 6089

CB und Sophie Mereau. »Lebe der Liebe u. liebe das Leben«. Briefwechsel, hrg. v. Dagmar v. Gersdorff (Frankfurt, 1981)

Arnims Briefe an Savigny, 1803–1831, hrg. v. Heinz Härtl (Weimar, 1982)

B. Wichtige Teildrucke und Nachlaßveröffentlichungen

Amelung, Heinz: »Briefe Friedrich Schlegels an CB und an Sophie Mereau«, Zs. für Bücherfreunde, NF 5 (1913), 183–192

Hasselberg, Felix: »Ein Berliner Brief CBs an Susanne Schinkel«. Mitteil. d. Vereins f. d. Geschichte Berlins 1865. Jub.-Ausg. z. Erinnerung a. d. 60jährige Best. d. Vereins (1925), Nr. 1–3, S. 32–38

Heckel, Hans: »Neue B-Briefe«, Eichendorff-Kalender 17 (1926), 49–54

G. M. (Günther Müller?): »Ein unbekannter Brief CBs an Steinle«, LJb 3 (1928), 133

Brentano, Lujo: »Der jugendliche u. d. gealterte CB über Bettine u. Goethe«, JbFDH (1929), 325–352

Mallon, Otto: »Zwei Briefe Bs«, Tägliche Rundschau (Berlin, 17. Mai 1930)

ders.: »Ungedruckte Briefe Bs. Plan einer Neubearbeitung d. Wunderhorns«, Das neue Ufer. Beilage z. Germania Nr. 14 (17. Mai 1930)

Nowack, Alfons: »CB an Melchior Diepenbrock, Koblenz, 19. Nov. 1827«, Ungedruckte Briefe von und an Kardinal Melchior v. Diepenbrock (Breslau, 1931), 24–29

Weiner, Otto: »Deutsch-schweizerische Freundschaft«, (B/J. G. Müller), Das Bodenseebuch 24 (1937), 5–18

Johann Georg Herzog zu Sachsen: »Unbekannte Briefe von Nazarenern und Romantikern«, Der Wächter 17 (1935), 49–57, 145–151

Beutler, Ernst: »Briefe aus dem Brentanokreis«, JbFDH (1934/35), 367–455

Schellberg, Wilhelm: »Unbekannte Gedichte u. Briefe des jungen CB«, Hochland 34 (1936), 47–56, 192

ders.: »CB und Philipp Otto Runge«, LJb 8 (1936), 166 ff.

Direktion Kurpfälz. Museum, Heidelberg: »Aus einem unveröffentlichten Brief v. J. v. Görres an CB«, Goethe und Heidelberg (Heidelberg, 1949), 144

Migge, Walther: »Briefwechsel zwischen A. v. Arnim u. Sophie Mereau. Ein Beitr. z. Charakteristik CBs«, Festgabe f. E. Berend, hrg. v. Seiffert/Zeller (Weimar, 1959), 384–407

Preitz, Max: »Karoline v. Günderrode in ihrer Umwelt«, JbFDH (1962), 208–306. Die darin gedruckten Briefe von u. an CB bereits erstgedruckt in: Frankfurter Allgemeine Ztg., Nr. 195 (24. August 1957)

Schaub, Gerhard: »Ein unbekannter Brief CBs«, Euphorion 62 (1968), 345–364. Erw. in: Regensburger Univ.-Ztg. (5. Mai 1969), 11–23

Rehm, Else: »Unbekannte Briefe Johann Wilhelm Ritters an CB«, JbFDH (1969), 330–369

Feilchenfeldt, Konrad/Pregler, Rosa: »CB an Andreas Räß«, LJb NF 14 (1973), 237–336

Feilchenfeldt, Konrad: »CB an Hermann Joseph Dietz. Ungedruckte Briefe aus dem Nachlaß Schuth«, Verführung zur Geschichte. Festschr. z. 500. Jahrestag d. Eröffnung d. Universität Trier (Trier, 1973), 347–365

Härtl, Heinz: »Dt. Romantiker u. ein böhmisches Gut. Briefe Chr. Brentanos, F. C. v. Savigny, A. v. Arnim und CB von und nach Bukowan 1811«, Brünner Beiträge zur Germanistik, Bd. 2 (1981), 139–166

Feilchenfeldt, Konrad: »CB und Johannes Neumann. Bisher unveröffentlichte Briefe an Neidhardt v. Gneisenau«, JbFDH (1983), 277–318

II. Beziehungen und Wirkungen

1. Kindheit und Jugend (1778–1797)

Leben und Werk Clemens Maria Wenzeslaus Brentanos sind so eng miteinander verflochten, daß wenige Literaturkritiker streng zwischen beiden trennen konnten. In seiner religiösen Veranlagung und ihrer Entwicklung sahen viele Forscher das bestimmende Merkmal seines Lebens und Schreibens. Frühere Biographen meinten, beginnend mit seiner Rückwendung zum Katholizismus (1817) auch eine Trennung in ästhetische und asketische Werkphasen vornehmen zu dürfen und somit Leben und Werk in die Perioden vor und nach 1817 auseinanderhalten zu können. Seit Karl Viëtors und Winfried Hümpfners Studien lassen sich solche Kriterien nicht mehr aufrechterhalten. Andere Forscher versuchten, psychologisch motivierte Verbindungen zwischen den beiden Schaffensphasen herzustellen, oder die Dominanz des religiösen Moments auf sein ganzes Leben und Werk zu übertragen. Uneinigkeit herrscht allerdings in Bezug auf Brentanos Ästhetik, die sowohl unter dem Aspekt der Polarität als auch unter dem der Kontinuität gesehen wird. Die lange Beschäftigung mit dieser Problematik hat ergiebigere Ansatzpunkte ausgeschlossen oder gehemmt. In diesem Band wird weitgehend von der Frage Abstand genommen. Vielmehr wird Bs Lebens- und Werkchronik mit den Persönlichkeiten und Wirkungskreisen in Verbindung gebracht, die den Dichter in Leben und Schaffen beeinflußten, bzw. von ihm beeinflußt wurden.

Zu den frühesten, in diesem Sinne verbindlichen Eindrücken gehören jene im Elternhaus, in der Zeit der Pflege bei seiner Tante Louise von Möhn und jene, die er von seinen Geschwistern empfing. B wurde am 9. September 1778 im großelterlichen Haus in Ehrenbreitstein geboren. Der Vorname Maria, später von ihm als Verfassersignatur im Frühwerk verwendet, spielt in seinem Schaffen und Leben eine symbolgeladene Rolle. Da der katholische Festtag Mariä Geburt auf den 8. September fällt, gab B später seinen Geburtstag mit diesem Datum an. In seinem Werk wird die Mariensymbolik vordergründig behandelt, wie z. B. in den *Romanzen vom Rosenkranz*. Auch litt sein Verhältnis zu Frauen, wie es aus den Briefen hervorgeht, zeitlebens unter der Unmöglichkeit, in der Geliebten gleichzeitig Jungfrau und Mutter, Lilith und Eva zu finden.

Die ersten Jahre verbrachte B im Frankfurter Elternhaus »Zum goldenen Kopf«, von dem Goethe 1775 berichtete, es sei ein düsteres Handelshaus gewesen, in dem sich Maximiliane, Bs Mutter (die Tochter der Wieland-Freundin und Schriftstellerin Sophie Laroche) nicht eingewöhnen konnte. 1774 kam sie als zweite Frau Peter Anton Brentanos aus der aufgeklärt-humanistischen Sphäre des Laroche-Haushalts in die kaufmännisch-materialistische des aus italienischem Adel stammenden Brentano, der sechs Kinder in die Ehe mitbrachte. In 19jähriger Ehe gebar sie 12 Kinder, von denen Clemens das dritte war. Die Mutter wurde in Bs Phantasie und dichterischem Werk zum Leitbild und zur *figura* erhöht. Rainer Nägele hat die Mutter-symbolik eingehend untersucht, die bereits im *Godwi* ihren Niederschlag fand. B erschien die Mutter als Opfer der väterlichen Härte und Sexualität, die sie mit Geduld ertrug und in Liebe für die Kinder sublimierte. Der Vater, oft wochenlang abwesend, war B bis zum Tod der Mutter fast fremd und kam ihm feindselig und verständnislos vor. Autobiographische Stellen im *Godwi* und in der Einleitung zu den *Romanzen vom Rosenkranz* schildern das gespannte, ambivalente Verhältnis zu den Eltern und das fürsorgliche zu den Geschwistern. In Briefen spricht B allerdings von seinem »teuren von mir leider verkannten« Vater (an den Bruder Franz, 24. März 1797). Seine Beziehung zur Mutter war enger als die der übrigen Geschwister. An die Schwester Sophie schrieb er am 31. Januar 1799, er habe die Mutter »in der Einsamkeit meines Herzens . . . betrachtet, sie erkannt und werde ihr leben, denn sie ist nicht tot«. Leben und Werk Bs zeugen von dem bleibenden Eindruck, den diese ersten, formenden Jahre auf den empfänglichen Knaben ausübten.

1874 wurde B zusammen mit der Schwester Sophie zu Luise von Möhn, einer Tante mütterlicherseits, nach Koblenz-Ehrenbreitstein in Pflege gegeben. Ein Brief Bs an die Schwester Bettine aus dem Jahr 1801 zeichnet den Onkel als ein »Ungeheuer« und »verwilderten Mann«, der dem lieblosen Haushalt seiner neuen Umgebung vorstand. Die um 1810 entstandenen Einleitungsterzinen zu den *Romanzen* reflektieren die Koblenzer Atmosphäre in poetischer Stilisierung:

»Getrennet lebte fern ich von den Meinen
In strenger und unmütterlicher Zucht.
Denk ich der Zeit, seh ich sich mir versteinen
Die Tage in des Lebens Blumenflucht [. . .]
Ich fühlte elend mich und tief verwaist.

Du, Schwester, die die trüben Tage teilte,
Du fühltest auch, was fremde Pflege heißt.«

Nach seiner Vorbereitung im nahe bei Heidelberg gelegenen Pensionat eines Exjesuiten verbrachte B ab Herbst 1787 drei Jahre (zur gleichen Zeit wie Joseph Görres) im Koblenzer Jesuitengymnasium. Anschließend war er von 1791–1793 Zögling im »kurpfälzischen öffentlichen Erziehungsinstitut für Zöglinge des männlichen Geschlechtes aller drei christlichen Religionsparteien« in Mannheim. Wie bereits im Elternhaus und bei der Tante, empfand B die väterlich-autoritative Figur des Philanthropindirektors Johann Jakob Winterwerber als mürrisch, gewalttätig und lieblos, Frau und Kinder dagegen als dessen Opfer. Kurz bevor ihn Mannheimer Verwandte aus dem Internat nahmen, schrieb B 1793 (wahrscheinlich an den Vetter Karl) über den Direktor:

»Nachts stellt er eine eiserne Stange neben sich, um wenn sich etwa einer von uns in dem Bette herumdrehen sollte, [. . .] ihm, wie er sagte, Arm und Bein auf seine Verantwortung entzwei zu schlagen. Keine Minute geht vorbei, daß er nicht schimpfen und zanken sollte, ist er mit uns fertig, so fängt er mit seiner Frau und seinen Kindern oder den Dienstboten an.«

Gewisse stereotypische Einordnungen der Frau als duldendes, des Mannes als aggressives Geschöpf, machen sich schon früh aus persönlicher Perspektive bemerkbar und werden in seinem Werk zu einem zentralen Motiv verarbeitet.

Drei Wochen nach seiner Rückkehr ins Elternhaus starb die Mutter ganz unerwartet am 19. November 1793. Die verwickelten seelischen Konflikte, die Bs unreflektierte Bindung an die Mutter ausgelöst hatten, lassen sich aus den autobiographischen Einschüben im Frühwerk ablesen. Sophie Mereau, in der Clemens seine Mutter wiederzuerkennen glaubte, veröffentlichte in ihrem Sammelband »Kalathiskos« (1801) erstmals Bs Erzählfragment *Der Sänger,* wo er schreibt: »Meine Mutter starb, ich habe keine Bezeichnung für mein Zurückbleiben, denn meine ganze äußere Welt sank mit ihr. Lange war es mir, als sei ich auch gestorben, alle Tätigkeit verließ mich.« Untätigkeit war es wohl nicht, die die nächsten Jahre charakterisierte, sicher aber ein Gefühl der Unsicherheit, Unstetigkeit und Unlust. Ein autobiographischer Einschub in der Vorrede zum 2. Band des *Godwi* (1801) beschreibt Bs Situation: »Einen Theil meines Lebens brachte ich damit zu, mich zu besinnen, als was ich eigentlich mein Leben zubringen sollte, einen anderen damit, [. . .] alle

Stände wie die Röcke einer Trödelbude anzuprobiren.« Bereits im Dezember 1793 ging er nach Bonn, um – dem Wunsch der Mutter entsprechend – das Studium zu beginnen. Als Student der Bergwissenschaften immatrikuliert, widmete er sich weniger seinen Studien als dem Geigenunterricht, und fand sich bereits im April 1794 wieder in Frankfurt ein. Pläne für eine Fortsetzung des Studiums in Mainz wurden bald aufgegeben und B betätigte sich unter allerlei mutwilligen Streichen (so dem Einfüllen von Sirup in ein Heringsfaß, was später im *Komanditchen* aufgegriffen wird) im Kontor seines Vaters. Die Zwistigkeiten mit dem Vater und mit Vorgesetzten mögen die Grundlage für das negative Bild sein, das B von dem Kaufmann Firmenti im *Godwi* zeichnet. Sie trugen aber auch dazu bei, daß Clemens im Juni 1796 nach Langensalza geschickt wurde, wo er die kaufmännische Lehre bei einem Geschäftsfreund fortsetzen sollte. Schon im August sandte man ihn jedoch zurück, da er sich der Prinzipalin gegenüber respektlos verhalten hatte. Ähnlich wie E. T. A. Hoffmann gab er seine innere Unzufriedenheit mit beißendem Witz und Spott über die Gesellschaft kund. Das philiströse Element in der Autoritätsfigur des Vaters und in Firmenti wird u. a. in der Abhandlung *Der Philister vor, in und nach der Geschichte* (1811) satirisch bewitzelt, die kaufmännische Lehrzeit im Märchen vom *Komanditchen* (ca. 1812) humorvoll belächelt.

Anfang 1797 fuhr B nach Schönebeck bei Magdeburg, um sich bei seinem Onkel, dem Salinendirektor Carl von Laroche auf die Wiederaufnahme des Bergwissenschaftsstudiums vorzubereiten. Als jedoch sein ihm verhaßter Vater am 9. März starb, bot er den Brüdern seine erneute Mitarbeit in der väterlichen Firma an. Dem Freund Heinrich Remigius Sauerländer hatte er geschrieben, sein Vater sei die Hauptursache gewesen, warum er die Handelsfirma verlassen habe. Dessen mürrisches Wesen und unbegründetes Mißvergnügen am Sohn hätten ihm das Elternhaus als Kerker vergällt. Da die Brüder nicht auf Bs Anerbieten eingingen, immatrikulierte er sich unter ungünstigen Voraussetzungen am 19. Mai 1797 für zwei Semester an der Universität Halle. Er hatte keine Lust zu studieren. Wegen einer Auseinandersetzung mit der Landsmannschaft der Pommern sah er sich von seinen Kameraden angefeindet und gemieden. Mit dem Gefühl, auch von den Geschwistern abgelehnt und mißverstanden zu sein, geriet B in eine physische und psychische Krise. Sie war der Auslöser für seine Rückreise nach Frankfurt im April 1798.

Gesamtdarstellungen, Würdigungen.

J. B. Diel, SJ/*W. Kreiten*, SJ: CB, 2 Bde. (Freiburg, 1877/78). *J. B. Heinrich:* CB (Köln, 1878). *W. Schellberg:* CB (München, 1916), 2. Aufl. 1922. *P. Neyer:* »Der alte CB«, Köln. Volkszeitg., 25. Nov. u. 2. Dez. 1923. *W. Hümpfner:* CBs Glaubwürdigkeit (Würzburg, 1923). *K. Viëtor: »Der alte B«, DVjS 2 (1924). 556–576. L. Vincenti:* B (Turin, 1928). *R. Guignard:* CB (Paris, 1933). *A. Garreau:* CB (Paris, 1938). *A. Erb:* Gelebtes Christentum (Freiburg, 1938). *W. Migge:* Studien zur Lebensgestalt CBs (Berlin, 1940). *Günther Voigt:* »CB«, Geist d. Zeit 20 (1942), 504–516. *W. Nicolay:* »CB und das Priestertum«, Sanctificatio nostra 13 (1942), 127–131. *W. Kosch:* CB. Sein Leben u. Schaffen (Nymwegen, 1943). *I. Seidel:* CB (Stuttgart, 1944). *O. F. de Battaglia:* CB. Leben und Werk (Zürich, 1945). *W. Pfeiffer-Belli:* CB (Freiburg, 1947). *J. Michels:* CB (Regensburg, 1948). *F. Usinger:* »CB«, Genius 2 (1948–1951), 45–58. *W. Schlegelmilch:* »CBs vergebliche Wende«, Hochland 47(1954–1955), 394–397. *R. Tymms:* »CB«, German Romantic Literature (London, 1955). *P. Böckmann:* »CB«, Die großen Deutschen, 2. Bd. (Frankfurt, 1956). *I. Seidel:* Drei Dichter d. Romantik (Stuttgart, 1956). *S. Sudhof:* »Der späte B. (Eine Richtigstellung)«, DVjS 31 (1957), 101–105. *W. Hoffmann:* CB. Leben und Werk (Bern, 1966). *C. David:* »CB«, Die dt. Romantik, H. Steffen, Hrg. (Göttingen, 1967). *W. Migge:* CB. Leitmotive seiner Existenz (Pfullingen, 1968). *I. Hilton:* »CB«, German Men of Letters, A. Nathan, Hrg. (London, 1969), 5:51–74. *W. Kosch*, Hrg.: »CB«, Dt. Literatur-Lexikon (1969), 2:14–28. *W. Frühwald:* »CB«, Dt. Dichter der Romantik, B. v. Wiese, Hrg. (Berlin, 1971), *B. Gajek:* Homo poeta (Frankfurt, 1971). *K. Böttcher*, Hrg.: Erläuterungen z. dt. Literatur. Romantik (Berlin, 1973). *J. Fetzer:* Romantic Orpheus. Profiles of CB (Berkeley, 1974). *K. S. Weimar:* »The Romantics. CB«, German Language and Literature. Seven Essays (New Jersey, 1974), 194–204. *O. Heuschele:* Umgang mit dem Genius (Pullach, 1974), 95–109. *W. Frühwald:* Das Spätwerk CBs (Tübingen, 1977). *E. Tunner:* CB, 2 Bde. (Paris, 1977). *H. Schultz:* Der unbekannte B (Aschaffenburg, 1978). *W. Frühwald:* »Das Wissen und die Poesie. Anmerkungen zu Leben u. Werk CBs«, BdK (1978), 47–73. *D. Lüders*, Hrg.: CB. 1778–1842. Ausstellungskatalog (Frankfurt, 1978). *K. Feilchenfeldt:* CB Chronik. Daten zu Leben u. Werk (München, 1978). *W. Böhme*, Hrg.: Lieb, Leid und Zeit (Karlsruhe, 1979) = Herrenalber Texte 12. *A. Menhennet:* »CB«, The Romantic movement (1981), 81–94. *J. Fetzer:* CB (1981) = Twayne World Authors Series 615. *H. Grössel:* »Von CB und seinem Schatten«, Lit. Profile (1982), 132–144.

Biographisches, Familienbeziehungen.

H. Nestler: Klemens Bs Lebensabend. Seine Regensburger u. Münchener Zeit (1832–1842) (Regensburg, 1922). *F. Ansager* »Klemens B und Wien«, Der Wächter 6 (1923), 454 f. *H. Nestler:* Regensburg im Zeitalter der Romantik (Regensburg, 1924). *H. Levin-Derwein:* Die Geschwister B in Dokumenten ihres Lebens (Berlin, 1927). *E. Reinhard:* Die Bs in Aschaffenburg (Aschaffenburg, 1928). *F. Fuchs:* »Bs Grab«, Hochland 26 (1928/29), 662–665. *Anon.:* »Die Taunusanlage – wie sie war« (CBs Bruder Franz), Stadtblatt d. Frankfurter Zeitg., 24. Aug. 1930. *K. N. Berg:* »CB in Mannheim«, Mannheimer Geschichtsblätter 32 (1931), 214 ff. *P. A. v. Brentano:* Stammreihen der B mit Abriß d. Familiengeschichte (1933). *W. Milch:* Sophie La Roche. Die Großmutter d. Bs (Frankfurt, 1935). *R.-A. Zichner:* Das B-Haus im Rheingau (Wiesbaden, 1939. Neuaufl., 1955/56). *F. Buhl:* »Die Wiege d. dt. Romantik. Ein Frankft. Dichterhaus wird wiederhergestellt«, Frankfurter Zeitg., 17. März 1940. *P. A. v. Brentano:* Schattenzug d. Ahnen d. Dichtergeschwister C. u. Bettina B. (Regensburg, 1940. Neuaufl., Bern 1970). *I. Thomas:* Poet. Wallfahrt zum Rhein (Bonn, 1941). *O. Doderer:* Bs im Rheingau (Ratingen, 1942. Neuaufl., 1955). *W. Schoof:* »CB und d. Rhein«, Die neue Schau 4 (1942), 87–88. *Ders.:* »CB und Thüringen«, Das Thüringer Fähnlein 11 (1942), 89–90. *W. Pfeiffer-Belli:* »CB in Koblenz«, Begegnung 1 (1946), 188 f. *C. Kahn-Wallerstein:* »CBs Verhängnis«, Schweizer Rundschau 50 (1950/51), 611–619. *Dies.:* »Das B-Haus im Rheingau«, Basler Nachrichten, Jg. 45, Nr. 46, Nov. 1951. *F. Dessauer:* Die Stadt Heidelberg u. d. Familie B (Heidelberg, 1954. Ms. im FDH, Sign. IX B 192/T 16). *W. Schoof:* »CB und Düsseldorf«, Das Tor 20 (1954), 170–171. *E. Reinhard:* »Die Pariser Reise Bs«, Aurora 15 (1955), 86–89. *M. Krammer:* »CB und Berlin«, Jb. f. brandenburgische Landesgeschichte 6 (1955), 26–43, und 7 (1956), 52–71. *J. Frank:* Geschwisterpaare (München, 1957), 96–107. H. Neu: Herzog Ludwig Engelberg v. Arenberg u. Bettina u. CB (Beuel, 1960). *F. Röckmann:* »CB und die Stadt Dülmen«, Dülmer Heimatblätter (1962), 34–41. *W. Freiherr v. Schröder:* »Maximiliane B, die Mutter v. C. und Bettina«, Das Geheimnis d. Bethmännchen (Frankfurt, 1966), 139–142. *H. C. de Wolf:* »Josephus Augustinus Brentano (1774–1821), mecenas en filantroop te Amsterdam«, Archif voor de geschiedenis van de katholieke kerk in Nederland. Utrecht 8 (1966), 111–120. *Anon.:* »Der Dichter B in Düsseldorf«, Das Tor. Düsseld. Heimatblätter 32 (1966), H. 11, 217. *P. Küpper:* »Bettina B«, Euphorion 61 (1967), 175–186 (Familienherkunft). *H. Heym:* »Ein ruheloser Frankfurter a. d. Hause z. Gold. Kopf. CB«, Frankfurter Allg. Zeitg., 29. Juli 1967. *R.-A. Zichner/W. H. Braun:* »Die Vorfahren u. Nachkommen d. Friedberger Postdirektors Gustav Brentano«, Wetterauer Geschichtsblätter 16 (1967), 101–111. *S. Sudhof:* »B in Weimar (1803)«, ZsfdPh 87 (1968), 196–218. *Ders.:* »Wieland und Sophie B«, Studien z. Goethezeit (Weimar, 1968), 413 ff. *P. Assion:* »Zu CBs Briefen über Besuche im Walldürn«, Der Odenwald 17 (1970), 83–86. *J. Behrens,* et al: CB (Katalog zur) Ausstellung, 22. Juni bis 20. Sept. 1970 (Bad Homburg, 1970). *W. Frühwald:* »B und Frankfurt. Zu zeittypischen u. zeitkritischen Aspekten im Werke d. romant. Dichters«, JbFDH (1970), 226–243. *R. Minder:* Geist u. Macht, oder Einiges über die Familie B (Wiesbaden, 1972). *H. Schindler,* Hrg.: Bayern für Liebhaber (München, 1973). Darin: über B in Landshut (73–84), München (133–155) und Regensburg (120–132). *C. Weber:* Aufklärung u. Orthodoxie am Mittelrhein 1820–1850 (München, 1973). *A. Engelmann:* Die B am Comer See (Selbstverlag, 1974). *A. Schaefer:* Das B-Haus in Winkel, Rheingau (Wiesbaden, 1976) = 2. Aufl. *R. Steude:* CB und Koblenz (Koblenz, 1978). *E. P. Langner:* (über Bs Koblenzer Aufenthalt und die »Dienstagsgesellschaft«) Führer durch die Ausstellung in der Stadtbibliothek Koblenz (1978), Bl. 30–56. *W. Baum:* »›Ein schönes Land, das südliche Tyrol . . .‹. CB über seinen Aufenthalt in Südtirol 1835«, Schlern 53 (1979), 344–349. *B. Gajek:* »Heidelberg – Regensburg – München. Stationen Bs«, Euphorion 76 (1982), 58–81. *H. Schultz:* »›Zum Kaufmann taugst du nichts‹. Die Frankfurter B-Familie u. ihre Auseinandersetzung mit Clemens«, Frankfurt aber ist d. Nabel dieser Erde, hrg. v. C. Jamme/O. Pöggeler (Stuttgart, 1983), 243–260.

2. Die romantische Schulung: Jena, Göttingen. Heidelberg (1798–1808)

Die psychologische Begründung für motivische und stilistische Eigentümlichkeiten in Bs Werk hat neben der werkimmanenten Kritik zu zahlreichen Studien Anlaß gegeben. Unter anderen zählt die Biographie W. Hoffmanns zur Kategorie der Arbeiten, die Lebens- und Werkgeschichte Bs eng verflochten sehen. F. Usinger, H. Russell und H. Laschitz analysieren den Dichter als Individuum, während E. Puntsch, G. Schaub, H. Encke und R. Nägele in ihren Studien den Zusammenhang zwischen Brentanos Persönlichkeit und der Bildlichkeit und Thematik in seinem Werk in den Mittelpunkt stellen. Die Bindung an die Eltern taucht in den zahlreichen idealisierten Frauen- und Mutterfiguren, die Haßliebe für den Vater in den verschiedenen männlichen Autoritätsgestalten auf. Auffällig ist auch die Symbolik des Kindes und der Kindheit (oft in heilsgeschichtlicher Form) im Werk und im gesellschaftlichen Auftreten von Clemens, dem *enfant terrible*. Die meist heftigen emotionalen Schwankungen unterworfenen Bindungen Bs an verschiedene Frauen sind ebenfalls aus dem Werk und den Schaffensperioden des Dichters nicht zu lösen. Sie reichen von der kindlichen Vertrautheit mit der frühverstorbenen Schwester Sophie, den stürmischen Ehen mit Sophie Mereau und Auguste Bußmann, der eifersüchtigen Geschwisterliebe zu Bettine, bis zum Emmerick-»Erlebnis« und den Neigungen zu Luise Hensel und Emilie Linder. Welch starke Wechselwirkung zwischen den Charakteren dieser Frauen und seinem Werk bestanden, wird im einzelnen noch aufgezeigt werden.

Eine weitere Möglichkeit, die Persönlichkeit Brentanos in ihrer Komplexität zu fassen, ergibt sich aus der Analyse der ihn prägenden Ereignisse und Menschen. Am 5. Juni 1798 immatrikulierte er sich als Medizinstudent an der Universität Jena, wo damals Fichte, J. W. Ritter, A. W. Schlegel und Schelling lehrten. Seine Stube teilte er mit T. F. Kestner, dem Sohn Charlotte Buffs (einer Jugendfreundin Goethes); zu den engen Freunden zählten außerdem August Winkelmann und der Estländer Ludwig v. Wrangel; hier schloß er auch Freundschaft mit Friedrich Carl v. Savigny, Henrik Steffens und August Klingemann. Schon am 20. Dezember 1798 schrieb er an seinen Stiefbruder Franz, der ihn in seinem Entschluß zum Studium bekräftigt hatte, er habe mit mehreren Professoren näheren Umgang und die Frau des Rechtsgelehrten Mereau kennengelernt. Sophie sei Dichterin und »ganz, körperlich und geistig, das Bild unsrer verstorbenen Mutter«. Er »bringe täglich einige Stunden in der Gesellschaft dieses edlen Weibes zu« und schreibe an einem Roman *(Godwi)*. In diesem Roman verarbeitet er auch Winkelmanns »Nachrichten von den Lebensumständen des verstorbenen Maria«, die für die Goetheverehrung des Kreises Zeugnis ablegen. In seiner Studienzeit besuchte Brentano auch Schiller und Goethe. (Das Verhältnis zu Goethe hat F. Scholz im einzelnen untersucht).

Nach der Übersiedlung von Ludwig Tieck, Friedrich Schlegel und Dorothea Veit im Herbst 1799 und den häufigen Besuchen von Novalis aus Weißenfels, wurde Jena mit dem Salon Karoline Schlegels Mittelpunkt der neuen literarischen (frühromantischen) Bewegung.

P. Böckmann weist in einem noch immer anregenden Aufsatz die herkömmliche Einteilung in Jenaer und Heidelberger Romantik, in frühe und spätere Romantik zurück. Nach Böckmann finden sich bei allen Romantikern folgende Grundideen: den Niederschlag von Schlegels ästhetischer Revolution, die philosophische Diskussion über den absoluten Wertgehalt von Wahrheit, Sittlichkeit und Selbsterkenntnis, die sich daraus entwickelnden romantischen Prämissen der individuellen geistigen Schaffensfreiheit, die Vermischung von Scherz und Ernst, und die progressive Universalpoesie.

Tieck und Schlegel waren Persönlichkeiten, die B entscheidend prägten. Das durch sie Erfahrene wandelte er dem eigenen Selbstbewußtsein entsprechend ab, und wurde damit zum Bindeglied zwischen früher und später romantischer Dichtungspraxis. Von Schlegel übernahm er die Kunsttheorie und das neue Formprinzip (das romantische Selbstbewußtsein; der

Dichter als Vermittler des Wahren; Ironie; Brechung; Polarität; Witz; Mischung der Genres, usw.). Von Tieck, dem ersten romantischen Dichter, erwarb er die für die Praxis bestimmenden romantischen Dichtungeselemente: Stimmungskolorit, die Übertragung von Spannungselementen des Innenlebens auf Märchenmotive. Illusionszerstörung. Aneignung und Umschmelzung von fremden Stilmitteln wird somit bei B erstmals im Schaffensprozeß sichtbar – ein Vorgang, der für die romantische Dichtung überhaupt kennzeichnend ist.

Dieser Aspekt von Bs Schaffen ist in der Forschung relativ unbeachtet geblieben, obwohl er sich vielfach facettiert zeigt. Am häufigsten besprochen wurde bisher die Übernahme der romantischen Dichtungstheorie und ihre Anwendung im Frühwerk. Wichtig ist hierfür der durch Christoph Martin Wielands Vermittlung von G. F. Wilmans veröffentlichte Roman *Godwi* (1801; vgl. S. 97–101).

Nahezu unbesprochen ist auch das Verfahren der Kontamination. Der Begriff ist in der Sprach- und Kunstwissenschaft geläufig, wo er die Verschmelzung zweier bedeutungsverwandter Wörter zu einem neuen meint (z. B. »vorwiegend« aus »vorherrschend« und »überwiegend«), bzw. die Zusammenstellung von Motiven aus verschiedenen Kunstwerken zu einem neuen Bild (z. B. das Titelkupfer zum 2. Bd. des *Wunderhorns*. Vgl. H. Rölleke, JbFDH 1971, S. 125–128). In der Literatur ist F. Schlegels Forderung der Vermischung der Gattungen bekannt, in der die später von R. Wagner postulierte Theorie des Gesamtkunstwerkes bereits vorgebildet ist. Es ist eine Grundthese dieses Bändchens, daß B einen »Kontaminationsstil« schreibt, der sich aus dem Einschub und der Umwandlung von fremdem Material ins eigene Werk ergibt. Dabei liegt es außerhalb des Bereichs dieser Arbeit, dem Phänomen (das W. Frühwald in einem Brief an die Verf. »ein Phänomen der Romantik und damit auch des Historismus in Deutschland« nennt) ins Detail nachzugehen. Dies müßte eine Spezialarbeit leisten. Doch werden verschiedene Manifestationen dieses Misch- oder Kontaminationsverfahrens bei B aufgezeigt. Eben weil eine genaue Untersuchung noch fehlt, soll der Begriff Kontamination hier nicht zu eng gezogen werden. Er hat eine formale Komponente, die sich relativ leicht nachweisen läßt, und die in der bewußten Übernahme fremden Gedankenguts ins eigene Schaffen besteht. Dazu gehören nicht nur Winkelmanns »Nachrichten« und L. Achim v. Arnims (ungedruckter) Beitrag zum *Godwi* (»Charakteristicken des seligen Maria«, gedr. in HKA 16: 602–605), sondern auch dessen »Annonciata« (gedr. in JbFDH 1980: 277–284), die mit der Beschreibung Annonciatas im *Godwi* und mit Flamettas dramatischer Darstellung *(Godwi* II, 7. Kap.) überraschende Ähnlichkeiten aufweist (vgl. S. 99 f.). Insofern sich solche Kontaminationen auch bei anderen Romantikern nachweisen lassen, ist die formale Komponente nicht nur Bs Arbeitsweise eigen, sondern prinzipiell eine romantische Eigenart, die sich aus der theoretischen Forderung der Gattungsvermischung entwickelt haben mag, sowie aus dem Postulat, daß Dichtung – fremde und eigene – »Übersetzung« und Medium zu sein habe: »Das Romantische selbst ist eine Übersetzung« (HKA 16: 319). Die Kontamination ist daher die romantische Umwandlung einer fremden Idee und deren Ausweitung durch eine neue Perspektive und eine neue Facette. Eine solche Erneuerung des Vorgegebenen geht weit über bloße Nachahmung hinaus. Bei B zeigt sich aber auch noch eine psychologische Komponente dieses Kontaminationsverfahrens, die bei andern Romantikern entweder nicht vorhanden, oder nicht so stark ausgeprägt ist wie bei B. Sie scheint mir über die »von F. Schlegel eingeführte ›fraternale‹ Schreibweise der Romantiker« (W. Frühwald im Brief an die Verf.) hinauszugehen und den eigentlichen Grund zu enthüllen, warum B die Kontamination so oft und in so vielen Abstufungen benutzt: durch die schöpferische Vermischung von eigenem Gedankengut mit demjenigen der ihm am nächsten Stehenden hofft er eine enge, unauflösbare geistig-seelische Bindung zu knüpfen, wo sich eine reibungslose zwischenmenschliche Beziehung zum Freund oder zur Geliebten als unmöglich erwies. Dies soll an späterer Stelle genauer erörtert werden.

Tieck, der mit dem »Blonden Eckbert« (1797) das erste romantische Kunstmärchen, mit »Franz Sternbalds Wanderungen« (1798) ein Vorbild des romantischen Romans, mit der Komödie »Der gestiefelte Kater« (1797) romantischen Witz und romantische Ironie, und mit seiner Hinwendung zum Mittelalter und dem Legendenspiel (»Leben und Tod der hl. Genoveva«, 1799) den romantischen Rückgriff zur altdeutschen Literatur herstellte, hat Bs Werk ebenfalls nachhaltig geprägt. Dorothea Veit berichtete Schleiermacher am 16. Juni 1800 über Bs Schauspiel *Gustav Wasa* (1800), Clemens habe »eine Farce geschrieben, ›Gustav Wasa‹, worin er glaubt, der Tieck des Tiecks zu sein«. In seinem ersten satirischen Stück parodiert B zwei Schauspiele Kotzebues – den »Hyperboreischen Esel« und »Gustav Wasa« – mit jener Art von Witzeleien und einer ad absurdum geführten Personenreihe, wie sie aus Tiecks Märchendramen und dem »Zerbino« bekannt sind. B übernimmt nicht nur den Titel, einzelne Figuren und sogar die letzte Seite von Kotzebues »Esel«, sondern er zitiert bewußt aus anderen Werken, wie z. B. Schillers »Glocke« (die als Person fungiert). Das bunte Gemisch des Entlehnten wird zu einem neuen Stück umgearbeitet und verwertet (vgl. S. 130–133).

Diese deutliche Anspielung an Schlegels Forderung einer Vermischung der Kunstformen – Sätze wie »All' dieß Geschwätze / Ueber Fragmente / Sind dumme Sätze . . . Herr Dichter wollen Sie hinaussehen, / Weil Sie dichter am Fenster stehen, / Welcher Flegel dieß gethan« (HKA 12:24), wobei unübersehbar ist, daß sich »Flegel« auf Schlegel reimt, sowie ähnliche Spötteleien die sich auf Tieck beziehen – sind zugleich eine Kritik an der romantischen Dichtungstheorie. Die Spannungen hatten weitere Parodien zur Folge. B erscheint z. B. in Tiecks »Der neue Hercules am Scheidewege« (1800) als verspotteter »Bewunderer« Tiecks.

Zur baldigen Zerrüttung des Verhältnisses von B zu Schlegel trug auch die Rivalität bei, die sich aus den Bemühungen der beiden um Sophie Mereau entspann. H. Amelung gibt in seinem Aufsatz »Briefe F. Schlegels an C. Brentano und an S. Mereau« Auskunft darüber. Auch mit Sophie, wie mit den meisten schöpferischen Individuen, die ihm nahe standen, verband ihn ein intimes Schaffensverhältnis. Kurz nach seiner Ankunft in Jena hatte er die hochgebildete, schöne, mit dem Professor Mereau unglücklich verheiratete Sophie im Salon Karoline Schlegels kennengelernt und sich in sie verliebt. Sophie, die außer B noch viele andere Bewunderer hatte (darunter Hölderlin) und auch dichterisch bereits Wichtiges geleistet hatte, vermittelte Clemens die Bekanntschaft der Geschwister Reichenbach in ihrer Heimatstadt Altenburg. Ihnen widmete B den *Godwi*. Vom 22. Mai bis 4. Juni 1799 und wieder im Sommer 1800 hielt sich B in Altenburg auf. Vermutlich im August 1800, zu einem Zeitpunkt wo sein bereits intimer gewordenes Verhältnis mit S. Mereau zum Bruch kam, machte er Minna (Wilhelmine) Reichenbach einen Heiratsantrag, den sie aber ablehnte. Details über diese beiden Episoden finden sich in den Einleitungen zu den Briefwechseln zwischen B und Reichenbach (hrg. v. W. Limburger) und zwischen B und Sophie Mereau (hrg. v. H. Amelung). Wichtig scheint, daß B seine dichterischen Konzepte und Prämissen derart der Gestaltung seines Privatlebens aufdrückte, daß die eigene und die Individualität anderer darin aufzugehen drohten – eine Problematik,

die zu Mißverständnissen und Spannungen in zwischenmensch-
lichen Beziehungen führte. Diese Präfigurierung des gelebten
Lebens durch die Kunst, von vielen Zeitgenossen als »Zeit-
krankheit« gesehen, die B personifizierte, fand ihren kritischen
Niederschlag in mehreren literarischen Werken. Dazu gehört
vor allem die Figur des Hollin aus Arnims Erstlingsroman
»Hollins Liebeleben« (entstanden im Herbst 1801), der sich
in der Rolle Mortimers in »Maria Stuart« auf der Bühne er-
sticht. Arnim charakterisierte sein Werk als einen Roman mit
Tendenz im Sinne von Goethes »Werther«. Jean Pauls Roquairol aus dem Roman »Titan« (Druck: 1800–1803) ist ebenfalls
eine Kritik am pseudotitanischen Menschen, der das Leben
erst auf dem Umweg der Kunst erfährt. Auch Roquairol er-
schießt sich auf der Bühne, indem er die Hauptrolle in einem
selbstgedichteten Stück spielt. Später hat S. Kierkegaard in
seinen kritischen und literarischen Schriften in der Figur des
»Ästheten« die Überspanntheit des romantischen Gemüts oft
karikiert.

Derartiger Kritik an seinem Wesen ungeachtet, die B im
Freundeskreis auch mündlich entgegengebracht wurde, wollte
Clemens die Existenz des Menschen selbst als Dichtung ver-
standen sehen, ein Leben,

>»in welchem nur Poesie das Element ist oder vielmehr, in dem das Ele-
ment Poetisch ist [. . .] Denn es giebt eine Ansicht, welche die Seeligkeit
des Lebens, und seinen Gipfel im Innern findet, und nach welcher alle
äußere Erscheinung nur der Ueberfluß ist, der sich gegenseitig um-
tauscht, das aber, was der poetische Mensch selber besitzt und seiner
Geliebten mittheilt, sind die Früchte seiner innern, unsichtbaren Welt,
ist sein Heiligstes und der eigentliche Quell seines Lebens.«
(BM I, 148–149)

Dies zu wissen und zu leben bedeutete, sich selbst treu und
wahr zu sein und das eigene Leben zum Gedicht zu gestalten.
Der Dichter selbst ist bloß Medium oder Mittlerfigur: »So
scheine ich ein Dichter geworden zu sein und bin nur ein Objekt
der Poesie«, schreibt Brentano 1802 an Arnim. Gleichzeitig
aber: »Und bin ich kein Dichter, wie wenige, so werde ich doch
ein Objekt der Kunst sein, wie wenige. Den Mann muß ich lieben, der mich einmal dichten wird, ich liebe Dich so, daß ich
glaube, Du wirst es tun [. . .] und Du wirst nirgends so bloß das
Deinige doch allein aller Menschen Gedicht gedichtet haben«
(Beutler, 408–409).

Die Forderung nach Wahrheit und der Wunsch, »gedichtet«

zu werden, bestimmten seinen Umgang mit Zeitgenossen. Die Liebesverhältnisse zu Frauen waren durch seine ständigen Bemühungen gestört, die Geliebte zu dem zu machen, was seine Einbildungskraft als ihr »wahres« Wesen erkannte. Kaum hatte er Minna Reichenbach kennengelernt, forderte er sie auf, nicht so viel Wert auf ihre äußerlichen Eigenschaften (Schönheit, Klugheit) zu legen, denn »dieße Dinge liegen nicht in Ihnen, man hat sie Ihnen angethan, wie mir das Böße«. In ihr schlummere ihr wirkliches Wesen wie ein Gott, »den Sie selbst kaum kennen« und den er zu wecken wünsche (MR, 39–40). Ähnlich wollte er das Gemüt Gritha Hundhausens »befreien«: »Lieben heißt, sein eigenes zügelloses Dasein in dem Dasein des andern gefangennehmen und so der höchsten Freiheit Meister werden« (LB, 45). B reagierte mit dem Spott des abgewiesenen Freiers, wenn die Geliebte sich nicht fügen wollte. Am heftigsten litten seine beiden Gattinnen unter seinem Versuch, sie zu ihrem wahren Wesen umzugestalten. Sophie Mereau, die ihn nach langem Zögern 1803 heiratete, mußte Clemens' unermüdlichem Streben nachgeben, aus der geistreichen, geselligen, unabhängigen Dichterin eine klösterlich lebende Hausfrau zu machen. Es gelang ihm nicht ganz, und hieraus ergab sich eine Ehe, in der »die Hölle [. . .] vorherrschend« war (BM I, xxiii). B verbot ihr, zu reiten, sich zu schminken und ihr Werk unter ihrem Namen zu veröffentlichen, weil er »die Verstümmelung« ihres Wesens hasse, weil sie eine »schlechte Künstlerinn« sei, »die über ein herrliches Werk hergefallen ist, über sich selbst« (BM I, 52–53). Seine Schwester Bettine, die er erst 1798 kennengelernt hatte, und der er nach dem Tod seiner Lieblingsschwester Sophie (1800) sein Vertrauen und seine Zuneigung schenkte, gab ihm Rat und Hilfe. Sie ermahnte ihn, daß er die Frauen in einer verklärten Einbildung sehe und erklärte, »daß ich nicht mich will züglen lassen« (Fr I, 77). »Sich dem Begriff und Willen eines andern unterwerfen, der auch kein Selbstsein hat, – denn sonst würde dieser Wille nicht die Geistesnatur des Freundes zu seinem Herd wählen, sondern in sich selber aufflammen, – das ist Verzichten auf diesen Adel des freien Willens« (Fr I, 156). Ihr widmete B den zweiten Teil des *Godwi.*

Gerade von diesen beiden eigenwilligen Frauen mit selbständigem Talent ließ sich Clemens »dichten«, wenngleich auf verschiedene Weise. Bettine, die mit ihm das Lustspielfragment *Godwi und Godwine* sowie den *Jacobi* schrieb, ließ ihrem eigenen schriftstellerischen Talent erst nach dem Tod ihres Gatten

Achim v. Arnim freien Lauf. Sie veröffentlichte 1844 die zwischen ihr und Clemens gewechselten Jugendbriefe aus den Jahren 1800 bis 1803 unter dem Titel »CBs Frühlingskranz«. Der ersten Ausgabe setzte sie Auszüge aus Clemens' Briefen von 1805 und 1807 vor, in denen er sie bittet, seine Briefe aufzubewahren; »und wenn ich tot bin, so flechte sie mir in einen Kranz« (Fr. I, i). Allerdings war Bettine eine gelehrige Schülerin ihres Bruders; der ursprüngliche Wortlaut der Briefe ist oft verändert, verbrämt, oder mit Auslassungen und eigenen Einschüben versehen. Die Vorlage wird getreu dem romantischen Dichtungsprinzip zum Ausgangspunkt für das eigene Werk, so daß das Resultat mehr ist als wortgetreue Wiedergabe.

In seinem Verhältnis zu Sophie Mereau erscheint Brentanos Forderung des »Gedichtetwerdens« ungleich problematischer. In der poetischen Zusammenarbeit der beiden spielen Liebe, Erotik, Haß, Eifersucht und nicht zuletzt Schaffenskonkurrenz wichtige Rollen. Am eindeutigsten ist es noch in Sophies Sonett »Auf eines Ungenannten Büste von Tiek«, das eine Verherrlichung Bs darstellt, die sie in ihre Sammlung »Bunte Reihe kleiner Schriften« (1805) aufnahm. B hatte bereits im Erzählfragment *Der Sänger* auf Sophie angespielt, in dem der stark autobiographisch gezeichnete Karl nach dem Bild der Mutter sucht. S. Mereau trug auch zur Anerkennung des Dichters bei, indem sie verschiedene seiner Werke in ihre Sammelbände aufnahm, die damals beliebt waren. B lieferte Beiträge sowohl zu ihrem »Kalathiskos« wie zur »Bunten Reihe«.

Das damals so beliebte Spiel mit der Anonymität wurde während der Ehejahre von Clemens und Sophie (29. Nov. 1803 bis zu Sophies Tod am 30. Okt. 1806) Anlaß zu ernsten Auseinandersetzungen. Bs Ansicht, daß es einer Frau nicht zieme zu dichten, war in den turbulenten Jahren vor ihrer Heirat der Gegenstand beiderseitigen Spotts. Als er aber nach der Heirat darauf bestand, daß sie ihre Arbeiten unter seinem oder dem Namen anderer herausgebe, rebellierte Sophie. Briefzeugnisse erhellen Bs Wunsch, daß sie ihre »Fiametta« (1806) unter seinem oder Arnims Namen veröffentliche. Sowohl Arnim wie auch der Verleger Reimer rieten davon ab.

Ähnliche Auseinandersetzungen hatten bereits die Herausgabe der »Spanischen und Italienischen Novellen« (1804, 1806) begleitet. Beide Werke erschienen endlich doch unter Sophies Namen. Die Verfasserschaft der Arbeiten ist noch immer umstritten. So schreibt R. Steig »mit Sicherheit« die Übersetzungsarbeiten Clemens zu, und Goedeke bezeichnete seine Autorschaft als »erwiesen«. Eine Klärung der Frage versucht W. Migge aufgrund des Briefwechsels und H. M. Kastinger Riley, die die feministisch orientierte Thematik der Novellen mit Mereaus früheren Arbeiten vergleicht.

Der Versuch der vollkommenen Aneignung fremder Arbeit ist bei B als Extremfall von Kontamination zu bewerten, da er damit ein durchgreifendes Verweben der beiden Persönlichkeiten im dichterischen Ausdruck verstand. Das Aufgehen im Dasein des Geliebten bedeutet gleichzeitig eine Neugeburt im andern und eine Selbstschöpfung. Damit wird die Liebe zu einer wichtigen Komponente der romantischen poetischen Existenz.

Von bedeutendem Einfluß auf Bs Entwicklung zum Dichter war auch seine Freundschaft mit L. Achim von Arnim. Nachdem er Jena wegen der Schwierigkeiten mit F. Schlegel, Tieck und S. Mereau fluchtartig und wütend verlassen hatte, siedelte er Anfang 1801 nach Marburg zu Savigny über, der später sein Schwager wurde. Bereits Ostern verbrachte er aber mit den Geschwistern in Frankfurt und folgte dann Winkelmann nach Göttingen, wo er am 21. Mai als Philosophiestudent immatrikuliert wurde. Durch Winkelmann lernte er auch Ende Mai den seit einem Jahr in Göttingen studierenden Arnim kennen, der sich bereits durch eine Vielzahl von wissenschaftlichen Aufsätzen über magnetische und elektrische Erscheinungen einen Namen als Physiker gemacht hatte. Arnim befand sich wie B in einer beruflichen Krisensituation. Beide hatten sich durch ihre Veröffentlichungen den Neid und Unwillen vermeintlicher Freunde zugezogen (Arnim jenen J. W. Ritters und F. W. Schellings). Beide waren in ein schmerzliches Liebesverhältnis mit verheirateten Frauen verwickelt (Arnim mit Jeanette Dieterich). Beide nahmen am spektakulären Empfang Goethes durch die Göttinger Studentenschaft am 6. Juni 1801 teil. B und Arnim schlossen eine Freundschaft, die sich erst einige Jahre nach Arnims Heirat mit Bettine trüben sollte.

Der »Herzbruder« Arnim, der sein Göttinger Studium abgeschlossen hatte, ging im Juli nach Hause und schrieb im Herbst 1801 – möglicherweise durch Goethe und B zum Berufswechsel angeregt – seinen Erstlingsroman »Hollins Liebeleben«. Clemens reagierte ähnlich mit erneutem poetischen Elan. Im September 1801 sandte er das später mit dem Titel *Ponce de Leon* versehene Intrigenstück an Goethe, der im Herbst 1800 in den »Propyläen« zu einem dramatischen Preiswettbewerb aufgefordert hatte. Keines der eingereichten Stücke erhielt den ausgesetzten Preis von 30 Dukaten und auch die versprochene Kritik unterblieb. Zwar schickte ihm Goethe das Stück mit anerkennenden Worten zurück, bemerkte aber gleichzeitig, daß es unaufführbar sei. Die Theatergeschichte bestätigte dies. Eine stark gekürzte, nach dem Wiener Geschmack bearbeitete und für das Burgtheater bestimmte Version mit neuem Titel *(Valeria oder Vaterlist)* und neuem Schluß wurde bei der Aufführung am 18. Februar 1814 ein schmerzlicher Mißerfolg. Wirkungsgeschichtlich dagegen ist das Stück bedeutungsvoll. Clemens veröffentlichte *Ponce de Leon* 1804 mit einer auf Januar 1803 datierten Vorerinnerung und einer dem »fernen Freunde« Arnim gewidmeten Zugabe.

Obwohl er in der Vorerinnerung behauptet, er habe »kein Muster vor [sich] als die Fröhlichkeit meines eigenen Herzens« gehabt (HKA 12: 353), sind als Quelle die Rahmenerzählung eines Erzählzyklus von Mme. D'Aulnoy, als sprachliches Vorbild der Wortwitz (pun) Shakespeares und in der Darstellungsweise die Figuration der Commedia dell'arte bzw. die Dramatik Gozzis und Goldonis nachgewiesen worden. *Ponce de Leon* wirkte in Thematik, Motivik, Wortwitz und auch im Titel stark auf das später von Georg Büchner verfaßte Lustspiel »Leonce und Lena« ein. Einige der eingeschobenen Lieder, besonders »Nach Sevilla, nach Sevilla« und »Ich wollt' ein Sträußlein binden«, erlangten in der Vertonung Louise Reichardts sehr schnell große Popularität und wurden als »Volkslieder« in weiten Kreisen gesungen. N.B. Reich erörtert diese und andere beliebte Vertonungen von B-Gedichten durch Louise Reichardt im Vorwort zu ihrer Neuausgabe der Lieder. Schließlich charakterisierte Heinrich Heine den *Ponce* in seiner »Romantischen Schule« (1836) in einer Art, die sowohl das musikalische wie das durchgreifend romantische Element des Werkes erfaßt: »Es gibt nichts Zerrisseneres als dieses Stück, sowohl in Hinsicht der Gedanken als auch der Sprache. Aber alle diese Fetzen leben und kreiseln in bunter Lust [. . .] Das tummelt sich alles in süßester Verwirrung, und nur der gemeinsame Wahnsinn bringt eine gewisse Einheit hervor« (Sämtl. Werke 5: 308 f.).

Mit dem Wortfeld Kreis und kreiseln im Zusammenhang mit Leben und Zerrissenheit nimmt Heine ein Motiv auf, das sich bei B in Werk und Briefen oftmals wiederholt. Die gleiche Motivik steht bei E. T. A. Hoffmann in dessen Beschäftigung mit dem Kapellmeister Kreisler im Mittelpunkt. Die Persönlichkeit Bs und Hoffmanns zeigen einige Ähnlichkeiten: beide waren schriftstellerisch, musikalisch und zeichnerisch begabt, obwohl Hoffmanns Talente in den beiden letzteren Kategorien jene von B erheblich überstiegen; beide riefen durch Satire, Karikatur und Persiflage oft den Unwillen und die Rachsucht ihrer Zeitgenossen hervor; und beide erkannten das Element der Kritik als wichtiges Lebens- und Schaffensprinzip.

Hoffmann hat Bs Singspiel *Die lustigen Musikanten* vertont und damit wesentlich zur Verbreitung und Anerkennung des Stückes beigetragen. Es wurde in seiner musikalischen Version am 6. April 1805 in Warschau uraufgeführt. Die Brüder Grimm erfuhren von der Aufführung durch die sehr positive Rezension Zacharias Werners in der »Zeitung für die elegante Welt«. Werner, selbst Liebling des Theaterpublikums und seit der Kindheit mit Hoffmann bekannt, nannte es ein »wahrhaft geniales kleines Stück«, das die deutsche Opernliteratur mit »einer neuen meisterhaft vollendeten« bereichert habe. (AK, 48).

Nachdem sich B Ende Juli 1801 von Arnim (der sich auf eine Bildungsreise durch Europa begab) getrennt hatte, entspann sich ein reger, bei R. Steig und E. Beutler nur teilweise gedruckter Briefwechsel zwischen den beiden. Im Mai 1802 begann Clemens die ersten Arbeiten an den *Romanzen vom Rosenkranz*, die erst 1810 zu einer vorläufigen Reinschrift gediehen und nicht fertiggestellt wurden. Schon am 1. Juni 1802 traf Arnim wieder bei B in Frankfurt ein, blieb 8 Tage, lernte Bettine erstmals persönlich kennen und machte mit Clemens eine Rheinreise, die beide stark beeindruckte. »Es sezten zwei Vertraute / Zum Rhein den Wanderstab, / Der braune trug die Laute / Das Lied der blonde gab«, schrieb Clemens später an Arnim (Steig I, 66). B blieb noch fünf Wochen (in dieser Zeit verliebte er sich vorübergehend und heftig in Benediktchen Korbach) und ging dann nach Köln und Düsseldorf, wo die Ähnlichkeit einer Schauspielerin mit Sophie Mereau ihm die Inspiration für die *Lustigen Musikanten* gab. B schrieb das Stück nach eigener Aussage innerhalb von vier Tagen im November 1802. Er macht sein bereits im *Godwi* gedrucktes Lied »Die lustigen Musikanten« (»Da sind wir Musikanten wieder«, HKA 16: 496–502) zur Keimzelle des Singspiels, und nimmt es mit wenigen Änderungen in den 6. Auftritt auf.

Weitergesponnen wird die Kontamination in Arnims Parodie des Liedes (1810), »Da sind wir Philosophen wieder« (Steig II, 391 f.), und in den B-Vertonungen Leverkühns (Thomas Mann, »Doktor Faustus«, Kap. 21). J. Fetzer hat wirkungsgeschichtliche Aspekte von Bs Lyrik auf Thomas Mann analysiert. Da der Komponist J. A. F. Burgmüller die Musik nicht rechtzeitig lieferte, kam die für den Neujahrstag 1803 geplante Aufführung nicht zustande. Schließlich wurde es durch Bs Initiative mit der Musik von P. Ritter 1804 in Mannheim uraufgeführt.

Zur selben Zeit hatte der Erstdruck der *Lustigen Musikanten* 1803 die Aufmerksamkeit E. T. A. Hoffmanns erregt, der damals als Jurist im Staatsdienst tätig war. Zwischen Dezember 1804 und April 1805 vertonte er das Stück und brachte es ohne seine eigene Namensnennung am 6. April 1805 in Warschau zur Aufführung. Obwohl die Umstände der Inszenierung nicht die besten waren, rezensierte Hoffmanns Freund, der damals beliebte Dramatiker Zacharias Werner, die Aufführung in der »Zeitung für die elegante Welt« (17. April 1805). Von Werners Lob des »wahrhaft genialen« Stücks hörten auch die Brüder Grimm, deren persönliche Bekanntschaft B Savignys Vermittlung verdankte. Als besonders vorteilhaft hob Werners Rezension die Tatsache hervor, daß bei diesem Singspiel sowohl Text wie Musik künstlerisch hochwertig seien und damit die traditionelle Unterordnung des Librettos gegenüber der musikalischen Gestaltung aufgehoben. In dieser Hinsicht sind *Die Lustigen Musikanten* ein unbeschwerter Vorläufer des von Richard Wagner zu dramatischer Größe entwickelten romantischen Gesamtkunstwerks.

Inzwischen hatte B die 1801 geschiedene Sophie Mereau geheiratet. Nach dem Tod des erstgeborenen, nach dem »Herzbruder« Achim genannten Kindes dieser Ehe (11. Mai – 19. Juni 1804), zogen Clemens und Sophie nach Heidelberg. Schon gegen Ende Oktober 1804 fuhr Clemens aber zu dem von der Bildungsreise zurückgekehrten Arnim nach Berlin. Am 19. November schrieb Clemens an Sophie: »Arnim und ich arbeiten jetzt den Ponce zusammenzuziehen, um ihn womöglich aufs Theater zu bringen. Auch haben wir einen Plan, unsre Lieder zusammen herauszugeben« (Steig, I, 120–121). Gemeint ist die Volksliedsammlung, die nach einigen Planänderungen mit der Herausgabe von *Des Knaben Wunderhorn* (Bd. I, 1805) sich verwirklichte.

Die Idee einer Sammlung von volkstümlichen Liedern war nichts Neues. Der Abschnitt »Zur Entstehungsgeschichte des Wunderhorn« (HKA 9,1: 17–25) gibt ausreichende Auskunft über die Vorläufer, von der Percyschen Sammlung über die von Herder, Eschenburg und Elwert, bis zu Beckers Liederbüchern. Der Briefwechsel zwischen B und Arnim zeigt schon früh ihre Sammeltätigkeit und Hinweise auf das Interesse an einer solchen Ausgabe. Dabei lag ursprünglich der Schwerpunkt weniger auf der philologischen Anteilnahme, sondern auf der Kunsterziehung und Geschmacksbildung des Volkes. Als Arnim im Juli 1802 einige Lieder an B sandte, schrieb er gleichzeitig: »So wie Tieck den umgekehrten Weg einschlug, die sogenannte gebildete Welt zu bilden, indem er die echte, allgemeine Poesie aller Völker und aller Stände, die Volksbücher, ihnen näher rückte, so wollen wir die in jenen höheren Ständen verlornen Töne der Poesie dem Volke zuführen« (Steig I, 38). B aber, angeregt durch Tiecks Übertragung altdeutscher Minnelieder (1803), versuchte zunächst eine Zusammenarbeit mit Tieck. Als diese jedoch nicht zustande kam, wandte er sich wieder an Arnim: »Ich habe dir und Reichard einen Vorschlag zu machen, bei dem ihr mich nur nicht ausschließen müßt, nehmlich ein Wohlfeiles Volksliederbuch zu unternehmen« (15. Febr. 1805; HKA 9,1: 18). Auch für B war philologische Genauigkeit nicht das Hauptanliegen: »Es muß so eingerichtet sein«, schreibt er über das vorgeschlagene Volksliederbuch, »daß [. . .] die bessern Volkslieder drinne befestigt, und neue hinzugedichtet werden« (HKA 9,1: 19). Offensichtlich beabsichtigte er, alte Quellen mit neuer Lyrik zu verschmelzen. Arnim antwortete umgehend: »Ueber das Volksliederbuch, denke ich, sind wir lange einig, nicht ohne Dich und mit keinem andern als mit Dir möchte ich es herausgeben« (Steig I, 134).

Ende April 1805 kündigte Arnim seine Reise nach Heidelberg an und bat B, inzwischen für einen Schreiber zu sorgen. Vor Ende Mai könne er nicht dort sein, da er nebst anderen gesammelten Materialien von J. Reichardt »auf meiner Durchreise viel alte Sachen« bekommen habe (Steig I, 142). Die gemeinsame Bearbeitung des Gesammelten nahm nur ungefähr sechs Wochen in Anspruch. Die Arbeit an den Liedern fiel für B in eine Zeit persönlicher Tragik: Sophie hatte am 12. Mai eine Tochter geboren (wieder nach Arnim Joachime genannt), die bereits am 17. Juni am Scharlach starb. Bs Vorwurf an Sophie am 9. September 1803, daß ihr »auf Erden noch Nichts gelungen ist, keine Liebe, keine Freundschaft, keine Mütterlichkeit« (BM I, 150), ging zum zweiten Mal grausam in Erfüllung.

Mit dem Druck des ersten Bandes wurde bereits im Juli 1805 in Frankfurt begonnen. Die Freunde reisten nach Frankfurt, Clemens fuhr weiter nach Wiesbaden. Währenddessen ordnete Arnim die Lieder endgültig, überwachte Druck und Korrektur und sandte B die Druckbogen. Der Band wurde Goethe gewidmet, der sich auch sehr positiv in seiner Rezension des *Wunderhorns* äußerte (21.–22. Jan. 1806). Trotz Bs Drängen zur Weiterführung verzögerte sich die Herausgabe der Folgebände mehrere Jahre (bis Sept. 1808). Unter Mithilfe der Brüder Grimm begannen B und Arnim die Fortsetzung in Kassel im November 1807. Brentanos Anteil bei den letzten Bänden war wesentlich umfangreicher als am ersten Band. Vor allem die

Kinderlieder, die als Anhang zum 3. Band (aber auch als Separatdruck) erschienen, sowie die Anregungen und Vorlagen zu den Titelkupfern sind sein Verdienst. Eine Fülle von zusätzlichen Liedern sandte er noch während der Drucklegung, was die Aufteilung in zwei Bände erforderte und auch für den Mangel an Ordnungsprinzipien stark verantwortlich ist. Obwohl er Arnim wieder im wesentlichen die Verantwortung für die Drucklegung überließ, zeigte er sich mit der Anordnung und mit dem Druck unzufrieden. Die Angaben in der HKA zur Entstehungsgeschichte (Bd. 9,1) enthalten auch die manchmal gereizten Äußerungen der Mitarbeiter bezüglich der eigenen Verdienste und dem Anteil anderer, bzw. deren Wirkung auf die Qualität des Werkes.

Der Verlauf der *Wunderhorn*-Entstehung zeigt deutlich, daß B bei der Mitarbeit an Kollektivunternehmungen die Planung vorantrieb und auch aktiv dazu beitrug. Die eigentliche Ausarbeitung und Fertigstellung aber überließ er anderen. So regte er eine Druckfehlerliste an, weil die Druckfehler, »wo ich nicht corrigirte, so unsinnig« sind, »daß das Buch mich aneckelt« (HKA 9,1: 23); weiter eine Textkritik der Lieder, die aber sowohl vom Verleger Zimmer als auch von Arnim und den Brüdern Grimm abgelehnt wurde; schließlich empfahl er, W. Grimms Übersetzung der »Altdänischen Heldenlieder« im Untertitel als *Wunderhorn* IV erscheinen zu lassen. Nachdem Arnim und die Brüder Grimm bereits diesem letzten Vorschlag zugestimmt hatten, änderte B seine Meinung. B war »auf einmal heftig dawider, ich wußte nicht warum«, schrieb Wilhelm an Jacob Grimm (27. Dez. 1809). Trotzdem widmete Grimm seine Übersetzung Arnim und B. Während Arnim noch weitersammelte, stellte B seine Liedersammeltätigkeit ein und zeigte kein weiteres Interesse. An der Zweitauflage von *Wunderhorn* I nahm er keinerlei Anteil (1819) und sein Bibliotheksexemplar blieb unaufgeschnitten. Allerdings mag dies auf die inzwischen eingetretene persönliche Entfremdung zwischen Arnim und B zurückzuführen sein. 1839 erwog B (nach Arnims Tod und auf Drängen des Verlegers Mohr) eine Neuauflage des *Wunderhorns*, in welchem er nun Vieles weggelassen und Neues eingeschaltet wissen wollte. Bald aber berichtete er der Schwester Bettine, daß er den Hauptteil der Ausarbeitung nicht übernehmen wolle: »Mir ist es ganz recht, wen Du Dir zum Mitarbeiter des Wunderhorns aussuchen willst, ich zweifle nicht an der Competenz Deines Urtheils« (HKA 9,1: 24).

Das *Wunderhorn* ist in mehrerer Hinsicht ein gutes Beispiel romantischer Schaffens- und Editionstechnik und der vielen Möglichkeiten literarischer und bildlicher Kontamination. Von den 720 *Wunderhorn*-Liedern gehen trotz Angaben, daß diverse Lieder der »mündlichen Tradition« entsprängen, 340 auf gedruckte Quellen zurück. Ungefähr 140 Bücher und Zeitschriften wurden herangezogen. Mehr als 150 der übernommenen Lieder stammen aus nur 12 Werken. Die HKA gibt eine Aufstellung der einzelnen Vermittler (9,3: 719–852). Einschübe eigener Lieder und Änderungen des Übernommenen wurden von Arnim und B ebenfalls vorgenommen. An wenigen Stellen wird durch Mischhandschriften ein wirklich gemeinsames Arbeiten Bs und Arnims deutlich (z. B. Nr. I, 90 und I, 100), und »ihre Geringfügigkeit zwingt wohl endgültig dazu, dem der Literarhistorie liebgewordenen Bild vom gemeinsam und harmonisch schaffenden Freundespaar den Abschied zu geben« (HKA 9,3: 849). Auch die wirkliche Berücksichtigung der mündlichen zeitgenössischen Tradition ist nur in seltenen Fällen gewährt. Das Lied »Misheirath« z. B. (I, 90) zeigt eine Form der Kontamination, wie sie mehrmals im weiteren Schaffen der Freunde auftritt: Arnim hatte den Beitrag des Heidelberger Studenten A. L. Grimm überarbeitet, diese Vorlage ergänzte B, Arnim arbeitete darauf Hinzufügungen und Alternativen ein und gab dem Lied die endgültige Druckform.

Die Kontaminationstechnik ist auch an den Titelkupfern zu Band II und III beispielhaft zu demonstrieren. Die Abbildung des Oldenburger Horns (Bd. II) stimmt im wesentlichen mit jener in J. J. Winkelmanns Schrift »Des Oldenburgischen Wunder-Horns Ursprung« (1684) überein, die auch den Titel der Sammlung anregte. Änderungen, wie z. B. die Schellenverzierung am Rand des Horns, wurden aus B. Bekkers »Die Bezauberte Welt« (1693) entlehnt. Der Hintergrund (Heidelberg mit dem 1689 zerstörten Schloß) stammt aus J. W. Zincgrefs »Emblematum Ethico-Politicorum Centuria« (1624, Emblem Nr. LIII). B lieferte die nötigen Angaben, W. Grimm die Zeichnung zu diesem Kompositum. Für den dritten Band stammte die Idee von Arnim, die Ausführung von L. E. Grimm. Hier würden zwei Vorlagen verbunden: das musizierende Paar ist (seitenverkehrt) einem Stich von I. van Meckenem entnommen, der Papagei mit dem Ring einem Kupfer von W. von Olmütz. Zu diesem Stich wurde auch der jüngere Grimm zur Mitarbeit herangezogen. Den freundschaftlichen Verkehr mit Jacob und Wilhelm Grimm, der in das Jahr 1804 zurückreicht, brach B einige Monate nach Arnims Tod (1831) entgültig ab, wenngleich diese an der weiteren Zusammenarbeit ihres jüngeren Bruders, dem Maler-Professor Ludwig Emil Grimm, mit Clemens regen brieflichen Anteil nahmen.

B ist der »Begründer und Protagonist« (H. Rölleke, AK, 18) der Heidelberger Romantik genannt worden. Zweifellos ist aber auch die Gegenwart seiner mit der Heidelberger Universität verbundenen Freunde für den Schwerpunkt der ›jüngeren‹ Romantik in der Universitätsstadt ausschlaggebend gewesen.

F. Creuzer nahm im April 1804 eine geschaffene Professur in Heidelberg an und versuchte zusammen mit Savigny, der im März eine Berufung dorthin abgelehnt hatte, auf Bs Wunsch L. Tieck einen Lehrstuhl für Ästhetik zu vermitteln. Mit Caroline von Günderrode trat B in einen intensiven Briefwechsel. Im August traf sie in Heidelberg ein. Der Umgang mit ihr und dem Ehepaar Creuzer, sowie mit Savigny, der ebenfalls im August nach Heidelberg zog, um als Berater am Aufbau der Universität mitzuwirken, befestigte Bs Entschluß zur Übersiedlung im September 1804. Neben diesen Freunden lebten hier F. H. C. Schwarz, Bostel, Gries sowie auch seine Geschwister Christian, Gunda und Meline. B verkehrte ferner mit Caroline Rudolphi, die dort ein Mädchenpensionat leitete, mit Daub, Kayser, Fries und anderen aus den Universitätskreisen. Im Mai 1805 wurde sein Freund J. C. Zimmermann Privatdozent und übersiedelte nach Heidelberg. Arnim traf ebenfalls im Mai ein. Johann Heinrich Voss, der spätere Widersacher der Heidelberger Romantiker, ließ sich dort im Juli 1805 nieder. Außerdem kamen F. H. Jacobi (Dez. 1805), A. Elwert (Mai 1806), Tieck und K. F. Rumohr (Sept. 1806) zu Besuch. Von besonderer Bedeutung wurde für B die Wahl von Joseph Görres zum Dozenten an die Universität, der am 29. Oktober 1806 in Heidelberg eintraf. Zwei Tage später starb Bs Frau Sophie bei der Totgeburt des dritten gemeinsamen Kindes. Görres nahm sich des Freundes an. Daraus ergab sich eine erneute Zusammenarbeit, die in dem Gemeinschaftswerk der *Bogs*-Satire kulminierte.

Die antiphiliströse Arbeit wird von Görres bereits Ende Februar 1807 als »Concertanzeige« erwähnt, die einen Monat später »zum Büchelchen angeschwollen« ist und Mitte April bei Mohr und Zimmer im Druck erschien. Am auffallendsten an der Geschichte ist die Thematik der Gespaltenheit. Schon der Titel zeigt sie im »Entweder/Oder«: *Entweder wunderbare Geschichte von Bogs dem Uhrmacher, . . . oder . . . Konzert-Anzeige.* Der Name Bogs selbst, zusammengesetzt aus den Anfangs- und Endbuchstaben *Brentano* und *Görres*, versinnbildlicht ebenfalls das Zwiespältige, Janusgesichtige, aus getrenntem Vereinte und Kontaminierte des Werkes. So durchgreifend ist die Gemeinschaftsarbeit der Freunde, daß der individuelle Anteil verwischt wird. Diese höchste Form der Kontamination war vermutlich auch das Ziel Bs bei der Mitarbeit an den Werken seiner Frau. Im Bogs ist sie erfolgreich.

E. Stopps Interpretation greift mehrere andere Aspekte dieser ernst-
und scherzhaften, die Verfasser selbstironisierenden Geschichte auf.
Die stoffliche Kontamination zeigt sich in der Entlehnung der »Schüt-
zengesellschaft« aus Jean Pauls »Siebenkäs« und des Doktor Sphex aus
seinem »Titan«. Eine stilistische Vereinigung des Getrennten ist im Stil-
und Rhythmuswechsel zu sehen, der statt eines Absatzes den Wechsel
von Musik zu Pause in der Beschreibung des Konzerts andeutet: »Und
es stürzten tausend Flammen aus den Violinen, und tausend Salamander
badeten sich in ihnen, und aus den Bratschen und Violoncellen stiegen
tausend Philister . . .«. Sprachlich wird die Zwiespältigkeit in witzigen
Analogien ausgedrückt: »jeder Mensch müsse wie eine geprägte Münze
zwei Seiten haben« (CB I, 457). In den Synästhesien der halluzinatori-
schen Konzerterlebnisse von Bogs ebenso wie in den vielen Anlehnun-
gen an eigene und fremde Werke liefern die Autoren eine bildliche und
zeitkritische Parodie. Der romantische Begriff der Ironie wird durch die
fortwährende Selbstkritik (Selbstschöpfung/Selbstzerstörung) und
durch die Relativierung von Raum und Zeit zum allumfassenden Mo-
ment dieser gelungenen Satire.

Nachdem B bereits im März 1807 seinen Heidelberger Haushalt aufgelöst und sich zum Umzug nach Frankfurt entschlos-
sen hatte, verliebte er sich plötzlich und heftig im Juli in die
sechzehnjährige Auguste Bußmann, die er knapp neun Monate
nach Sophies Tod heiratete. Die Ehe dieser beiden psychisch
unreifen Menschen war von Anfang an zum Scheitern verur-
teilt. Das Ehepaar ließ sich in Kassel nieder. Verwandte,
Freunde und Bekannte wurden in die öffentlichen Auftritte,
Zwistigkeiten und handgreiflichen Auseinandersetzungen der
beiden hineingezogen. B suchte bei Grimms, Savigny, den Geschwistern und bei Reichardts in Giebichenstein Zuflucht und
begann, einen unsteten Lebenswandel zu führen. L. Brentano
berichtet nicht unvoreingenommen über »CBs Liebesleben«.
Nach Aufenthalten bei Reichardt (Oktober 1807) und Goethe
(November), Reisen nach Marburg (Januar 1808), Frankfurt
(März) und Allendorf (April), wo B seine Frau zur »Betreuung«
dem Pfarrer A. Mannel anvertraute, traf er am 29. April 1808
wieder in Heidelberg ein. Mit Arnim nahm er eine gemeinsame
Wohnung am Schloßberg, wo sich nun die von J. von Eichendorff beschriebene Endphase der Heidelberger Romantik ab-
spielte.
Eichendorffs Bericht hebt Görres als Hauptfigur der Romantiker in Heidelberg hervor: er habe durch die Macht seiner Persönlichkeit eine zauberische Gewalt auf die Jugend ausgeübt. B
und Arnim hätten sich wie Schüler zum Meister verhalten und
seien die Kampfgenossen des »Propheten« Görres gewesen.

Zum Organ der Gruppe wurde die kurzlebige *Zeitung für Einsiedler*, die noch vor Bs Eintreffen in Heidelberg erstmals erschien. B und Arnim waren die beiden Herausgeber. Das Blatt stellte »einerseits die Kriegserklärung an das philisterhafte Publikum« dar und »andererseits eine Probe- und Musterkarte der neuen Bestrebungen: Beleuchtung des vergessenen Mittelalters und seiner poetischen Meisterwerke, sowie die ersten Lieder von Uhland, Justinus Kerner u. a.« (Eichendorff 4, 159). Zu den Mitarbeitern gehörten außer den Herausgebern J. und W. Grimm, Görres, Jean Paul, A. W. und F. Schlegel, Tieck, Runge, »Maler« Müller, die Brüder Ringseis und Bettina Brentano unter den Bekannteren. Auch von Hölderlin wurden Gedichte darin gedruckt. B selbst veröffentlichte Gedichte (z. B. »Der Jäger an den Hirten«) und die *Geschichte und Ursprung des ersten Bärnhäuters*. Die Zeitung erschien vom 1. April bis zum 30. August und kam in Buchform unter dem Titel *Trösteinsamkeit* Ende Oktober 1808 nochmals heraus.

Die *Einsiedlerzeitung* und Bs Bearbeitung eines frühneuhochdeutschen Romans von Jörg Wickram (1557), die im Frühjahr 1809 mit dem Titel *Der Goldfaden, eine schöne alte Geschichte* bei Mohr und Zimmer erschien, waren die letzten poetischen Manifestationen der Heidelberger Romantik. B war im August, Arnim im September von Heidelberg aufgebrochen, und auch Görres verließ die Universitätsstadt kurz darauf. Das Ende der Heidelberger Romantik wurde z. T. durch die Angriffe von J. H. Voß beschleunigt, dessen Streitigkeiten vor allem mit B und Görres öffentlich im »Morgenblatt für gebildete Stände« ausgetragen wurden. Intensiviert wurde dieser Zwist durch Voß' Pamphlet »Für die Romantiker«, einer gegen B und Arnim gerichteten Parodie (14. Jan. 1808). Mit Görres brach Voß, nachdem dessen »Schriftproben von Peter Hammer« (Febr. 1808) bei Zimmer gedruckt worden waren. Das »Morgenblatt« brachte schon im März 1808 einen Angriff auf die noch gar nicht erscheinende *Einsiedlerzeitung*, die bereits als Organ der Voss-Opposition gesehen wurde. Selbst nach der Abreise der Romantiker wurden im »Morgenblatt« noch Angriffe auf das *Wunderhorn* gedruckt. Sie zogen von Arnim und den Grimms eine »Vertheidigung . . .« (Dez. 1808), von Arnim im »Intelligenzblatt der Jenaischen Allg. Literatur-Zeitung« (Jan. 1809) eine Erwiderung, und von B im »Nürnberger Correspondenten« eine weitere Stellungnahme nach sich. B schrieb »Zu allem Überfluß an Herrn Hofrath Voß in Heidelberg, daß man keine Kirchenlieder an ihn gedichtet« (30. Jan. 1809). Das philiströse Element siegte.

Darstellungen von Zeitgenossen (Auswahl)

Achim von Arnim und die ihm nahe standen, hrg. v. R. Steig, Bd. 1–3 (Stuttgart, 1894–1913). *Achim u. Bettina in ihren Briefen,* hrg. v. W. Vordtriede (Frankfurt, 1961). *Bettina v. Arnim:* CBs Frühlingskranz aus Jugendbriefen ihm geflochten (Charlottenburg, 1844). *Bettina v. Arnim:* »Die Günderode«, Werke u. Briefe, Bd. 2, hrg. v. G. Konrad (Frechen, 1959). *A. v. Chamissos* Werke, Bd. 5 (= Briefe, Bd. 1) (1839). *J. v. Eichendorff:* »Erlebtes. Halle u. Heidelberg«, Werke, hrg. v. R. Strasser, Bd. 4 (Zürich, 1965). *J. F. Fries.* Aus seinem handschriftl. Nachlasse, hrg. v. E. L. T. Henke (Leipzig, 1867), 103, 105, 123. *E. L. v. Gerlach.* Aufzeichnungen aus seinem Leben, hrg. v. J. v. Gerlach, 2 Bde. (Schwerin, 1903). *Aus d. Jahren preuß. Not u. Erneuerung.* Tagebücher u. Briefe d. Gebr. Gerlach u. ihres Kreises 1805–1820, hrg. v. H. J. Schoeps (Berlin, 1963). *G. Görres:* »Erinnerungen an CB«, Historisch-politische Blätter XIV/XV (München, 1844/45). *L. E. Grimm:* Erinnerungen aus meinem Leben (Leipzig, 1911). *W. Grimm.* Aus seinem Leben, hrg. v. W. Schoof (Bonn, 1960). *F. W. Gubitz:* Erlebnisse, 3 Bde. (Berlin, 1868). *Anon.:* »Caroline v. Günderode. Zwei unveröffentl. Briefe aus d. dt. Romantik«, Didaskalia 108 (1930), 172. *H. Heine:* »Die romantische Schule«, Sämtl. Werke, Bd. 5, hrg. v. E. Elster (Leipzig, 1887–90). *E. T. A. Hoffmann in Aufzeichnungen seiner Freunde u. Bekannten,* hrg. v. F. Schnapp (München, 1974). *G. Kellers Leben, Briefe u. Tagebücher,* hrg. v. E. Ermatinger (Berlin, 1919–1920), Bd. 1: 96, 345, 347, 446; Bd. 3: 49, 304, 522. *J. Kerners Briefwechsel mit seinen Freunden,* hrg. v. Th. Kerner (Stuttgart, 1897), Bd. 2: 184, 215, 224. *E. v. Niendorf:* »Sommertage mit CB«, Aus d. Gegenwart (Berlin, 1844). *A. Oehlenschlägers Briefe in die Heimat,* hrg. v. G. Lotz (Altona, 1820), Bd. 2: 240 f. *ders.:* Meine Lebens-Erinnerungen (Leipzig, 1850), Bd. 2: 19; Bd. 3: 202 f. *Denkwürdigkeiten a. d. Leben v. Jean Paul F. Richter,* hrg. v. E. Förster (München, 1863), Bd. 3: 227 ff. *Erinnerungen des Dr. J. N. v. Ringseis,* hrg. v. E. Ringseis (Regensburg, 1886–1889). *H. C. Robinson.* Diary, Reminiscences and Correspondence, 2. Aufl. (London, 1869), Bd. 2: 85–88. *J. M. Sailer.* Leben u. Briefe, 2 Bde., hrg. v. H. Schiel (Regensburg, 1948, 1952). *A. F. Graf v. Schack:* Ein halbes Jahrhundert, Bd. 1 (Stuttgart, 1889). *Briefe v. Dorothea u. F. Schlegel an die Familie Paulus,* hrg. v. R. Unger (Berlin, 1913). *G. H. Schubert in seinen Briefen,* hrg. v. G. N. Bonwetsch (Stuttgart, 1918), 410 ff. *H. Steffens:* Was ich erlebte, Bd. 6 (Breslau, 1842), 89 f., 110–116; Bd. 8 (1843), 356, 406. *K. A. Varnhagen v. Ense:* Biographische Portraits (Leipzig, 1871). *ders.:* Tagebücher, 14 Bde. (Leipzig, 1861–1870). *F. Wasmann.* Ein dt. Künstlerleben v. ihm selbst geschildert, hrg. v. B. Grönvold (München, 1896), 140 ff. *F. Walter:* Aus meinem Leben (Bonn, 1865), 316. *Tagebuch d. Dr. med. F. W. Wesener,* hrg. v. W. Hümpfner (Würzburg, 1926).

Beziehungen zu Personen (Auswahl).

J. Galland: J. Görres in seinem Leben u. Wirken (Freiburg, 1876). *R. H. Greinz:* H. Heine u. das dt. Volkslied (Leipzig/Neuwied, 1894). *H. Amelung:* »Briefwechsel F. Schlegels an CB u. an Sophie Mereau«, Zs. f. Bücherfreunde, NF 5 (1913), 183–192. *E. Thorn:* H. Heines Beziehungen zu CB (Berlin, 1913) = Berl. Beitr. z. germ. u. roman. Phil., H. XLVI. *R. Steig:* CB u. die Brüder Grimm (Stuttgart, 1914). *L. Brentano:* CBs Liebesleben (Frankfurt, 1921). *A. Bach:* »Neues aus d. Kreise La Roche-B«, Euphorion 27 (1926), 321–332. *H. Levin-Derwein:* Die Geschwister B in Dokumenten ihres Lebens (Berlin, 1927). *F. Scholz:* B u. Goethe (Berlin, 1927) = Palaestra 158. *A. Stoll:* Der junge Savigny (Berlin, 1927). *L. Brentano:* »Der jugendl. u. d. gealterte B über Bettina u. Goethe«, JbFDH (1929), 325–352. *H. Fels:* »B u. Kant«, Philosoph. Jbb. d. Görres-Ges. 43 (1931), 180–188. *O. Dammann:* »J. F. H. Schlosser auf Stift Neuburg u. sein Kreis«, Neue Heidelberger Jbb., NF (1934), 1–128. *A. Hang:* Sophie Mereau in ihren Bezieh. z. Romantik (Diss. München, 1934). *A. Nowack:* Gedenkblätter an Kard. Diepenbrock. Nach archival. Quellen (Breslau, 1934). *A. Holzer:* Fichteparodien u. Fichtesatiren i. d. Dichtung um 1800 (Wien, 1935), B: 100–102. *F. Spiecker:* »CB u. Luise Hensel«, JEGPh 34 (1935), 59–73. *E. Reinhard:* »Aus dem Freundeskreis Eichendorffs«, Der Oberschlesier 18 (1936), 546–552; und Aurora 7 (1937), 88–95. *W. Schellberg:* »CB u. Philipp Otto Runge«, LJb 8 (1936), 166–215. *W. Milch:* »Goethe u. die B«, Chronik d. Wiener Goethe-Vereins 42 (1937), 31–37. *J. Frank:* »B u. seine Frauen«, Ruhm u. Ehe (Zürich, 1939), 139–161. *O. Taxis-Bordogna:* »Sophie Mereau«, Die Frau 48 (1940/41), 327–330. *E. Wohlhaupter:* »F. K. v. Savigny u. CB«, Zs. f. Bayer. Landesgeschichte 14 (1943/44), 282–390. *R. Pissin:* »Aus d. Berliner Kreis d. Grimm, B-Arnim u. Savigny«, Berliner Hefte 2 (1947), 678–684. *W. Rehm:* »B u. Hölderlin«, Hölderlin Jb. (1947), 127–178. *H. Grimm:* »A. v. Arnim u. CB«, Das Jahrhundert Goethes (Stuttgart, 1948), 34–58. *F. Voigt:* »CB u. Charles Baudelaire«, Blick in die Wissensch. 1 (1948), 63–71. *J. Körner:* »CB u. Napoleon«, Marginalien 1 (1950), 88–91. *A. Prelick:* »Die Bekanntschaft d. Oppelner Medizinalrates Dr. Loriner mit CB u. Görres in München, Archiv f. schles. Kirchengeschichte 8 (1950), 184–190. *W. Vordtriede:* »CBs Novalis experience«, MLQ 11 (1950), 73–78. *E. Wohlhaupter:* »Savigny u. CB«, Dichterjuristen 1, hrg. v. Seiffert (Tübingen, 1953), 3–96. *M. Preitz:* »Clemens u. Tian«, Frankfurter Allg. Zeitg., Nr. 195 (24. Aug. 1957). *W. Migge:* »Briefwechsel zw. A. v. Arnim u. S. Mereau«, Festgabe f. E. Berend (Weimar, 1959), 384–407. *M. Preitz:* »K. v. Günderrodes Briefwechsel mit F. K. u. G. v. Savigny«, JbFDH (1962), 208–306; (1964), 158–235. *W. Salmen:* J. F. Reichardt (Freiburg/Zürich, 1963). *A. Tenbergen:* »Germania u. Guestphalia, Germanen-Zeitung 40, Nr. 40 (Dez. 1966), 3–6 (= CB, Auguste Bußmann). *V. Jent* (Haas): Emilie Linder 1797–1867. Studien z. Biogr. d. Basler Kunstsammlerin u. Freundin CBs (Diss. Basel, 1967). *E. Berend:* »Wieland u. CB«, Exkursionen (Marbach, 1968), 48–

55. *W. Milch:* Die junge Bettine 1785–1811 (Heidelberg, 1968). *H.-J. Schoeps:* »CB nach L. v. Gerlachs Tagebüchern u. Briefwechsel«, JbFDH (1970), 281–303. *B. Hack,* Hrg.: Briefe an Goethe (Frankfurt, 1975). *K. Feilchenfeldt:* »Runge u. die Dichter«, JbDSG 21 (1977), 297–326. *F. Kemp:* Goethe. Leben u. Welt in Briefen (München, 1978). *H. Rölleke:* »Zu Bs Eheschließung mit A. Bußmann«, JbFDH (1978), 291–297. *H. M. Kastinger Riley:* A. v. Arnim (Reinbek, 1979) [Mereau, Wunderhorn, CB]. *W. Frühwald:* »A. v. Arnim u. CB«, Handbuch d. dt. Erzählung, hrg. v. K. K. Polheim (Düsseldorf, 1981), 145–158; 574–576. *H. Schultz:* CB u. Görres (Koblenz, 1981) = Koblenzer Hefte f. Lit., H. 2. *B. Gajek:* »Das rechte Verhältnis d. Selbständigkeit zur Hingebung«, Frankfurt aber ist d. Nabel dieser Erde (Stuttgart, 1983), 206–226. [CB u. Günderrode]. *H. M. Kastinger Riley:* Die weibliche Muse (S. Carolina. In Vorbereitung) [Mereau, Günderrode].

Literatur:

E. Nippold: Tiecks Einfluß auf CB (Diss. Jena, 1915). *A. Stockmann:* Die jüngere Romantik. B, Arnim, Bettina, Görres (München, 1923). *M. Hrozny:* A. v. Arnim u. CB. Gegensätze u. Übereinstimmungen (Diss. Prag, 1926). *P. Szemö:* Dt. u. österr. Dichter u. ihre Pester Verleger im 19. Jahrhundert 1812–1878 (Budapest, 1931). *P. Böckmann:* »Die romant. Poesie Bs u. ihre Grundlagen bei F. Schlegel u. Tieck«, JbFDH (1934/35), 56–176. *W. Nicolay:* »Rufer zum Vaterland. CB als nationaler Dichter«, Sonntagsbeilage d. Köln. Volkszeitg., Nr. 10 (8. März 1936). *Anon.:* »Bettina an CB«, Corona 7 (1936/37), 36–59. *H. R. Liedke:* »Unknown Portrait Sketches of Arnim by CB«, GR 14 (1939), 155–158. *E. Böhm:* Die Frauengestalten in Bs Dichtungen (Diss. Wien, 1940). *E. Lohmann:* Das Problem d. Wirklichkeit bei CB (Diss. Berlin, 1942). *M. E. Atkinson:* The Relation of Music and Poetry as Reflected in the Works of Tieck, Wackenroder and B (Diss. London, 1947), 259–264 (= Bogs). *U. Zoerb:* CB u. E. T. A. Hoffmann in ihren Märchen (Diss. Bonn, 1948). *R. Benz:* »Goethe u. die Heidelberger Romantik«, Goethe u. Heidelberg (Heidelberg, 1949), 119–143. *H. Laschitz:* Versuch einer charakterologischen Analyse d. dt. Romantik (Diss. Innsbruck, 1949) = CB, Novalis. *H. Russell:* Die Gestalt d. Dichters B nach seinen Märchen (Diss. Münster, 1949). *K.-G. Hotze:* Die Entwicklung d. Menschenbildes in d. Dichtung CBs (Diss. Freiburg, 1953). *G. Maas:* Das Leid bei CB (Diss. Freiburg, 1954). *W. Kubicek:* Studien zum Problem d. Irrationalismus bei Hoffmann u. B (Diss. Wien, 1956). *E. Puntsch:* Das Verhältnis zw. Dichtung u. Existenz in d. ersten Schaffensperiode Bs (Diss. München, 1956). *H. Encke:* Bildsymbolik im »Godwi« Bs (Diss. Köln, 1957). *J. Frank:* »Clemens u. Bettina B«, Geschwisterpaare (München, 1957), 96–107. *R. Nägele:* Die Muttersymbolik bei CB (Winterthur, 1959). *W. Dellers:* CB. Der Versuch eines kindlichen Lebens (Basel, 1960). *H. v. Hofe:* »Sophie Mereau, B, and America«, MLN 75 (1960), 427–431. *H. Neu:* »Eine Begegnung zw. roman. u. dt.

Kultur« Wahrheit u. Wert in Bildung u. Erziehung, 2. F. (1960), 101–117. = Arenberg, Bettina, CB. *G. Beckers:* »Bs Schwermut d. Kulmination«, Versuche z. dicht. Schaffensweise dt. Romantiker (Kopenhagen, 1961), 29–48. = CB u. Büchner. *W. Mörath:* Der Bedeutungsgehalt d. Wortes »Poesie« bei CB (Diss. Graz, 1965). *S. Sudhof:* »B-Studien«, LJb NF 6 (1965), 121–154. *E. Reingard:* Das Bild d. Kindes bei CB (Diss. Graz, 1966). *E. Jandl:* »Ein Sonett v. CB verkürzen, mit Bananen«, Manuskripte 8 (1968), H. 23/24, 25–27. *B. v. Wiese:* »Bs Godwi«, Von Lessing bis Grabbe. Studien z. dt. Klassik u. Romantik (Düsseldorf, 1968), 64–78. *G. Schaub:* Le génie enfant. Die Kategorie d. Kindlichen bei CB (Quellen u. Forschungen 55), 1973. *E. Klingner:* »CB – Inbegriff d. Romantik«, Buchhändler Heute 32 (1978), 1047–1049. *E. Stopp:* »Romantic Affinities of J. M. Sailer's Kerygmatic Writing«, Romantik in Deutschland, hrg. v. R. Brinkmann (Stuttgart, 1978), 463–474. *Anon.:* »Empfindsame Gesellschaft im Dichterzimmer«, Frankfurter Allg. Zeitung, Nr. 176 (1. Auf. 1980), 37. *H. M. Kastinger Riley:* »Frühromant. Tendenzen bei L. A. v. Arnim . . .«, JbFDH (1980), 272–299. = Annonciata. *Dies.:* »Kontamination u. Kritik im dicht. Schaffen CBs u. A. v. Arnims«, CG 13, Nr. 4 (1980), 350–358. *E. Stopp:* »Die Kunstform d. Tollheit«, BdK (Tübingen, 1980), 359–376. *N. B. Reich:* Louise Reichardt. Songs (New York, 1981), Einleitung bes. xiv-xv. *B. Gajek:* »J. M. Sailers Wirkung auf Romantiker«, Regensburger RU-Notizen, H. 2 (1982), 3–6. *G. Brandstetter:* »Hieroglyphik d. Liebe. Überlegungen zu Bs ›Fortsetzung v. Hölderlins Nacht‹«, JbFDH (1983), 213–266.

3. Der Ästhet (1809–1816).

Søren Kierkegaard hat in seiner differenzierten Romantikkritik den Zusammenhang zwischen poetischer Lebensauffassung und ethisch-religiösen Grundprinzipien eingehend erörtert. Dabei hat er in den späteren Schriften eindeutig zwischen der ästhetischen und der ethischen Lebenseinstellung unterschieden, das Romantische mit dem Ästhetischen gleichgesetzt und als unvollkommene Vorstufe der Entwicklung des Individuums mit dem Ziel der ethischen Vervollkommnung bezeichnet. Insofern sich das ethische Prinzip bei Kierkegaard vom Moralischen und Religiösen kaum trennen läßt, bildet B in diesem Lebensabschnitt vor der Generalbeichte ein ausgezeichnetes Beispiel für Kierkegaards Typus des Romantikers. Zweifellos kommt in dieser Epoche das Unstete und Zerrissene in Bs Lebenshaltung zum Ausdruck, ebenso wie die Elemente des Romantischen im Schaffen: die Behandlung des Mittelalters mit der für die Romantik charakteristischen enthistorisierenden

Symbolik (N. Reindl); die Beschäftigung mit dem »goldenen Zeitalter« im literarischen (Kindermärchen), persönlichen (autobiographische Einschübe aus der Kindheit), religiösen (die Figuration Christi in Kind und ›agnus castus‹) und stofflichen Sinn (Romanzen; Gründung Prags); und die Verwendung spezifisch romantischer Form und Bildlichkeit (Kontamination, Konfiguration, romantische Allegorie, Synästhesie, Vermischung der Formen zum Gesamtkunstwerk, usw.).

Die Suche nach einer neuen geistigen Verbindung brachte B zunächst auf die Möglichkeit einer Zusammenarbeit mit dem Maler Philipp Otto Runge. Die Skandale und öffentlichen Selbstmordversuche seiner Frau Auguste trieben B auf abenteuerliche Fluchtversuche – manchmal sogar unter Decknamen – bis Auguste im März 1809 in die Trennung einwilligte. Ende Juli brach B zu einem Besuch Arnims nach Berlin auf. Auf der Reise traf er u. a. Hegel, G. H. Schubert und den Philologen Johann Arnold Kanne. Der Eindruck des letzteren, der einige Jahre später im Eifer eines religiös-mystischen Erlebnisses sein wichtigstes sprachwissenschaftliches Manuskript vernichtete, mag auf B gewirkt haben. In Jena besuchte Brentano Lorenz Oken und Goethe und traf im August schließlich in Halle und Giebichenstein ein. Hier wohnte er bei den Reichardts und lernte den mit Johanna Reichardt verheirateten Henrich Steffens kennen. In diesem Kreis, der durch eheliche und freundschaftliche Verbindungen auch K. P. H. Pistor, Ludwig Tieck, Karl Alberti, den Grimms und Runge nahestand, las B aus seinen *Romanzen vom Rosenkranz* vor und lernte Runges Abhandlung über die Farbenkugel kennen. Gleichzeitig berichtete er den Grimms von seinem Vorhaben, Kindermärchen herauszugeben, und erhielt die Erlaubnis, deren Sammlung zu benutzen und zu bearbeiten.

Durch Louise Reichardt, die im Oktober 1809 nach Hamburg übersiedelte, wo auch Runge wohnte, erfuhr der Maler von Bs Wunsch, seine *Romanzen* von ihm illustrieren zu lassen. Am 27. Dezember trat Runge von sich aus an B heran, der damals bereits mit Arnim im Pistorschen Hause in Berlin einquartiert war. B antwortete mit einem sehr langen, persönlichen, bekenntnishaften Brief am 21. Januar 1810. Die *Romanzen* ließen sich »einer Folge mit Arabesken da verflochtener Gemählde vergleichen, wo die Gestalt unaussprechlich ist, und wo das Symbol eintritt, wo die Gestalt blüht oder tönt« (Feilchenfeldt, 18). Synästhesie und Assoziationstechnik, symbolhafte Gestaltung und bildliche Perspektive ähneln sich in den künstlerischen

Zielen Bs und Runges. B sandte Runge eine Teilabschrift der *Romanzen* mit der Erklärung:

»Das Ganze ist ein apokryphisch religiöses Gedicht, in welchem sich eine unendliche Erbschuld, die durch mehrere Geschlechter geht, und noch bey Jesu Leben entspringt, durch die Erfindung des Katholischen Rosenkranzes löset. Die alte Fabel des Thannhäusers ist, auf eine andre Art wie Tieck es that, darin gelöset und eingeflochten, so wie die Erscheinung der Zigeuner in Europa, und der Ursprung der Rosenkreuzerey, als ein Gegensatz des Rosenkranzes, der Pilgerfahrten und Kreuzzüge, als Episoden, doch durchaus aus der Quelle des Ganzen entspringend, poetisch begründet werden.«   (Feilchenfeldt, 34–35)

Auch den persönlichen Bezug durch autobiographische Einschübe in der Einleitung begründete Brentano. Runge, bereits schwer erkrankt (er starb im November 1810), antwortete verbindlich aber kühl, daß es »nicht recht wäre, Sie noch auf einen Invaliden hoffen zu laßen, daß er Ihnen ein Schock Kinder mit dieser Poesie verbunden zeugen solte« (Feilchenfeldt, 42). Mit dem Tod Runges verlor sich Bs neuerwachtes Arbeitsinteresse an den *Romanzen.* Sie blieben – obgleich ein jahrelanges Arbeitsprojekt – fragmentarisch.

Als Nebenprodukte dieser Beschäftigung mit Malerei und Illustration erschienen Bs Beiträge zu Kleists »Berliner Abendblättern«, von denen der Aufsatz *Empfindungen vor Friedrichs Seelandschaft* (gemeinsam mit Arnim verfaßt und von Kleist stark gekürzt) und der Nachruf auf Runge mit Sicherheit von ihm stammen. Von B übernommene Rungesche Bildmotive sind aus den *Kinderliedern,* der *Trutz-Nachtigal* und aus der letzten Illustration zu *Gockel Hinkel und Gackeleia* bekannt und umspannen damit alle Perioden seiner Tätigkeit. Für die Fruchtbarkeit seines Schaffens während des Berliner Aufenthalts ist der intensive Ideenaustauch mit Arnim von Bedeutung. Eine gewisse Anspannung im Wetteifer mit dem Freund ist dabei nicht zu übersehen. Im Juli 1810 schrieben beide in Idealkonkurrenz je eine »Kantate« auf den Tod der Königin Luise. B sandte seine Trauerkantate an J. F. Reichardt, der sie vertonte. Steig schreibt, daß sie in »Proben wenig Beifall erhalten« habe und nicht aufgeführt worden sei (Steig 3: 96). Dagegen wurde die von G. A. Schneider vertonte Kantate Arnims im Königlichen Opernhaus gegeben. B charakterisierte die musikalische Gabe als »für jeden Vernünftigen zum Todlachen« (CB/BG, 110). Schließlich sandte er eine für Beethoven bestimmte Abschrift seiner Kantate an seine Schwägerin Antonie Brentano in der Hoffnung auf eine Vertonung durch den Komponisten. Bs

Brief an Beethoven aus dem Jahr 1813 läßt eine persönliche Unterredung vermuten. Darüberhinaus sandte er dem Komponisten auch eine Fassung der am 7. Jan. 1814 im »Dramaturgischen Beobachter« erschienenen Gedichte, *Nachklänge Beethovenscher Musik*. Am 17. Oktober 1815 brachte die Spenersche Zeitung Bs Kritik von Beethovens »Fidelio«. Doch knüpfte erst Bettine erfolgreich Kontakte mit dem Komponisten. Sie setzte sich vor allem für ein Treffen Beethovens mit Goethe ein, welches auch zustande kam.

Der Wetteifer mit Arnim in dieser Epoche zeigt sich am deutlichsten in den Variationen der Kontamination im Werk der beiden – ein bisher kaum untersuchter Vorgang. V. Michels hat in seiner Ausgabe der *Romanzen* darauf hingewiesen, daß der Name Dolores für die Stammutter in den *Romanzen* eine Parallele zur Figur der »Gräfin Dolores« in Arnims Roman (1810) darstellt. Unerwähnt bleiben die Parallelen in H. Liedkes umfassenden »Vorstudien Achim von Arnims zur ›Gräfin Dolores‹«, obwohl er mehrfach Bs Kritiken am Roman, sowie den Einfluß Bischof J. M. Sailers auf Arnims religiöse Vorstellungswelt erwähnt. Das Motiv von Schuld und Buße findet sich für die beiden Doloresfiguren sowohl bei B als auch bei Arnim. Bearbeitungen von Sagen- und Mythenmaterial durch Arnim und B aus dieser Zeit ist ebenfalls nachgewiesen.

Die Lilithfigur und die Erzählung von der ägyptischen Abstammung der Zigeuner finden sich in beider Werke. Arnim hat in seiner »Isabella von Ägypten« (in der Novellensammlung von 1812) die Zigeuner als einen ägyptischen Volksstamm dargestellt, der sein Heimatland verließ, nachdem er zur Zeit der Flucht der hl. Familie nach Ägypten eine Erbschuld auf sich geladen hatte. In seiner Novelle »Die Majoratsherren« (1820 veröffentlicht, aber wahrscheinlich schon viel früher geschrieben) spielt die Lilithfigur eine wesentliche Rolle. Bei B bilden beide Themen einen Teil der *Romanzen*. Der Stoff war ihnen längst bekannt. Er wurde bereits in der *Einsiedlerzeitung* behandelt. Die Golemsage, wie sie in Arnims »Isabella« dargestellt ist, übernimmt B fast wörtlich in seine Theaterrezension von Lipperts »Seltsamer Audienz« (gedruckt 1814). Der bis jetzt als Quelle geltende Grimmsche Beitrag der Golemlegende in der *Einsiedlerzeitung* zeigt nur inhaltliche Übereinstimmungen.

Weitere Gemeinsamkeiten zwischen Arnim und B aus dieser Zeit finden sich in Bs Trauerspiel *Aloys und Imelde* (begonnen 1811), das die in Arnims Novelle »Aloys und Rose« (Druck 1803) behandelte Thematik der väterlichen Feindschaft, die die Liebe ihrer Kinder zueinander verhindert, wieder aufnimmt und anders formt. Und auch Arnims »Melück Maria Blainville«

(Druck 1812), Bs *Schachtel mit der Friedenspuppe* (1814 auf Arnims Gut geschrieben) und Arnims »Toller Invalide« (entstanden vor 1817) verhalten sich komplementär und kontrastierend zueinander. Hier wird die angeschnittene Thematik neu aufgegriffen, variiert und mit einer anders gearteten Lösung versehen (Kastinger Riley, »Kontamination und Kritik«). Ein Gedicht aus Arnims »Wintergarten« (1809) übernahm B umgeformt in sein Festspiel *Viktoria und ihre Geschwister*, das zwischen dem 30. August und dem 19. Oktober 1813 für das Theater an der Wien entstand und in Buchform 1817 erschien *(Soldaten-Katechismus)*. Zu einer nochmaligen kurzen Zusammenarbeit zwischen den beiden kam es in den *Briefen über das neue Theater* (1818), die einen kritischen Dialog des »Direktors« Arnim mit dem »Poeten« B zum Ziel hatten. Das Unternehmen scheiterte, weil B außer einem Brief nichts weiter lieferte. Eine genauere Untersuchung solcher Schaffensparallelen, Umformungen und Kontaminationen könnte weitere Beispiele ergeben. Das Ausmaß dieser Korrespondenzen aufzudecken wäre nicht nur für die Bestätigung dieses romantischen Schaffensprinzips wichtig, sondern ihre Existenz würde aufschlußreiche Einblicke in Bs Arbeitsprozeß und Werkgenese bieten.

Der Berliner Aufenthalt brachte B auch den Kontakt zu zahlreichen Literaten und einflußreichen Persönlichkeiten, darunter mit A. von Chamisso, den Brüdern Eichendorff, F. H. K. de la Motte Fouqué, H. v. Kleist, Graf v. Loeben, Adam Müller, dem Kapellmeister B. A. Weber, Fürst Radziwill, dem Minister Dohna, den Prinzen August und Solms, dem Baumeister, Maler und Architekten K. F. Schinkel u. a. Zusammen mit Arnim, der den Vorsitz übernahm, gründete B am 18. Januar 1811 mit 44 weiteren Mitgliedern die »Christlich-Deutsche-Tischgesellschaft«, die alle 14 Tage mittags zu geselliger Unterhaltung, zu literarischen und politischen Gesprächen zusammentraf. Ausdrücklich ausgeschlossen von der Mitgliedschaft waren Frauen, Juden und »lederne Philister«. Die Liste der Gründungsmitglieder bezeugt, daß in der Gesellschaft Berlins geistige und politische Elite vertreten war (vgl. B-Chronik, 80–81). Über Arnims Einwand hinweg wurde der Ausschluß auch von getauften Juden durchgesetzt, was bald zu offener Kritik führte. Die Nachricht, B habe bei der Märzversammlung seine satirische Abhandlung *Der Philister vor, in und nach der Geschichte* vorgelesen, verursachte weiteren Ärger bei den führenden Vertretern des Judentums. Noch bevor die Satire im Mai im Druck erschien, wurden polemisch-kritische Artikel gegen die politische

Ausrichtung der Tischgesellschaft veröffentlicht. Brentanos Satire, die bei der ersten Vorlesung den Jubel und Beifallsturm der Mitglieder auslöste, wendet sich vor allem gegen das philiströse Element der Gesellschaft, wie Arnim und B es schon in Heidelberg in der Person J. H. Voß' bekämpft hatten. Daneben finden sich aber auch derbe Schmähungen gegen die Juden, die von vielen als beleidigend empfunden wurden. Das Aufsehen, das diese Veröffentlichung erregte, hatte zahlreiche Konsequenzen, darunter nicht zuletzt Bs Schwierigkeiten mit Varnhagen von Ense. Varnhagen, der später die durch ihren Salon bekannte Jüdin Rahel Levin heiratete, und dessen Verhältnis zu B ursprünglich freundschaftlich war, fühlte sich durch Bs Äußerungen über seine Braut so beleidigt, daß er ihn ohrfeigte und sich weigerte, das ihm geliehene Manuskript *Aloys und Imelde* zurückzugeben. Clemens sah sich genötigt, eine neue Fassung anzufertigen.

Die nächste Zeit verbrachte B mit Aufenthalten vor allem in Bukowan, dem böhmischen Familiengut, und in Prag (wohin viele Preußen vor der französischen Besetzung Berlins geflohen waren). Im Oktober 1811 entstand in Böhmen das Romanfragment *Der schiffbrüchige Galeerensklave vom toten Meer* und Anfang 1812 begann B die Arbeit an dem Drama *Die Gründung Prags*, einer Bearbeitung des Libussa-Stoffs. Sein Brief an Savigny vom 12. April 1812 aus Prag bestätigt die Beschäftigung mit *Aloys und Imelde* und den *Rheinmärchen* (UL, 475). An der *Gründung Prags*, die Katharina Paulowna, Großfürstin von Rußland und Herzogin von Oldenburg gewidmet ist, arbeitete B zwischen 1812 und 1814, mit einer letzten Fassung in Wien. Die Libussa-Dramatisierung erschien im Oktober 1814 (mit Jahreszahl 1815). In einer der Prosaschriften zur *Gründung Prags* charakterisiert B das Stück:

»Wie wir aus unserer zarten Kindheit uns wenig erinnern, und wie alles, was uns daraus bewust ist, gegen das zußammenhängende Bild der Gegenwart einem fabelhaften schönen Traume ähnlig sieht, den man zurückblickend mit Rührung gern den goldnen Jugendtraum nennt, so hat auch die Geschichte der ganzen Welt und aller einzelner Völker einen solchen Jugendtraum, die historische Fabel [. . .] Aus dieser Historischen Fabelzeit Böheims ist der Gegenstand des vorliegenden Dramas genommen.« (HKA 14: 537).

Kindheits-»Traum« auf der weiten Basis einer Völkerschaft, die »Erinnerung« an ein goldenes Zeitalter, mythisierte Geschichte, Personifikation der sagenhaften Libussa, usw., dieser dramatische Stoff mit Gedicht- und Liedeinlagen bildet die umfassende Fabel seiner »Geschichtsbearbeitung« (vgl. weiter unten die S. 133 bis 140). Wie die meisten romantischen Dramen war auch Bs Werk für die Bühne weder als Trauerspiel noch als Singspielvariante geeignet und ist bis heute nicht aufgeführt worden. B erkannte diese Tatsache selbst und verteidigte sich:

»Um der Frage zu begegnen, ob dieses Schauspiel für das Theater geschrieben sey, sage ich, daß es gewiß theatralischer, als die meisten ist [...]. Die weitere Frage, ob es eine Bühne so aufführen könne, wie es ist, beantworte ich mit einer zweiten; welches bedeutendere dramatische Werk kann irgend eine Bühne, so wie sie sind, in unsern Tagen aufführen, so wie es ist?« (HKA 14: 529–530).

Nach der bereits erwähnten Auseinandersetzung mit Varnhagen und einer Aussöhnung mit Rahel, die 1813 nach Prag floh und B schließlich als »ein kluges und eigentlich recht gutmüthiges Wesen« charakterisierte (Steig I, 316), reiste B am 5. Juli 1813 von Prag nach Wien ab. Eine seiner Absichten war, sich mit F. Schlegel wieder zu versöhnen, die andere, in Wien als Theaterdichter des Burgtheaters Karriere zu machen. Wien hatte damals als kosmopolitische Metropole keinen Mangel an bedeutenden Persönlichkeiten aller Art. B gehörte kaum zu ihnen. Die gutmütige Lässigkeit, mit der jeder Fremde aufgenommen, ins gesellschaftliche Leben eingegliedert, und dann sich selbst überlassen wurde, mißfiel etlichen der romantischen Genies. Arnim und Tieck hatten sich schon vor B, Wagner nach ihm über die Oberflächlichkeit des berauschenden Glanzes dieser Stadt beklagt. B sah sie in ihr die leibhaftig gewordene Verkörperung der allegorischen Frau Welt. Bereits Ende Juli charakterisierte er Wien seiner Schwester Gunda:

»Wien ist schön, es ist als hätte der Leichtsinn, die Lebenslust und zeitlicher Uebermut diese Stadt in den Schoß der reizendsten Natur gegründet [...]. Der Prater ist ein Paradies, ein Elysium, ein Traum. Die Menschen sind froh und possierlich und gewähren für Glückliche und Berauschte eine heitere Umgebung [...]. Aber das Ganze dieses Lebens ist ohne Geister, ohne Vision, ohne Offenbarung, ohne inneres Aug und man kann hier nicht dichten; hier ist keine Offenbarung, und nur zerreißende Sehnsucht nach einer Seele für diese vom Teufel besessene Welt zerreißt mich.« (UL, 484).

Im Haus des verstorbenen Schwiegervaters seines Bruders Franz (J. M. von Birkenstock) einquartiert, knüpfte er sofort die Beziehungen zu den alten Bekannten wieder neu. Dazu gehörten F. Schlegel, Adam Müller, J. von Eichendorffs Bruder Wilhelm, der Maler und Freund Runges F. A. von Klinkowström, J. N. Ringseis, der Buchhändler Eckstein, u. a. Im tonangebenden literarischen Salon Caroline Pichlers machte er weitere wichtige Kontakte und las aus der *Gründung Prags* vor. Bei seinen Bemühungen um die durch den Tod Theodor Körners freigewordene Stelle des Hoftheaterdichters am Burgtheater lernte er eine Schlüsselfigur des Wiener Theaterlebens, Graf K. H. von Pálffy, kennen, der mit einer kleinen Gruppe Hochadliger (und der Zensurbehörde) den Spielplan bestimmte. B bot ihm das Festspiel *Viktoria und ihre Geschwister* zur Aufführung an (Druck 1817), erhielt es von Pálffy aber mit Brief vom 30. November 1813 dankend zurückgestellt. Die Aufführung seiner Bearbeitung des *Ponce* unter dem Titel *Valeria oder Vaterlist* am 14. Februar 1814 war ein Mißerfolg. Auch seine Kantate *Österreichs Adlergejauchze und Wappengruß in Krieg und Sieg* (Druck 1814) wurde auf dem Leopoldstädter Theater gegeben. Das Burgtheater brachte als »Einlage« am 12. Februar 1814 Bs Gedicht *Die drei Namen der Liebe des Österreichers.* Anfang 1814 übernahm er auch die Theaterrezensionen im neugegründeten »Dramaturgischen Beobachter«, einer von Carl Bernhard herausgegebenen Wiener Zeitschrift. Neben Besprechungen wie jenen von Körners »Toni«, Kotzebues »Intermezzo«, Schillers »Braut von Messina« u. a., veröffentlichte der »Dramaturgische Beobachter« auch Gedichte Bs, so das Sonett *Geheime Liebe,* den Gedichtzyklus *Nachklänge Beethovenscher Musik* (7. Januar 1814) und zwei Erklärungen zum Mißerfolg der *Valeria.* Schon Ende März stellte der »Dramaturgische Beobachter« sein Erscheinen ein. Trotz der erhaltenen Förderung, die sich noch auf den Druck seiner Erzählung *Die Schachtel mit der Friedenspuppe* in den Wiener »Friedensblättern« (Januar 1815) ausweitete, beklagte sich B an Arnim über das »Adliche Lumpengesindel« und verließ Anfang Mai 1814 Wien. Nach einem Aufenthalt in Prag und auf Arnims Gut Wiepersdorf, nahm er seinen Wohnsitz in Berlin bei Savigny.

Da sich die Hoffnungen, die Brentano in den Wiener Aufenthalt gesetzt hatte, nicht erfüllten, gelangte er in eine tiefe Krise. In einem Brief an die Baronin v. Hügel spricht er von »dem großen eingefleischten Satanismus der Welt«, der die Ursache sei, warum sich »so viele edlere und tiefsinnigere Geister zu Religion zurückwenden« (8. Juni 1814; AK, 59). Die Rückkehr nach Berlin brachte ihn dem literarischen Leben der Stadt wieder nahe. Er verkehrte in den Salons, mit E. T. A. Hoffmann, Fouqué, Chamisso und lernte bei Savigny auch Ludwig von Gerlach und Christian Graf v. Stolberg kennen. B. G. Niebuhr, F. Schleiermacher, E. M. Arndt, J. A. F. und K. F. Eichhorn gehörten ebenfalls diesem gesellschaftlichen Kreis an. Am 15. Februar 1815 schrieb er aber schon an W. Grimm:

»Mein ganzes Leben habe ich verloren, theils in Irrthum, theils in Sünde, theils in falschen Bestrebungen. Der Blick auf mich selbst vernichtet mich, und nur wenn ich die Augen flehend zu dem Herrn aufrichte, hat mein zitterndes, zagendes Herz einigen Trost.« (CB/BG, 201).

Im Kreis L. von Gerlachs prophezeite B den nahen Tod C. von Stolbergs, der tatsächlich zwei Monate später auf dem Schlachtfeld fiel. Zuvor besuchten Stolberg und Gerlach noch die stigmatisierte Nonne Anna Katharina Emmerick in Dülmen. B erfuhr erst später davon. Anfang 1816 gründete er mit den Brüdern Gerlach eine literarisch-politische Abendgesellschaft (die »Maikäferei«) zu deren Mitgliedern die Gerlachs, Carl v. Voß, F. K. von Bülow, A. W. Goetze, Cajus Graf v. Stolberg, F. H. Graf v. Stosch u. a. gehörten. Hier stellte er viele seiner Gedichte und Märchen erstmals der Öffentlichkeit vor. Goetze komponierte die Musik zu einigen von Bs Dichtungen. Neben den Märchen *(Witzenspitzel, Fanferlieschen Schönefüßchen)* und Gedichten arbeitete er auch an Prosastücken. *Die mehreren Wehmüller,* bereits in Bukowan entworfen, erhielten ihre endgültige Fassung; auch schrieb er an den *Drei Nüssen,* dem *Armen Raimondin* und der *Geschichte vom braven Kasperl und dem schönen Annerl.*

Im Juni 1816 erhielten Savigny und B Berichte von J. N. Ringseis über die bayrische Erweckungsbewegung und deren Repräsentanten Lindl, Goßner und Boos (Brief von Ringseis gedr. in HKA 28:2). B verteilte Abschriften davon an die Mitglieder des Maikäferklubs. Dem Freund Leopold Gerlach schrieb er, er wünschte wirklich ein Christ zu sein und daß er nun auch den Weg dorthin klar vor sich sehe. Am 10. Oktober 1816 traf er bei Staegemanns die damals 18jährige protestantische Pfarrerstochter und Dichterin Luise Hensel und begann die Niederschrift seiner Bekenntnisbriefe an sie. Seine schnelle, heftige Werbung um Luise verlief in ähnlichen Bahnen wie jene um Sophie Mereau, deren Schreibkästchen er Luise zu Weihnachten schenkte. Luise gewidmet ist auch die mit ihr gemeinsam bearbeitete Neuausgabe von F. Spees *Trutz-Nachtigal,* die zu Weihnachten erschien. Als Gegengabe schenkte sie ihm ihre eigenen Lieder. Brentano machte Luise einen verschlüsselt formulierten Heiratsantrag, der zunächst unbeantwortet blieb.

Bs Verhältnis zu den Künsten:

F. *Deibel:* »B u. die bildende Kunst«, Zs. f. Bücherfreunde 10 (1907),
28–35. *S. Harms:* CB u. die Landschaft d. Romantik. Mit bes. Berück-
sichtigung seiner Bez. z. romant. Malerei (Diss. Würzburg, 1932).
E. Tiegel: Das Musikalische i. d. romant. Prosa (Erlangen, 1934).
R. Diehl: »Philipp O. Runge u. CB«, Imprimatur 6 (1935), 53–74.
W. Fraenger: B u. Frau Musica (Berlin, 1943). *M. E. Atkinson:·* »Musi-
cal Form in some Romantic Writings«, MLR 44 (1949), 218–227.
R. Benz: Die Welt d. Dichter u. die Musik (Düsseldorf, 1949). *E. Reed:*
»The Union of the Arts in Bs ›Godwi‹«, GR 29 (1954), 102–118.
H. Günther: Künstlerische Doppelbegabungen, 2. Aufl. (München,
1960). *W. Vordtriede:* »CBs Anteil an d. Kultstätte in Ephesus«, DVjS
34 (1960), 384–401. *S. Waetzold:* »Ph. O. Runges ›Vier Zeiten‹ u. ihre
Konstruktionszeichnungen«, Anzeiger d. German. National-Mu-
seums, 1954–1959 (Berlin, 1960). *J. Mittenzwei:* »CB, der musikal.
Sprachkünstler d. Romantik«, Das Musikalische i. d. Literatur (Halle/
Saale, 1962), 143–161. *J. Langner:* Ph. O. Runge in d. Hamburger
Kunsthalle (Hamburg, 1963). *J.F. Fetzer:* Music in the Life and Works
of CB (Diss. U. of California, 1965). *C. Holst/S. Sudhof:* »Die Litho-
graphien z. ersten Ausgabe v. Bs Märchen Gockel, Hinkel u. Gackeleia
(1838)«, LJb 6 (1965), 140–154. *J.F. Fetzer:* »CB's ›Godwi‹. Variations
on the Melos-Eros Theme«, GR 42 (1967), 108–123. *H. Meixner:*
»Denkstein u. Bildersaal in CBs ›Godwi‹«, JbDSG 11 (1967), 435–468.
B. Gajek: »Bs Verhältnis z. Bildenden Kunst«, Bildende Kunst u. Lite-
ratur, hrg. v. W. Rasch (Frankfurt, 1970), 35–56. *A. Langen:* »CB.
›Nachklänge Beeth. Musik‹«, Die dt. Lyrik, hrg. v. B. v. Wiese Bd. 2
(Düsseldorf, 1956. Neuaufl., 1970), 19–49, 495 f. *K.K. Polheim:* »Zur
romant. Einheit d. Künste«, Bildende Kunst u. Literatur, hrg. v. W.
Rasch (Frankfurt, 1970), 157–178. *G. Friesen:* »CBs ›Nachklänge
Beeth. Musik‹«, Traditions and Transitions, hrg. v. Kurth/McClain/
Homann (München, 1972), 194–209. *D. Dennerle:* Kunst als Kommu-
nikationsprozeß. Zur Kunsttheorie CBs (Bern, 1976). *D.J. Ponert:*
»Ein Stück Musikgeschichte auf Berliner Porzellan«. Keramos, H. 73
(Juli 1976), 29–36. *J. Mathes:* »CBs Kunsttheorie«, Schweizer Monats-
hefte 58 (1978), 554 ff. *P.-K. Schuster/K. Feilchenfeldt:* »Philipp O.
Runges ›Vier Zeiten‹ u. die Temperamentenlehre«, Romantik in
Deutschland, hrg. v. R. Brinkmann (Stuttgart, 1978), 652–669. *S. Sud-
hof:* »Karl Philipp Fohrs Zeichnung zu Bs Gockelmärchen«, Euphorion
72 (1978), 513–517. *J.F. Fetzer:* »Nachklänge Bscher Musik in Th.
Manns Doktor Faustus«, BdK, 33–46. *H. Henel:* »CBs erstarrte Mu-
sik«, BdK, 74–101. *I. Mittenzwei:* »Kunst als Thema des frühen B«,
BdK, 192–215. *P.-K. Schuster:* »Bildzitate bei B«, BdK, 334–348.
O. Seidlin: »Bs Heraldik«, BdK, 349–358. *J.F. Fetzer:* »CBs Muse and
Adrian Leverkühn's Music«, Essays in Literature 7 (1980), 115–131. *H.
Rölleke:* »G. Mahlers ›Wunderhorn‹-Lieder«, JbFDH (1981), 370–378.

Literatur:

S. Kierkegaard: Samlede Vaerker, hrg. v. Drachmann/Heiberg/Lange (Kopenhagen, 1910 ff.). *V. Michels:* Einleitung zu CB. Romanzen v. Rosenkranz. Sämtl. Werke, Bd. 4 (1910), vii–lxxvi. *H. Preindl:* »B u. die romantische Lyrik überhaupt«, Form u. Sinn 2 (1926), 140–152. *H. Rupprich:* »CB u. die Mystik«, DVjS 4 (1926), 718–746. *J. Nadler:* »Das Faustproblem in Bs Rosenkranzromanzen«, Hochland 24 (1927), 105 f. *R. Rolland:* Goethe u. Beethoven (Zürich, 1929). *A. Treptow:* »Erkennen«. Versuch einer Deutung d. Grundidee in Goethes »Urfaust« u. CBs »Romanzen v. Rosenkranz« (Diss. Königsberg, 1930; Druck, 1932). *E. Leoni:* CB u. die dt. Barocklyrik (Diss. Frankfurt, 1932). *F. M. Piffl:* Die Landschaft bei CB (Diss. Wien, 1932). *H. Rehder:* Die Philosophie d. unendlichen Landschaft (Halle/Saale, 1932). *A. Bergmann:* »Ungedrucktes aus d. Sammlung Kippenberg. II. Vier Briefe v. Ph. O. Runge u. einer v. dessen älterem Bruder Joh. Daniel an CB«, JbSK 10 (1935), 229–245. *G. Scholz:* Die Balladendichtung d. dt. Frühromantik (Diss. Breslau, 1935). *P. Eberhard:* Die polit. Anschauungen d. christlich-dt. Tischgesellschaft (Diss. Erlangen, 1937). *W. Kayser:* »Vom Rhythmus in dt. Gedichten«, Dichtung u. Volkstum (d. i. Euphorion) 39 (1938), 487–510. *L. M. Kerstholt:* Das Bild d. Welt in Bs Romanzen v. Rosenkranz (Diss. Münster, 1939). *A. Langen:* »Zur Geschichte d. Spiegelsymbols in d. dt. Dichtung«, GRM 28 (1940), 276 ff. *U. Westerkamp:* Beitrag z. Gesch. d. literar. Philistertypus mit bes. Berücksichtigung von Bs Philisterabhdlg. (Diss. München, 1941). *R. Kienzerle:* Aufbauformen romant. Lyrik aufgezeigt an Tieck, B u. Eichendorff (Diss. Tübingen, 1946). *A. Krättli:* Die Farben in d. Lyrik d. Goethezeit (Diss. Zürich, 1949). *H. Tucker:* The Symbolism of Water in the Poetry of CB (Diss. Ohio State U., 1950). *M. Straßmann:* Die Bildlichkeit in d. Lyrik CBs (Diss. Köln, 1952). *W. Schlegelmilch:* Studien z. bildlichen Ausdruck bei CB (Diss. Freiburg, 1953). *H. Tukker:* »Water as Symbol and Motif in the Poetry of CB«, Monatshefte 45 (1953), 320–323. *M. Reidick:* Poesie u. Religion. Ihre Bedeutung f. d. Leben u. Werk CBs (Diss. Münster, 1954). *W. Schlegelmilch:* »CBs Vergebliche Wende«, Hochland 47 (1954/55), 394–397. *B. Tecchi:* »CB, interprete degli animali«, Romantici tedeschi (Milan, 1959), 48–92. *R. Matthaei:* Das Mythische in CBs »Die Gründung Prags« u. den »Romanzen v. Rosenkranz« (Diss. Köln, 1961). *U. Nyssen:* Die Struktur v. Raum u. Zeit bei B (Diss. Berlin, 1961). *H. Liedke:* »Vorstudien Achim v. Arnims zur ›Gräfin Dolores‹«, JbFDH (1964), 236–342; (1965), 237–313; (1966), 229–308. *M. Staub:* Die spanische Romanze in d. Dichtung d. dt. Romantik mit bes. Berücksichtigung d. Romanzenwerkes v. Tieck, B u. Heine (Diss. Hamburg, 1968). *H. P. Neureuter:* Das Spiegelmotiv bei CB (Diss. Kiel, 1968). *H. K. Spinner:* »CB«. Der Mond in d. dt. Dichtung v. d. Aufklärung bis z. Spätromantik (Bonn, 1969), 86–90. *A. Bhatti:* CB u. die Barocktradition (Diss. München, 1971). *M. Braun:* B u. die Welt d. volkstümlichen Überlieferung (Diss. Würzburg, 1972). *G. vom Hofe:* Die Romantikkritik Søren Kierkegaards

(Frankfurt, 1972). *G. Schaub:* »Die Spee-Rezeption CBs« LJb, NF 13 (1972), 151–179. *E. Morgan:* »›Angebrentano‹ in Berlin«, German Life and Letters 28 (1974/75), 314–326. *K. Feilchenfeldt:* »Zwei Briefe Bs im ›Preuß. Correspondenten‹ von 1813«, Philobiblon 19 (1975), 244–254. *E. F. Hoffmann:* »B-Anklänge in Rilkes Prosa«, Rilke heute, hrg. v. Solbrig/Storck (Frankfurt, 1975), 71–91. *N. Reindl:* Die poetische Funktion d. Mittelalters in d. Dichtung CBs (Innsbruck, 1976). *D. Wellershoff:* »Infantilismus als Revolte oder das ausgeschlagene Erbe«, Das Komische. Poetik u. Hermeneutik VII, hrg. v. Preisendanz/Warning (München, 1976), 335 ff. *F. Apel:* »Die Phantasie im Leerlauf«, Sprache im technischen Zeitalter (1977), 359–374. *H. Henel:* »Erfüllte Form. Bs Umgestaltung d. europ. Kunstpoesie«, JbDSG 22 (1978), 1–32. *G. Hoffmeister:* Dt. u. europäische Romantik (Stuttgart, 1978). *W. Frühwald:* »Leben im Zitat«, LLZ, 27–43. *W. Kohlschmidt:* »Tod u. Ewigkeit«, LLZ, 57–73. *H. Schultz:* »Einsamkeit u. Liebe«, LLZ, 43–56. *O. Seidlin:* »Prag: deutsch-romantisch u. habsburgsch-wienerisch«, Von erwachendem Bewußtsein u. vom Sündenfall (Stuttgart, 1979), 93–119. *Ders.:* »Melusine«, ebenda, 120–154. *R. Moering:* »Angelus Silesius als Quelle f. d. Lyrik CBs«, Aurora 40 (1980), 52–70. *R. Walser:* »Feierabend u. B«, Recherches Germaniques 10 (1980), 239–254. *L. Sauer:* Marionetten, Maschinen, Automaten (Bonn, 1983), 151–164.

4. Luise Hensel und A. K. Emmerick (1817–1823)

Vieles in der Beziehung zwischen B und Luise Hensel ist umstritten oder ungeklärt. Dazu gehören der Zeitpunkt ihrer ersten Begegnung, den Luise selbst später (aber vermutlich falsch) mit dem »Sommer 1816« (Schiel, 90) angab; F. Spiecker verlegt das Datum – ebenfalls nach einem Vermerk Hensels – auf den 5. oder 12. September (Spiecker, 48), und H. Cardauns gibt nach einer Aufzeichnung Hedwig v. Holfers' den 10. Oktober an. Umstritten ist auch der Einfluß den Luise auf Bs Rückwendung zur Kirche, bzw. jener, den B auf ihre Konversion ausübte; umstritten ist auch das Ausmaß ihrer Erwiderung von Bs Liebe und ebenso das Ausmaß der Kontamination in den Gedichten Hensels und Bs. Erschwert wurde die Klärung solcher Fragen durch die Vernichtung eines Teils des Briefmaterials, durch die Versuche Hensels und der Familie Brentano, aus dem zum Zeitpunkt der Veröffentlichung erhaltenen Briefmaterial »Persönliches« auszulassen und nur Auszüge zu gestatten, und durch nachträgliche, widersprüchliche Angaben in »Erinnerungen«. Wahrscheinlich haben weder B noch Hensel entscheidend auf die religiösen Entschlüsse des anderen eingewirkt. Die Gesinnung beider hatte sich bereits so stark gewandelt, daß ein

Übertritt bzw. die Generalbeichte die natürliche Konsequenz war. Lediglich eine gegenseitige Bestärkung im Beschluß mag durch die Bekanntschaft erfolgt sein. Die Vehemenz von Bs leidenschaftlicher Liebe hat Luise Hensel sicher nicht geteilt, obwohl sie noch einige Jahre nach der ersten Begegnung die Möglichkeit einer Heirat mit ihm erwog. Die Abneigung ihrer Mutter sprach gegen B, auch sein Zerwürfnis mit der katholischen Kirche durch die erste Heirat mit einer Geschiedenen und durch die Scheidung von Auguste (1812). Zudem faßte Luise eine Neigung zu Ludwig v. Gerlach, dem sie jedoch ebenfalls entsagte. Einige Zeit erwog sie eine »Josephs«ehe mit B. Sie war sich seiner Reizbarkeit bewußt, fand sie jedoch aus psychologischen Gründen anziehend. Am 16. Januar 1819 schrieb sie ihm:

»Ich glaubte, Du [. . .] würdest mich vielleicht oft quälen oder schlagen, ich würde darin meine Buße und Beruhigung finden, mich in Geduld und Entsagung zu üben; denn ein weltliches Interesse hatte ich damals nicht für Dich. Eine Verbindung mit Dir, glaubte ich, würde mich nicht hindern, wenn der Herr seinen Ruf für mich erneuern sollte, ihm zu folgen; auch glaubte ich, unsere Ehe würde kinderlos und keusch sein.« (Schiel, 25)

Für B war die Kombination von Schönheit und dichterischer Begabung, die ihn schon an Sophie Mereau und an die Günderrode fasziniert hatte, war Luises Ähnlichkeit mit seiner Schwester Sophie, vor allem aber ihre Verkörperung von »Mutterschaft« und Jungfräulichkeit (sie erzog den Sohn ihrer Schwester, die im Kindbett starb) mit all den mitschwingenden erotisch-religiösen Empfindungen anreizend. Die offensichtliche Unmöglichkeit einer Ehe zwischen den beiden mag andererseits für die lebenslängliche, wenn auch nicht ungetrübte Freundschaft verantwortlich gewesen sein. Das gemeinsame Interesse an der Dülmener Nonne Anna Katharina Emmerick bildete den zentralen Bezugspunkt ihrer persönlichen Beziehung.

Wichtiger und weniger bekannt als die biographischen Daten sind die literarischen Folgen ihrer Bekanntschaft. Luise Hensel war trotz ihrer Jugend zum Zeitpunkt ihrer Begegnung mit B bereits eine versierte Lyrikerin. Das vielvertonte und in alle Kultursprachen übersetzte Abendgebet »Müde bin ich, geh' zur Ruh'« schrieb Luise im Herbst 1816, im Januar 1817 lernte Brentano es kennen. Einige von ihr erhaltene Lieder schrieb er für seinen Bruder Christian ab und übersandte sie ihm am 3. Dezember 1817. Sie sind ohne Nennung von Luises Namen im 8. Band von Brentanos *Gesammelten Schriften* gedruckt. Sowohl für Luise wie für B wirkte die Freundschaft schöpferisch anregend. Auch für Luise (wie vorher schon für Sophie Mereau) schrieb B mehrere Gedichte, darunter das von ihm nicht so betitelte *An den Engel in der Wüste*. Ähnlich wie im Verhältnis zu Sophie entspann sich auch mit Luise eine Zusammenarbeit. Außer der gemeinsam bearbeiteten *Trutz-Nachtigal* von Spee bearbeitete B auch einige ihrer bereits im Druck erschienenen Texte.

Dazu gehört das 1814 entstandene Lied »Stilles Gotteslob« (»Ach hätt' ich Engelzungen / Ich hätt' euch wohl gesungen / Das süße, liebe Lied«), das bei B mit einigen Textänderungen und mehrstrophigen Zudichtungen unter dem Titel *Zueignung* als erstes der eigenen geistlichen Gedichte erschien (Nettesheim, 14–15). Der Umfang solcher Veränderungen ist wahrscheinlich erheblich. Am 16. April 1852 schrieb Luise an C. B. Schlüter:

»Eine unangenehme Verlegenheit erwächst mir daraus, daß Lieder, die Diepenbrock jetzt wieder mit herausgibt, hier als Brentano's zum Teil angegeben sind; so wird man mich armen Wurm am Ende noch für eine Diebin halten, was mir unlieb wäre. Ich habe übrigens Diepenbrock die Verse alle angegeben, welche Clemens ohne mein Wissen in meine armen Lieder hineingedichtet hatte. Er hatte aber dafür auch manche Verse weggelassen, wodurch [. . .] mein kleines Heer sehr komisch verstümmelt erscheinen muß.« (Nettesheim, 113).

In Diepenbrocks *Geistlichem Blumenstrauß* (1829) befindet sich ein Gedicht Luise Hensels unter dem Titel »Der Pilgerzug nach Golgatha«, das doppelt so lang wie das Original im Nachlaß ist und auch in den ersten vier Strophen starke Umarbeitungen aufweist. Hensel erklärte, daß es »bedeutende Zusätze von B« enthalte (Schiel, 149). Ein Vergleich der bei Schiel gedruckten Hensel-Briefe an B mit den Gedichteinlagen zeigt ebenfalls starke Abweichungen von den in Bs *Gesammelten Schriften* (Bd. 8: 241–259) veröffentlichten Versionen. Das bei B überschriebene »Lied einer Kranken« weist eine Strophenumstellung auf und durch die Redaktion notwendig gewordene Toposänderungen sowie Versmanipulationen (Hensel: »Ich habe kein Gefallen / An Tand und eitlem Scherz«; B: »Ich habe kein Gefallen / An Spiel und buntem Scherz«). Das in den Henselgedichten (L. H., »Lieder«, hrg. v. H. Cardauns, Regensburg, 1923) unter dem Titel »Ave maris stella« gedruckte Gedicht erscheint bei B als »An Maria« und weicht sowohl von der Urfassung (Schiel, 115–116) wie vom Druck bei Cardauns erheblich ab.

An Emilie Brentano klagte Luise, daß im ersten Gedichtband Bs »Umschmelzungen oder Zusätze von Liedern sind, die ihm unter den meinigen gefielen« (Schiel, 89), daß B »manche Verse von ihm in meine Lieder hineingedichtet oder ihnen angehängt« habe »ohne mein Vorwissen« (Schiel, 95). Hensels Gedichte haben durch Bs Änderungen oft an Spontaneität verloren. B ist auch kaum aus ästhetischen Gründen so verfahren. Er benutzt ein vom romantischen Kontaminationsprinzip abzugrenzendes Mischverfahren das nur schwer zu erläutern ist. Auch J. Nettesheims Erklärung B sei mit dem Werk seiner Freunde »verschiedentlich wie mit überliefertem Volksgut verfahren« (14), verdunkelt den Sachverhalt: Beim Volkslied und Volksmärchen ist jede Frage nach der Verfasserschaft unlösbar. In der Aneignung von Geistesprodukten der ihm Nächststehenden liegt bei B der Versuch einer intimen seelischen Annäherung, der Verschmelzung zweier Persönlichkeiten oder der Knüpfung eines geistigen Bandes. Hensel (und vor ihr auch Mereau) empfand dies intuitiv als unerlaubten Eingriff in das Recht des Individuums auf gedankliches Eigentum.

Dieser Umgang Bs mit ihm anvertrauten literarischen Texten oder mündlichen Mitteilungen stellt die Forschung vor eine weitere noch ungelöste Aufgabe: die Frage nach der Glaubwürdigkeit der Emmerick-Aufzeichnungen. Bereits die in den HKA-Bänden 28,1 und 28,2 gesammelten Materialien zu Bs Emmerick-Biographie zeigen dort Abweichungen der Darstellung, wo dasselbe Ereignis mehrfach beschrieben ist. Luise Hensel, die Bs Interesse an der Dülmener Nonne teilte, bestätigt mehrfach Bs phantasiereiche Ausschmückungen dessen, was die Emmerick ihm erzählt hatte. In den Erinnerungen schreibt sie, B habe »oft unbewußt und sicher ohne bösen Willen mir Irriges als von ihr gesehen« mitgeteilt, »und wenn ich mit ihr darüber sprach, so war es ganz anders« (Cardauns, Erinnerungen, 418). B selbst habe ihr gesagt, »daß er im ›Bittern Leiden‹ Vieles gegeben habe, was *nicht von ihr* sei. Er habe *viel* aus P. *Cochem* abgeschrieben, mit dem ihre Visionen im Ganzen viel Aehnliches hätten, weil er nicht Bruchstücke, sondern ein Ganzes hätte geben wollen« (421). Die in der Nachbemerkung zur Emmerick-Biographie von J. Mathes aufgeworfene Frage nach der gattungspoetologischen Einordnung der Emmerick-Aufzeichnungen (HKA 28,2: 425) ist daher berechtigt. Auch hier scheint für B der historische Gehalt nur die Kulisse für die poetisch verklärte Wiedergabe des religiösen Erlebnisses zu sein.

Bs »Wende« war kein plötzliches Erwachen des eigenen Schuldbewußtseins. Die Wurzeln seiner Unruhe gehen mindestens bis in die Wiener Zeit zurück und Luise Hensels Einfluß auf seinen Entschluß wird meist überschätzt. Vermutlich am

27. Februar 1817 legte B die Generalbeichte ab, von deren Inhalt allerdings Luise wußte. Obwohl ihn ihre Mutter nicht gern sah, besuchte er Luise häufig, bis sie ihn schließlich drängte, A. K. Emmerick zu besuchen. In ihren Erinnerungen gibt sie mehrere Gründe für ihren Versuch, den Widerstrebenden zu bewegen, nach Dülmen zu gehen: sie wollte ohne sein Wissen und ohne seine Gegenwart ebenfalls zur katholischen Kirche übertreten (»Ich mußte das *mit Gott allein* durchkämpfen; menschliche Einmischung wäre mir nur störend gewesen«); sie fürchtete, ihr »guter Ruf könne durch seine täglichen Besuche leiden«; sie hoffte, daß »seine übertriebene Liebe zur mir durch Entfernung gemäßigt werde« und auch »wenigstens für eine Zeit lang des mir oft lästigen täglichen Besuchs meines Freundes los zu sein« (401). Zweifellos auch unter dem Einfluß seines Bruders Christian, der 1817 drei Monate bei Emmerick in Dülmen verbrachte, und wegen der Möglichkeit, den ihm seit 1808 bekannten und inzwischen im Mittelpunkt der bayrischen Erweckungsbewegung stehenden Johann Michael Sailer wiederzusehen, trat B am 14. September 1818 seine Reise nach Dülmen an und traf am 24. September dort ein.

Während B unter dem religiösen Bann, den die Figur der Stigmatisierten auf ihn ausübte, sich vor allem den Aufzeichnungen dieses Erlebnisses widmete, waren inzwischen Werke von ihm erschienen, deren Entstehung z. T. weiter zurückreicht. Noch im Jahr seiner Generalbeichte wurde die *Geschichte vom braven Kasperl und dem schönen Annerl* in den von F. W. Gubitz herausgegebenen »Gaben der Milde« gedruckt. Neben den vielen romantischen Motiven tritt besonders das an E. T. A. Hoffmann erinnernde Element des Dämonischen in den Vordergrund. Die Motive von Schuld, Buße und Gnade, sowie die kontrastiv behandelten Werte von weltlicher (Kasperl) und sakraler Ehre (Großmutter) verweisen aber bereits auf die religiöse Thematik, die B beschäftigte. Ebenfalls in einem Blatt von Gubitz (dem »Gesellschafter oder Blätter für Geist und Herz«) erschienen Bs Erzählungen *Die drei Nüsse* (9.–15. August 1817) und *Die mehreren Wehmüller und ungarischen Nationalgesichter* (24. Sept. – 13. Okt. 1817). In F. Försters »Neujahrsgabe« (»Die Sängerfahrt«, 1818) wurden seine Bearbeitung der von W. Grimm abgeschriebenen serbischen Volkslieder und das Fragment *Chronika eines fahrenden Schülers* gedruckt. Auch die *Chronika* zeigt eine romantische Handhabung mittelalterlicher und historischer Themen, die – wie auch in den *Romanzen* – bis zur Enthistorisierung umgearbeitet und auf die Gegenwart bezogen werden. Durch Briefzeugnisse kann Bs Arbeit an der *Chronika* bis ins Frühjahr 1802 zurückverfolgt werden. Die Entstehungszeit der Schlußparabel mag um 1810 festzusetzen sein (J. Lefftz, W. Frühwald, N. Reindl). Die Umarbeitung für die »Sängerfahrt« wurde wahrscheinlich 1816 oder 1817 vorgenommen. Sie enthält nur einen Bruchteil der ursprünglichen Fassung: die ersten Teile der Rahmenhandlung und der Binnenerzählung (die Kindheitserinnerung des Schülers) und einen Teil der Erzählung der Mutter. Es ist ein stilisierter Torso und ein Abschiedsgeschenk an die Jugend.

Die Jahre bis zu Anna Katharina Emmericks Tod am 9. Februar 1824 widmete B vor allem der Stigmatisierten und Luise Hensel, obwohl er weiterhin den Kontakt mit der Außenwelt und seinen Freunden aufrechterhielt. Zwischen den Reisen, die B von Zeit zu Zeit von Dülmen fernhielten, waren sein Bruder Christian, Achim v. Arnim, Mitglieder der Familie Diepenbrock u. a. zu längeren oder kürzeren Aufenthalten nach Dülmen gekommen. An die 18jährige Apollonia Diepenbrock schrieb er erbauliche Briefe, mit ihrem Bruder Melchior ging er auf Reisen. Zur eigentlichen »Lebensaufgabe« erwählte er sich aber die Aufzeichnung und Verwertung der Bekenntnisse und Visionen Emmericks. Seine Tagebuchaufzeichnungen und Protokolle über die Untersuchung der Stigmata Emmericks, sein Versuch einer Biographie über sie, die Erforschung ihrer seherischen Begabung, die ihr den Lebenslauf Christi und der Heiligen offenbarte, seine zahlreichen Versuche, Register über ihre Reliquienkenntnis zu verfertigen, die fortlaufenden Aufzeichnungen ihrer Visionen und der »Experimente«, die er mit ihr anstellte und schließlich der Versuch, eine historisch-symbolische Biographie des Lebens Jesu durch die Mittlerschaft von Emmericks Visionen aufzuzeichnen – alle diese mehr als 15 000 Folioseiten umfassenden Schriften aus der Dülmener Zeit und danach bezeugen den Eifer, mit dem er sein Ziel verfolgte. Obwohl er sich hauptsächlich als Schreiber sah, hat B Emmericks Aussagen ediert. Er hatte sich z. B. eine Konkordanz des althebräischen Kalenders mit dem modernen und dem Kirchenkalender angefertigt, um Emmericks Visionen auf den »historischen« statt auf den kirchlichen Tag zurückführen zu können. Sein Unmut und seine Klagen, daß sie das Wichtigste wegen ihrer Vorurteile und Einbildungen verschweige, bezeugen ebenso sein Engagement.

Emmericks Arzt, Franz Wilhelm Wesener, bemühte sich wiederholt um Bs Entfernung aus Dülmen, da er die Kranke durch seine ungestüme

Fragestellung überanstrenge: »Das Kreuz des Freundes B drückt sie [Emmerick] noch immer schwer; sie meint, es sei für sie beide und für die Sache [. . .] besser, wenn er nicht so heftig, manchmal brutal in seinen Forderungen sei, indem sie es ja doch nicht erzwingen könne, sondern von Gottes Hand annehmen müsse, was und wie es sich darbiete«, schrieb er in sein Tagebuch (Hümpfner, Wesener, 562). Arnim schrieb Bettine am 21. November 1820 aus Dülmen, es gäbe »ein neues Martirthum, in welchem die Leute nicht aus Haß, sondern blos aus Wißbegierde, um zu sehen, was eine fromme Seele eigentlich sey in Scheidewasser und Feuer gesteckt, lebendig anatomirt werden« (AK, 103). Luise Hensel sah B bei der täglichen Arbeit an Emmericks Bett. Er »pflegte Morgens etwa 9–10 Uhr zu ihr zu kommen und auf einem Blättchen mit Bleistift zu notieren, was sie ihm zu erzählen hatte [. . .] Dann schrieb er zu Hause während des Tages ausführlicher auf, was sie erzählt, und kam gegen Abend wieder, es ihr vorzulesen, wo sie dann manches berichtigte« (Hümpfner, Glaubwürdigkeit, 62 f.).

Seine Arbeit wurde mehrmals durch Ereignisse unterbrochen, die ihn tief berührten. Das erste war die Nachricht, daß Luise Hensel kaum drei Monate nach seiner Abreise von Berlin in aller Stille und ohne sein Wissen zur katholischen Kirche übergetreten war. Gekränkt darüber, daß er über den von ihm so heftig gewünschten Schritt nicht vorher unterrichtet worden war, notierte er seinen Schmerz über den »Verrat«, über diese »Schweinerei des Teufels« und über »das böse versteckte Geschwür« (Adam, 122 f.) und verließ Dülmen am 12. Januar 1819 zur »üblen Brautfahrt« nach Berlin. Luise überließ ihm ihr während seiner Abwesenheit geschriebenes Tagebuch und seine Briefe an sie, hatte aber bereits am 4. Januar ein Angebot als Gesellschafterin bei Fürst Salm-Reifferscheid nach Münster erhalten, wohin sie am 9. März reiste. Schon am 11. Februar hatten A. K. Emmerick und F. W. Wesener an B mit der Bitte geschrieben, nicht mehr nach Dülmen zurückzukehren. Trotz dieses Widerstands verließ er Ende April/Anfang Mai Berlin, um seine Arbeit in Dülmen wieder aufzunehmen. Inzwischen hatte er J. H. Schmedding im preußischen Kultusministerium im Zusammenhang mit der amtlichen Untersuchung konsultiert, die gegen Emmerick im Gange war.
B entschloß sich, einen Teil seiner Bildersammlung und seiner Bibliothek zu verkaufen. Nachdem er alle »theologischen« Bücher ausgesondert hatte, wurden seine seltenen alten Drucke und die reiche Sammlung von Handschriften am 13. Dezember 1819 durch den Auktionskommissär F. W. A. Bratring versteigert. Der Bruch mit der weltlichen Dichtung und die Hinwendung zum *poeta vates* war vollzogen.

Die gereizte Stimmung gegen B in Dülmen und Münster wurde »von den bestgesinntesten Männern, zu denen auch der Fürst Salm, ein frommer und trefflicher Mann, gehörte«, angeführt (Erinnerungen, 404). Neben den ärztlichen Erwägungen entrüstete auch der Umstand, daß B sich den Schlüssel zu Emmericks Kammer angeeignet hatte und des öfteren die Nächte bei ihr verbrachte. Dies wurde als ungehörig und für die Nonne ermüdend empfunden. Schließlich gab sein Brief an den Fürsten und die Fürstin Salm, in dem er von Lüge, Verleumdung, Hohn, Neid, und einer »Intrige des Teufels« spricht (GB I: 334) Anlaß zu einem heftigen Wortwechsel zwischen Fürst Salm und B in Gegenwart Luise Hensels. Man verbot Luise allen Umgang mit B. In einem Brief an Emmerick klagt B über Verrat und Undank. Im Sommer 1819 wurde eine »feindselige Expedition der 14 Männer« (Erinnerungen, 405), d. h. eine Untersuchungskommission unter Leitung des Landrats C. M. F. v. Bönninghausen nach Dülmen gesandt, von der B trotz seiner Eingabe und Savignys Fürsprache ausgeschlossen wurde. Er wurde zwar aufgefordert, seine Beobachtungen über die Nonne der Kommission mitzuteilen, den persönlichen Kontakt zu ihr müsse er aber einstellen. Am 7. August verließ B daher Dülmen und kehrte erst am 18. September von einem Besuch bei seinen Freunden Diepenbrock und Bostel zurück.

Die Ergebnisse von Bs Arbeit unter dem Einfluß Emmericks haben zu Unrecht relativ wenig Interesse in der Literaturforschung gefunden. Die religiösen Schriften können aus verschiedenen Gründen nicht als bewußter Bruch mit der Poesie und dem Zeitgeschehen gesehen werden. Erstens ist die neue Phase in Bs Leben und Schaffen nicht gänzlich von früheren zu trennen, sondern stellt teils eine Weiterführung, teils eine Intensivierung und Änderung der Perspektive dar, die aber keineswegs eine Abkehr bedeutet. Sowohl B wie Arnim versuchten stets, mit ihrem poetischen Schaffen auf das Volk zu wirken und dadurch Einfluß auf das zeitpolitische Geschehen auszuüben. Die Historisierungen, die Versuche, eine »Regeneration« der Volkskräfte zu bewirken, sind nicht nur auf Literatur und Poetik zu beziehen. Schon die politische Symbolik der 1814 geschriebenen Erzählung *Die Schachtel mit der Friedenspuppe* verdeutlicht dies, wenn sie in ihrem dialektischen Verhältnis zu Arnims »Melück Maria Blainville« und dem »Tollen Invaliden« gesehen wird. Mit den Emmerickschriften gelang es B zum ersten Mal seit dem *Wunderhorn*-Erfolg, das Interesse und die

Phantasie des Volks anzuregen und festzuhalten. Damit konnte er einen der Hauptpunkte des revolutionären romantischen Programmes verwirklichen. Einen weiteren, nämlich die schon von F. Schlegel geforderte Schöpfung einer romantischen »Mythologie«, konnte er mit der religiösen Symbolik realisieren. Diese findet sich schon in früheren Werken wie in den *Romanzen*, ist aber im Spätwerk offensichtlich politischer geprägt. Durch die Vereinigung eines geeigneten Mediums (des populären Stoffs) mit einer wirksamen Methode (der didaktisch-religiösen Symbolik) gelang B die Verwirklichung eines politisch aktivistischen Ziels, das selbst für Zensurbehörde und Staatsgewalt unüberwindliche Probleme bot und damit zum erfolgreichsten Mittel romantischen Widerstands wurde.

Die Streitigkeiten zwischen Kirche und Staat, die Arnim etwa in den Erzählungen »Kirchenordnung« und »Metamorphosen der Gesellschaft« und Eichendorff satirisch in »Auch ich war in Arkadien« thematisiert hatten, fanden kaum Anklang bei der Leserschaft. Dagegen erfreuten sich Bs religiöse Arbeiten hoher Beliebtheit. Das paradigmatische Verhältnis zwischen dem staatlichen Eingriff in die kirchliche Domäne bei der Untersuchung von Emmericks Stigmata und der 1837 erfolgten »Wegführung« des Kölner Erzbischofs Clemens August Droste zu Vischering wurde in der Zeit der »Kölner Wirren« aufgegriffen. 1840 berichtete die Zeitschrift »Sion«:

»Im Volk herrscht der Glaube, daß Clemens August zurückkommen werde, weil die gottselige Emmerick, welche ihm seine Erhebung auf den erzbischöflichen Stuhl von Köln prophezeite, zugleich hinzufügte, er werde von dort zwar in Gefangenschaft abgeführt werden, aber dereinst glorreich wiederkehren.«   (Hümpfner, Akten, 167, A. 2)

Wolfgang Frühwald bezeichnet das *Bittere Leiden unsers Herrn Jesu Christi* »als ein Buch des Vormärz« und als »Satire des Unglaubens und der Staatsallmacht«, in dem »erstmals jener Schlachtruf« ertönte, »der wenige Jahre später zum Signal der Katholischen Bewegung wurde: *Jesus oder Barrabas!*, das heißt: die Kirche oder die Revolution« (AK, 92–93). Im übrigen fungierte B, der der Katholischen Bewegung nahestand, durch seinen ausgedehnten Bekanntenkreis in Wien zweifellos als Vermittler von Informationen, die für die kirchliche Hierarchie von Wichtigkeit waren. In seiner »Romantischen Schule« karikiert Heinrich Heine den Gegner der Jungdeutschen auch als »korrespondierendes Mitglied der katholischen Propaganda«.

Bs nunmehrige Lebensaufgabe war die geplante Trilogie einer Lebensgeschichte Jesu, die auf den Visionen Emmericks basierte, aber auch seine eigenen, weitläufigen Erläuterungen einschloß, die sich auf exegetische und hagiographische Literatur bezogen, und der das didaktische Element nicht fehlte. Die Trilogie sollte aus den Jugendjahren Jesu (dem *Leben der heiligen Jungfrau Maria*), den Lehrjahren und der Passion bestehen. Zuerst erschien der dritte Teil, das *Bittere Leiden unsers Herrn Jesu Christi* (August 1833), der bis 1842 allein sechs Auflagen erlebte. Der erste Teil, das *Leben der heiligen Jungfrau Maria*, dessen Druck B noch z. T. selbst überwachte, erschien postum (1852) in Christian Brentanos Bearbeitung und mit Holzschnitten von Steinle. Die Arbeit am mittleren Teil, der nur in einer von K. E. Schmöger redigierten und entstellten Fassung gedruckt wurde (1858–1860), nahm B bereits 1821 auf. 1837 begann er mit der Erstellung der Manuskriptvorlage der *Lehrjahre Jesu* und die Schlußredaktion wird mit dem Juli 1838 angesetzt. Sein Originalmanuskript ist vollständig überliefert.

Mit dem Tod A. K. Emmericks am 9. Februar 1824 begann für B eine lange, noch spärlich erforschte Wanderzeit, die erst mit seiner Übersiedlung nach München (September 1833) und dem Beginn seiner Freundschaft mit der Baseler Malerin Emilie Linder endete. Kurz nach Bs endgültiger Abreise von Dülmen fand eine noch von ihm geplante, makabre und geheime nächtliche Öffnung des Emmerickgrabes am 20. März 1824 statt. Diese denkwürdige Expedition ist in Hensels »Erinnerungen« und in ihrem von B ergänzten Bericht über die Graböffnung (HKA 28,2: 401–403) beschrieben.

Zu Luise Hensel.

F. Bartscher: Der innere Lebensgang d. Dichterin LH nach den Original-Aufzeichnungen in ihren Tagebüchern (Paderborn, 1882). *F. Binder:* LH. Ein Lebensbild nach gedruckten u. ungedruckten Quellen (Freiburg, 2. Aufl. 1904). *L. Brentano:* »Ein Brief LHs an CB«, Hochland 14 (Dez. 1916), 341–347. *H. Cardauns:* »Aufzeichnungen u. Briefe v. LH«, Frankfurter zeitgemäße Broschüren 35 (1916), 65–103. *Ders.:* »CB u. LH«, Hochland 13 (August 1916), 576–604. *Ders.:* »Erinnerungen LHs an K. Emmerich«, Hochland 13 (Juli 1916), 398–424. *Ders.:* Aus LHs Jugendzeit. Neue Briefe u. Gedichte (Freiburg, 1918). LH. Lieder, hrg. v. H. Cardauns (Regensburg, 1923). *P. Hamecher:* »LH«, Die Lesestunde 3 (1926), 390. *H. Rupprich:* B, LH u. L. v. Gerlach (Wien/Leipzig, 1927). *A. Gotzes:* »Eine Erinnerung an LHs Mutter. Ein Beitrag zur B-Forschung«, Die Literatur 32 (1929/30), 372. *F.*

Spiecker: LH als Dichterin (Freiburg, 1936). *H. Schiel:* CB u. LH (Frankfurt, 1956). *J. Nettesheim:* LH u. C. B. Schlüter (Münster, 1962). *W. Frühwald:* »LH«, Neue Dt. Biographie 8 (München, 1969), 560 f. *J. Mathes:* »Ein Tagebuch CBs für LH«, JbFDH (1971), 198–310. *F. Keinemann:* Das Kölner Ereignis, sein Widerhall in d. Rheinprovinz u. in Westfalen, 2 T. (Münster, 1974).

Zu Anna Katharina Emmerick.

K. E. Schmoeger: Das Leben d. gottseligen A. K. Emmerich, 2 Bde. (Freiburg, 1867–1870). *Die stigmatisierte Nonne Catharina Emmerich zu Dülmen . . . Auf Grundlage bisher noch nicht veröffentl. amtl. Aktenstücke dargestellt* v. Medizinalrath Dr. Karsch (Münster, 1878). *P. W. Hümpfner,* OESA, Hrg.: Tagebuch des Dr. med. Franz Wilhelm Wesener über die Augustinerin Anna Katharina Emmerick (Würzburg, 1926). *Ders.:* Akten d. kirchl. Untersuchung über die stigmatisierte Augustinerin A. K. Emmerick (Würzburg, 1929). *A. v. Martin:* »Neues über die Dienerin Gottes A. K. Emmerick«, Theologie u. Glaube 21 (1929), 615–628. *M. Meinertz:* »A. K. Emmerick u. das Neue Testament«, Theolog. Revue 28 (1929), 97–104. *M. Probé:* »Anne-Catherine Emmerick«, Le Romantisme allemand, hrg. v. A. Béguin (Ligugé/Vienne, 1949), 256–263. *H. J. Seller:* Im Banne d. Kreuzes. Lebensbild d. stigmatisierten Augustinerin A. K. Emmerick, hrg. v. I. M. Dietz (Würzburg, 2. Aufl., 1949. Neuaufl., 1974). *J. M. Höcht:* Träger d. Wundmale Christi. Eine Geschichte d. bedeutendsten Stigmatisierten von Franziskus b. zur Gegenwart, 2 Bde. (Wiesbaden, 1951 f.). *U. Krauthausen:* »Dr. Petrus Krauthausen, der erste Arzt der A. K. Emmerick«, Dülmener Heimatblätter, H. 2 (1960), 26–28. *S. Ben-Chorin:* »Eine alttestamentl. Vision d. A. K. Emmerick«, Zs. f. Religions- u. Geistesgeschichte 26 (1974), 334–345.

Literatur.

CB. Gesammelte Briefe, Bd. 1 (= Ges. Schriften, Bd. 8), hrg. v. J. D. Sauerländer (Frankfurt, 1855). *J. H. Reinkens:* Melchior Diepenbrock. Ein Zeit- u. Lebensbild (Leipzig, 1881). *H. Cardauns:* CB. Beiträge, namentlich zur Emmerich-Frage (Köln, 1915). *Ders.:* »Allerhand von u. über CB«, Hist.-polit. Blätter CLVIII (1916). *Ders.:* »CBs religiöser Entwicklungsgang«, Literarische Beilage, Kölnische Volkszeitung (2. März 1916). *W. Hümpfner:* CBs Glaubwürdigkeit in seinen Emmerich-Aufzeichnungen (Würzburg, 1923). *P. Neyer:* »Ungedruckter Brief Dr. C. Brentanos an P. Limberg über A. K. Emmerick«, Theologie u. Glaube 18 (1926), 714–718. *J. Schwaller:* »Görres u. B in Lothringen. Ihre Beziehungen zu einer lothring. Stigmatisierten«, Elsaß-Land 6 (1926), 17–21. *E. Koethke:* CBs religiöser Werdegang (Wandsbek, 1927. Hamburg, 1928). *A. v. Martin:* »Romantische Konversionen«, Logos 17 (1928), 141–164. *J. Seidl:* Vergessene u. verleugnete Wahrheiten. Vollständige Verifizierung d. Geschichte A. K. Emmericks (Graz, 1928). *E. Heilborn:* Zwischen zwei Revolutionen. Bd. 1: Der Geist d. Schinkelzeit, 1789–1848 (Berlin, 1929). *A. Stockmann:* »Der heutige Stand d. Emmerickforschung«, Stimmen d. Zeit 119 (1930), 292–306. *Ders.:* »Die neueste Krise d. Emmerickforschung«, Stimmen d. Zeit 119 (1930), 444–460. *F. Röckmann:* Stilkundliche Untersuchung u. geistesgeschichtl. Einordnung des »Bitteren Leidens« v. CB (Diss. Münster, 1934). *W. Pfeiffer-Belli:* »CB u. A. K. Emmerick«, Begegnung 1 (1946), 14–16. *R. Schneider:* »Die Wende CBs«, Dämonie u. Verklärung (Vaduz/Wien, 1947), 164–200. *E. Pfeiffer:* Die religiöse Wandlung CBs im Spiegel seiner geistlichen Lyrik (Diss. Frankfurt, 1951). *J. Adam:* CBs Emmerick-Erlebnis (Freiburg, 1956). *W. Hümpfner:* »Neue Emmerick-Literatur«, Theologie u. Glaube 49 (1959), 200–223. *P. Neyer:* »Die Blumen des Fürsten Salm. Ein Lustspiel v. CB als Quelle eines Droste-Motivs?«, Jb. d. Droste-Ges. 3 (1959), 99–108. *S. Sudhof:* »B u. A. K. Emmerick. Nach Briefen C. B. Schlüters«, Auf roter Erde, NF 15 (1959), 1. *M. Brion:* »CB et la soeur Emmerich«, La Revue de Paris 69 (1962), 21–36. *O. Katann:* »Die Glaubwürdigkeit von CBs Emmerick-Berichten«, LJb NF 7 (1966), 145–194. *S. Sudhof:* »B oder LH? Untersuchungen zu einem Gedicht aus dem Jahr 1817«, Festschr. G. Weber, hrg. v. Burger/v. See (Bad Homburg, 1967), 255–264. *E. Rommerskirch:* »Unser zwiespältiges Erbe. Die fast vergessene Geschichte CBs«, Christ in d. Gegenwart 41 (11. Okt. 1970), 325 f. *J. B. Diel,* SJ: »CB«, Stimmen aus Maria-Laach 3 (1972), 60–76, 154–170, 240–255, 429–445, 544–562. *J. Mathes:* »Ein Bericht CBs aus Anlaß d. staatl. Untersuchung A. K. Emmericks im Jahre 1819«, JbFDH (1972), 228–276. *W. Frühwald:* »Gedichte in der Isolation. Romant. Lyrik am Übergang v. d. Autonomie zur Zweckästhetik«, Historizität in Sprache u. Lit. W., hrg. v. W. Müller-Seidel (München, 1974), 295–311. *A. Brieger:* Einleitung zu A. K. Emmerick. Visionen u. Leben (München, 1974). *W. Frühwald:* Das Spätwerk CBs (Tübingen, 1977). *Ders.:* »Anfänge d. katholischen Bewegung. Zur Parteinahme d. Romantiker im Streit zw. Kirche u. Staat«, Rhein. Vierteljahrsblätter 41 (1977), 231–248. *H. Kurzke:* »Romantik u. katholische Restauration«, ZsfdPh 97 (1978), 176–204. *W. Böhme:* »›Alles, was ich je gewesen‹ Meditation«, LLZ, 74–78. *J. Mathes:* »Bs Vorlagen zum ›Lebensumriß d. Erzählerin‹ A. K. Emmerick« BdK, 163–191. *E. Tunner:* »Die ›denkende Klasse‹ u. CBs Emmerick-Schriften«, JbFDH (1980), 259–271. *J. Mathes:* »Bs Beziehungen zu A. K. Emmerick«, HKA 28, 2 (1982), 20–25. *Ders.:* »Personen im Umkreis von A. K. Emmerick«, HKA 28, 2 (1982), 85–96. *W. Frühwald:* »Anmerkungen L. Hensels zu den ›Ges. Schriften‹ CBs«, Aurora 42 (1982), 178–187. *J. Erpenbeck:* »Szenarium einer Flucht«, Neue Dt. Literatur 30, H. 12 (1982), 73–84. Emmerick u. B. Dokumentation eines Symposiums d. Bischöfl. Kommission »A. K. Emmerick«, Münster 1982 (Dülmen, 1983). *J. Mathes:* »Zur Druckgeschichte d. Emmerick-Biographie Bs«, JbFDH (1983), 267–282.

5. Die Reisejahre (1824–1833)

Zu den wichtigsten Arbeiten über Bs Schaffen nach der religiösen »Wende« gehören W. Frühwalds umfassende Studie *Das Spätwerk CBs* und B. Gajeks *Homo poeta*. K. Feilchenfeldts *B-Chronik* gibt unentbehrliche Anhaltspunkte für die Vielzahl der Beziehungen, Reisen, Besuche und Pläne, die B in dieser Zeitspanne beschäftigten. Frühwald setzt sich vor allem philologisch mit den Emmerick-Schriften auseinander (im 5. Kapitel), während Gajek die Marina-Legende, das Mosel-Eisgangs-Lied und die Solinus-Legende philologisch und analytisch untersucht.

Nach Emmericks Tod ging B zunächst zu seinem Jenaer Studienfreund J. C. v. Bostel nach Bocholt, besuchte im Sommer K. J. Windischmann in Bonn, seinen Bruder Franz in Winkel und reiste im Herbst nach Wiesbaden, wo er bei Johann de Laspée wohnte. Die Dülmer Aufzeichnungen, die auf kleinen Zettelchen geschrieben waren, wurden hier teilweise verarbeitet. Nach einem vorübergehenden Aufenthalt Anfang 1825 in Frankfurt zog B im Mai bei Hermann Joseph Dietz in Koblenz ein, nachdem er J. F. Böhmer vor der Abreise noch die Manuskripte seiner Märchen überlassen hatte. Die Arbeit am Register zum Emmerick-Material beschäftigte ihn täglich. Nach einem Besuch bei Görres in Straßburg reiste B mit Andreas Räß, den er im Vorjahr kennengelernt hatte, im Herbst in die Schweiz. Bei seiner Rückkehr nach Frankfurt (Anfang November) verhandelte er mit dem Buchhändler Wesché im Auftrag von Görres und Räß über die mögliche Verlagsübernahme der von Görres geleiteten Zeitschrift »Der Katholik« auf deutsches Territorium. Gegen Jahresende traf B wieder in Koblenz ein, wo bereits Luise Hensel, Apollonia Diepenbrock und Pauline v. Felgenhauer die von B befürwortete karitative Arbeit im Koblenzer Bürgerspital bis zum Eintreffen einiger Borromäerschwestern übernommen hatten. Neben der Wiederaufnahme der Arbeit an den Dülmener Aufzeichnungen kam es auch erneut zur fraternalen Zusammenarbeit mit befreundeten Autoren. Im Februar und März 1826 beschäftigte ihn die Veröffentlichung einer Übersetzung von Franz Xavers Leben, mit der sich sein Halbbruder Dominikus bereits befaßt hatte, und eine Übersetzung von Fenelons Leben, die Melchior Diepenbrock begonnen hatte. Letztere erschien noch 1826 anonym unter dem Titel *Fenelon's Leben, aus dem Französischen des Ritters von Ramsay übersetzt* mit einer Vorrede von B bei Hölscher in Koblenz. Außerdem trug er sich mit der Absicht aufgrund seiner Verbindungen (wie der zu Josef Widmer in Luzern) eine Gesellschaft ›des bons livres‹ zu gründen. Im Mittelpunkt ihrer Tätigkeit sollte die Herausgabe einer Zeitschrift stehen.

Reisen und Umgang mit den Freunden seines nunmehr katholisch orientierten Kreises prägten das Jahr 1826. Dabei darf der religiös-politische Aktivismus Bs nicht übersehen werden. In Koblenz erhielt er eine von Böhmer übersandte Abschrift der *Romanzen vom Rosenkranz*, lehnte aber dessen Bitte ab, ihn die *Romanzen* und die ihm überlassenen Märchen veröffentlichen zu lassen. Auf ihren abendlichen Zusammenkünften bei Joseph Maria Settegast informierten sich B und Diepenbrock aus französischen Zeitungen wie »Etoile« und »Constitutionnel« über das aktuelle politische Geschehen. Um die Jahreswende 1826/27 gründeten B und Settegast die sog. »Dienstag-Abendgesellschaft«, der u. a. auch H. J. Dietz, der Agent des Freiherrn vom Stein und spätere Landesgerichtsprokurator A. F. Liel, die Advokaten J. F. A. J. Bachofen und J. N. Longard, Friedensrichter Burret, Oberbürgermeister A. Mähler und der Publizist C. v. Stramberg angehörten. Ähnlich wie die Berliner Tischgesellschaft von 1811 wird auch diese nicht lediglich die Möglichkeit geselligen Zusammentreffens geboten haben. Schon die von der Gesellschaft bestellten Zeitschriften und die Bemerkung des protestantischen Regierungsrats Lange, der Verein sei eine »apostolische Junta« (GGB 3: 284 f.), weisen darauf hin. Auch Bs Reise vom März bis Mai 1827, die ihn mit Dietz nach Paris und Nancy führte, war keine Vergnügungsreise, sondern bot ihm die Gelegenheit, wichtige katholische Kontaktpersonen aufzusuchen (darunter den Redakteur der Zeitschrift »Le Catholique«, Ferdinand v. Eckstein). In Nancy besuchte er die Wirkungsstätten der Soeurs de Saint Charles Boromée, darunter das Irrenhaus in Maréville. Diese Eindrücke, zusammen mit jenen, die er durch die Boromäerinnen im Koblenzer Hospital erhalten hatte, werden im Stoff des 1831 erschienenen Werkes *Die Barmherzigen Schwestern in Bezug auf Armen- und Krankenpflege* umgesetzt. Meist als Erbauungsschrift bezeichnet (s. aber Gajek, 235 ff. und Frühwald, 177 ff.), behandelt das Buch in kontrastiver Darstellung eher die Auswirkungen der Staats- bzw. der Glaubenspolitik: christliche Tradition und gläubige Demut vermögen es, die dem »Wahnsinn« des politischen Umsturzes von 1789 entstammenden Irren wieder einem geordneten, friedlichen Leben zuzuführen. Die Thematik der Heilung von geistig und moralisch Verirrten (Wahnsinnigen, Prostituierten) durch gläubige und liebende Pflege hat sowohl B wie Arnim und andere Romantiker beschäftigt (B in der *Kasperl*-Erzählung u. ö., Arnim im »Tollen Invaliden« u. ö.). In diesem Werk wird sie unter dem Aspekt der religiösen und politischen Verpflichtungen verarbeitet.

Inzwischen hatte Böhmer ohne Bs Wissen am 31. Dezember 1826 ein Fragment aus Bs Rheinmärchen in der »Iris« drucken lassen. Mit dem *Mirthenfräulein* wurde in der gleichen Zeitschrift die Veröffentlichung der Märchen vom 17. bis 20. Januar 1827 fortgesetzt. Als B Anfang Februar darauf aufmerksam wurde, stellte er Böhmer brieflich zur Rede und ließ sich die Märchenmanuskripte zurückgeben. Doch hinderte ihn diese Erfahrung nicht, mit Luise Hensels Gedichten ähnlich umzugehen, als er sie 1827 im »Katholik« und 1829 in M. Diepenbrocks »Geistlichem Blumenstrauß aus spanischen und deutschen Dichter-Gärten« mit seinen eigenen vermischt herausgeben ließ. Da Luise Hensel aufgrund einer neu angetretenen Stellung die Mitarbeit an Bs geplanter Neubearbeitung von Friedrich Spees *Goldnem Tugendbuch* ablehnte, gewann er Anna v. Hertling als Mitarbeiterin. Sie nahm sich nicht nur des Tugendbuches an, das Mitte Februar 1827 bereits weitgehend abgeschlossen, ein Jahr später zum Druck gegeben wurde und im Dezember 1829 anonym erschien. Auch die mit seinem Bruder seit 1826 geplante Übersetzung von Franz Xavers Leben überließ B den Geschwistern Anna und Katharina v. Hertling. Sie wurde im März 1829 fertiggestellt. A. Hertling übertrug auch die von B geplante Ausgabe der *Parabeln des Vaters Bonaventura* (Bonaventure Giraudet), die mit einem Vorwort von B vor Weihnachten 1830 als erster Band einer von B, Görres und Räß vorgesehenen Buchreihe der »Unterhaltungsschriften von katholischen Verfassern« erschien.

Neben dieser Gemeinschaftsproduktion war B aber auch selbst publizistisch tätig. Im Februar 1828 erschien von ihm in »Der Katholik« anonym nach einem Brief an Räß *Ein Brief aus Schlesien*, dem in der gleichen Zeitschrift im Juli *Ein Brief aus dem Hanövrischen über Das und Jenes*, im September *Gedanken und Winke über das Schulwesen* und im November ein weiterer *Brief aus Schlesien* folgte. Unter den zahlreichen Reisen und Kontakten dieser Zeit sind jene nach Luzern (zu Josef Widmer), Bern und Freiburg sowie das Wiedersehen bei der Rückkehr nach Deutschland mit Achim v. Arnim in Frankfurt im Oktober 1828 hervorzuheben. J. F. Böhmer bat beim Wiedersehen der beiden Freunde Arnim, ihm als Betreuer von Bs Werk die sich noch in Wiepersdorf befindlichen Manuskripte Bs auszuhändigen. Am 7. Dezember 1828 bestätigte B den Eingang der Handschriften, wollte aber von einer von Arnim vorgeschlagenen Neuausgabe der *Philister*-Satire nicht wissen. Auch die Böhmer bereits gegebene Erlaubnis zum Druck der Märchen unter dem Titel *Märchen, nachlässig erzählt und mühsam hingegeben* zog er plötzlich wieder zurück. Seine literarischen Bemühungen, die jetzt gegen die Staatsallmacht gerichtet und für die Befestigung der katholischen Kirche engagiert waren, sollten nicht durch Werke seiner Phantasie untergraben werden. In Gedanken war B wohl damals bereits auf dem Weg nach München, in das »Hauptquartier der katholischen Propaganda« (AK, 97).

Mitte 1829 korrigierte B die Fahnen seines damaligen Hauptprojekts, der *Barmherzigen Schwestern*, das bis auf wenige Bogen schon Anfang 1830 im Druck vorlag. Durch Dietz erfuhr er von der durch Treibeis hervorgerufenen Naturkatastrophe an der Mosel und schrieb daraufhin eines seiner umfangreichsten Gedichte, das 516 Verse umfassende *Mosel-Eisgangs-Lied*. Gajek betont die Zeitgebundenheit des Gedichts, den Zusammenhang mit Bs Interesse an karitativen Unternehmungen und die Rolle, die Dietz darin spielte, sowie die Bedeutung des Gedichts als Beleg für Bs weiter andauernde lyrische Produktivität. Am 7. Februar schrieb Frau Antonia Johanna Dietz »so artig, geschwind, interessant, rührend« vom Eisgang (Homo poeta, 477), daß sich B sofort bemühte, bei seinen Bekannten in Frankfurt Hilfe für die durch die Überschwemmung in Not Geratenen zu schaffen. Das Gedicht entstand zwischen dem 10. Februar und dem 10. März 1830, das Datum, an dem er den Druck des Liedes meldete. Von Böhmer besorgt und bezahlt, wurden 500 Exemplare dieses »Miniaturgemälde[s] vom rheinischen Leben und Treiben« (GGB 3:330) zum Verkauf für wohltätige Zwecke gedruckt. Im »Frankfurter Abendblatt« vom 1. März erschien ein Artikel über die Eiskatastrophe, den Brentano vermutlich selber verfaßt hatte um den Vertrieb des Gedichts durch die Hinlenkung der öffentlichen Aufmerksamkeit auf die Notlage zu beschleunigen. Die Zeitgenossen und die kritische Literatur reagierten auf das »Flußdrama« (Pfeiffer-Belli, CB, 182) sowohl mit positiven wie negativen Stimmen.

Spätestens Anfang Oktober 1830 hatte B einen neuen Lebenskreis in der Familie Philipp Veits gefunden, dessen Mutter Dorothea Schlegel nach seiner Ankunft aus Wien bei ihm wohnte. Die alten Unstimmigkeiten waren vergessen und B bezeichnete sie als »gemüthliche, kluge, angenehm altgewordene, fromme Jugendbekannte von mir« (GB 2: 253). Neben den Druckvorbereitungen für die *Barmherzigen Schwestern* beschäftigten B nun wieder intensiver die Emmerick-Aufzeichnungen. Mit Philipp Veit und Dorothea Schlegel entstand ein eifriger Leserkreis der eben unter der Mitherausgeberschaft von Hugues Félicité Robert de Lamennais erschienenen Zeitschrift »L'Avenir, journal politique, scientifique et littéraire«. Durch Dorotheas Wiener Beziehungen erhielt B auch Nachrichten politischer Natur, darunter Hinweise auf die Denunziationen des »L'Avenir«, der im November 1832 sein Erscheinen einstellen mußte. Schließlich bekam B durch seinen Umgang mit Veit auch erneuten Kontakt zu einem Künstlerkreis, darunter u. a. mit dem Sohn seines Koblenzer Freundes Joseph Settegast, dem Baumeister Rumpf, und dem bei Veit aus Rom zu Gast weilenden Maler Friedrich Overbeck. Um den 18. September 1832 fuhr B für ein paar Tage nach München und nahm dort an einem Künstleressen mit den Malern Julius Schnorr v. Carolsfeld und Ferdinand Olivier teil.

Diese Neuansätze zusammen mit einer Häufung von persönlichen Verlusten mögen die Voraussetzung für die neuerliche Wende in Bs Lebensverhältnissen gewesen sein. Zu den wichtigsten Ereignissen persönlicher Natur gehören die Nachricht vom Tod seines »Herzbruders« Arnim im Januar 1831, dem Tod seines Freundes Lothar Franz Philipp Marx (Oktober 1831), jenes von Johann Michael Sailer im Mai 1832 und dem seines Nachfolgers als Bischof von Regensburg, Georg Michael Wittmann im März 1833. Mit seiner Freundin Apollonia Diepenbrock, die er noch im September 1830 hatte als Universalerbin einsetzen wollen, stellte sich bereits gegen Jahresende 1830 eine Meinungsverschiedenheit ein, die sich im Sommer 1831 so sehr vertiefte, daß sich B ihrer Freundschaft verlustig glaubte. Der Tod seiner inzwischen wiederverheirateten zweiten Frau Auguste (geb. Bußmann) im April 1832 war insofern von Wichtigkeit, als er nun auch im kirchlichen Sinn wieder ungebunden war.

Mit dem Erscheinen der *Barmherzigen Schwestern* im Oktober 1831 und seinem Plan, von Frankfurt wegzureisen, setzte eine Zeit der Unschlüssigkeit für B ein. Die wechselnden Aufenthalte in Regensburg, München, Nürnberg und Frankfurt, wo er bei Verwandten, Bekannten und Freunden wohnte, fanden erst im September 1833 ihr Ende. Mit 150 Exemplaren des gerade anonym erschienenen *Bitteren Leiden unsers Herrn Jesu Christi* bepackt, fuhr B am 22. September von Regensburg über Landshut nach München. Dort fand er zunächst Quartier bei einem Tapezierer, zog aber schon bald in die Wohnung des Malers und Akademieprofessors Joseph Schlotthauer ein, den er von früheren Aufenthalten in München kannte. Ein neuer Freundes- und Wirkungskreis eröffnete sich ihm.

Beziehungen zu Personen.

J. Sighart: Dr. F. Windischmann. Ein Lebensbild (Augsburg, 1861). *M. Strodl:* F. H. H. Windischmann, Ein Bild seines kirchl. Wirkens u. seiner wissensch. Thätigkeit (München, 1862). *J. Janssen:* Joh. Friedr. Böhmer's Leben, Briefe u. kl. Schriften, 3 Bde. (Freiburg, 1868). *A. Hassenpflug:* Margarethe Verflassen (Hannover, 1870). *J. N. Sepp:* Görres u. seine Zeitgenossen (Nördlingen, 1877). *J. M. Raich:* Dorothea v. Schlegel, geb. Mendelssohn u. deren Söhne Johannes u. Philipp Veit, 2 Bde. (Mainz, 1881). *J. H. Reinkens:* Melchior v. Diepenbrock (Leipzig, 1881). *F. Binder:* Friedrich Overbeck. Sein Leben u. Schaffen, 2 Bde. (Freiburg, 1886). *F. Schultz:* Görres als Herausgeber, Literaturhistoriker, Kritiker, im Zusammenhange mit d. jüngeren Romantik (Berlin, 1902). *O. Pfülf,* SJ: »Christian Brentanos Weg zur Kirche«, Stimmen aus Maria-Laach 65 (1903), 369–387, 522–533. *Ders.:* »Achim v. Arnim im Spiegel seiner Briefe«, Stimmen aus Maria-Laach 67 (1904), 402–418. *S. Hensel:* Die Familie Mendelssohn 1729–1847, 2 Bde. (Berlin, 17. Aufl. 1918). *H. Cardauns:* »Briefe CBs«, Hochland 18 (1920/21), 339 ff. (= über H. J. Dietz). *E. Reinhard:* CB u. Apollonia Diepenbrock (München, 1924). *K. Breuer:* »August van der Meulen, Abt Ephrem.« Jb. 1930–31 d. Selektenschule (Frankfurt, 1931), 9–70. *A. Nowack:* Ungedruckte Briefe von u. an Kard. Melchior v. Diepenbrock (Breslau, 1931). *I. Magnussen:* Des Malers W. Ahlborn Lebensschicksale (Vechta i. Oldenburg, 1935). *I. Neundörfer:* »Margarete Verflassen. Ein religiöses Frauenbild der Romantik«, Die christliche Frau 37 (1937), 222–235. *E. Bröker:* Melchior Kardinal v. Diepenbrock (Bocholt, 1953). *C. Heselhaus:* »Melchior Diepenbrock u. d. Geist d. nazarenischen Literatur«, Westfalen 31 (1953), 75–88. *E. Bröker:* »Zur Diepenbrock-Forschung«, Unser Bocholt 6 (1955), 1–12. *E. Deuerlein,* Hrg. Joseph Görres. Geistesgeschichtl. u. polit. Schriften d. Münchener Zeit, 1828–1838 (Köln, 1958) = Bd. 15 d. Ges. Schr. *E. Kleinstück:* J. F. Böhmer (Frankfurt, 1959). *G. Schaub:* »Ein unbekannter Brief CBs«, Euphorion 62 (1968), 345 ff. *K. Feilchenfeldt:* »CB an H. J. Dietz«, Verführung zur Geschichte (Trier, 1973), 347–365. *Ders. u. R. Pregler:* »CB an Andreas Räß. Die wiedergefundene Druckvorlage der v. W. Kreiten 1878 publ. Briefe u. unbekannte Erstdrucke aus d. Zs. ›Der Katholik‹«, LJb NF 14 (1973), 237–336. *H. Härtl:* »Briefe CBs an einen

Geheimen Postrat in Berlin von drei Stationen seiner mühseligen Lebensreise«, Marginalien 72 (1978), 15–33.

Literatur.

»Geistlicher Liederkranz, gesammelt im Garten Gottes, von verschiedenen Verfassern«, Der Katholik 23 (1827), 1–14. J. Görres: Kirche, Staat u. Cholera. Eine Betrachtung von J. Görres. Zur Empfehlung des Buches Die barmherzigen Schwestern (Frankfurt, 1832). E. Griesebach: Das Goethe'sche Zeitalter d. dt. Dichtung. Mit ungedr. Briefen W. Heinse's u. CB's (Leipzig, 1891). H. Nestler: CBs Lebensabend. Seine Regensburger u. Münchener Zeit 1832–1842 (Regensburg, 1922). P. Neyer: »Der alte CB«, Köln. Volkszeitung (25. Nov. u. 2. Dez. 1923). K. Vietor: »Der alte B«, DVjS 2 (1924), 556–580. M. Janssen: »CB u. das Bürgerhospital zu Koblenz«, Rheinische Heimatblätter 6 (1929), 230–233. P. Neyer: »Der alte B. Richtigstellung eines alten Irrtums in d. B-Forschung«, Sanctificatio Nostra 13 (1942), 138 ff. J. Schuth: »Aus den Anfängen d. ›Caritas‹ im Bistum Trier im 19. Jhdt.«, Trierisches Jb. (1954), 78–83. E. Reinhard: »Die Pariser Reise CBs 1827«, Aurora 15 (1955), 86–89. S. Sudhof: »Der späte B«, DVjS 31 (1957), 101 ff. W. Vordtriede: »CBs Anteil an der Kultstätte in Ephesus«, DVjS 34 (1960), 384–401. D. Jetter: »Geschichte des Hospitals. Bd. 1: Westdeutschland v. d. Anfängen bis 1850«, Sudhoffs Archiv, Beiheft 5 (1966). L. Turtur/A. L. Bühler: Geschichte d. prot. Dekanates u. Pfarramtes München 1799–1852. Ein Beitr. z. bayer. Religionspolitik d. 19. Jhdts. (München, 1969). H. Koopmann: Das Junge Deutschland (Stuttgart, 1970). K. Wille: Die Signatur d. Melancholie im Werk CBs (Bern, 1970). D. Jetter: Geschichte d. Hospitals. Bd. 2: Zur Typologie d. Irrenhauses in Frankreich u. Deutschland 1780 (Wiesbaden, 1971) = zu d. »Barmherzigen Schwestern«. L. Zagari: »Paradiso« artificiale e »Sguardo elegiaco sui flutti«. La Lirica Religiosa di B (Rom, 1971). G. Schaub: »Die Spee-Rezeption CBs«, LJb NF 13 (1972), 151–179. K. Feilchenfeldt: »CBs publizist. Kontakte mit Hamburg«, Aurora 36 (1976), 47–60. J. Mathes: »Bs ›Antonius zur Predig‹. Das Wachstum eines Gedichts«, Euphorion 72 (1978), 518–525. R. Moering: »Französische Quellen zu Bs ›Barmherzigen Schwestern‹«, BdK, 216–238. W. Müller-Seidel: »Bs späte Lyrik. Kontinuität und Stilwandel«, BdK, 239–275.

6. München (1834–1842)

Die Münchener Jahre sind in vieler Beziehung für B eine Rückkehr zur Lebens- und Schaffensweise der Jugend auf einem reflektorisch und schriftstellerisch höheren Niveau. Es gelingt ihm, seinen eigenen Standort festzumachen und poetisch zum Ausdruck zu bringen. Die von ihm in der Spätzeit bevorzugten Metaphern, nämlich das Sich-im-Kreise-Drehen oder das Gefangensein, sind ein unmittelbarer Ausdruck seiner Existenzproblematik. In einem Brief aus dem Sommer 1834 beschreibt er sich selbst als »Fixierer«, der »das Leben solcher armen Menschen«, die sich im Wirbel des Lebens kreisend berauschen, mit der unangenehmen Wirklichkeit konfrontiert:

»da tritt dann bei der Unterbrechung des Kreistanzens ein unheimliches Erwachen in großer Blöße ein [. . .] Die Drehenden so fixiert fühlen sich entlarvt, [. . .] es erscheint eine mehr oder weniger misgestaltete, eckigte, verzerrte Figur, welche nirgends eine Basis hat [. . .] was ein schöner Purpurgürtel schien im Drehen, erscheint als die Wunde eines zerrissenen Herzens.« (Linder, 24–25).

Unklar bleibt ihm als Kritiker, daß er mit dieser Beschreibung auch sein eigenes Schicksal sinnbildlich ausgesprochen hat. Sein Verhältnis zu Emilie Linder ist durch dieselben Merkmale geprägt, welche schon seine Beziehungen zu Sophie Mereau und Luise Hensel bestimmte: Verwunden und Verwundetwerden. Am nächsten zu einem objektiven Selbstverständnis kommt B wohl 1840, wenn er in einem Brief an Linder erklärt: »alles dies Sagen ist ja nur ein Gitter vor meinem Herzen, dessen Stäbe sich wiederholen und erbeben in gleichen Schlägen seines gefangenen Kranken« (Linder, 138). Mehr denn je äußern sich nun auch neurotische Schuldgefühle und bereits als pathologisch zu bezeichnende Vorstellungen von »Zeichen« oder Parabeln, die er distanzlos auf sich bezieht und als mysteriöse Warnungen deutet. B beobachtet z. B. »einen gefährlich stehenden Dachdecker« und glaubt: »mir kam eine innere Mahnung: Gott schickt mir eine Parabel meiner Stellung im Leben« (Linder, 124). Bs Lebenskreis schließt mit einer erneuten erotischen Bindung die er diesmal fast ins Mythische erhebt, mit einer Rückwendung zu den Freunden der Jugendjahre, einer Wiederaufnahme der Arbeit an den Märchen (dem poetischen Genre des Kindlichen) und einem neuerlichen Versuch der Vereinigung der Künste durch die Zusammenarbeit mit Eduard Steinle als Illustrator.

Kontamination und fraternale Produktion, diese künstlerischen Konstanten in Bs Werk, erscheinen als Sublimationsausdruck in seinem Verhältnis zu Emilie Linder. W. Frühwalds Ausgabe der erhaltenen Briefe Bs an Linder sind noch immer die wichtigste Arbeit über diese Beziehung, da sie im Kommentar, den Literaturhinweisen und im Abschnitt über den Freundeskreis Bs ein ausgezeichnetes Gesamtbild liefert. Linder war für B, der die Schweizer Malerin im Oktober 1833 bei Schlotthauer kennenlernte, sowohl Ansporn zu erneuter lyrischer Tätigkeit wie Anlaß zur Selbstreflektion. Seine Werbung um die fast 20 Jahre jüngere Frau erfolgte ebenso schnell und intensiv wie schon bei Mereau und Hensel, und stieß auf ebensolchen Widerstand wie seine früheren Versuche. Schon gegen Ende des Jahres kam es zwischen den beiden zu einer ernsthaften Krise, der Anfang 1834 rasch hintereinander die ersten Liebesgedichte folgten. Frühwald verweist auf die Wiederaufnahme von Metaphern, die Brentano schon in den Gedichten an Luise Hensel verwendet hatte und folgert, „zum Teil bearbeitet der Dichter nur seine Berliner Liebesgedichte leicht für Emilie" (Linder, 308). Diese Extremform der Kontamination, wo die Geliebte lediglich als austauschbares Kunstobjekt fungiert, erinnert thematisch bereits an den im *Gockelmärchen* immer wiederkehrenden Reim, „Keine Puppe, sondern nur/eine schöne Kunstfigur", aber auch an das Minneideal mittelalterlichen Ursprungs. Immer deutlicher tritt Linders Person hinter eine mystisch-erotische Anbetung des Weiblichen zurück. Diese Anbetung äußert sich, wie schon in den früheren Arbeiten, in der Verehrung des Mariensymbols. Mit Struktur- und Stilmitteln gelingt B „die Erschaffung einer neuen lyrischen Sprache, in der die in Zitat und Nachdichtung sich dokumentierende Traditionsverbundenheit in der Weise der Darstellung zerstört und der, mit überwacher Bewußtheit verfolgte, Zerstörungsprozeß selbst die neue Gestalt des Gedichtes wird", meint Frühwald (Linder, 308). B selbst vergleicht seine Inbrunst in einem Verteidigungsbrief an Emilie vom 17. Juli 1837 mit der Liebe Christi für die Kirche und bittet um ihr Verständnis für seine lyrisch-erotischen Ergüsse: „Wenn ich Dich nicht so lieben müßte, wüßte ich nicht was lieben und leiden ist und könnte ich auch nie vom Gekreuzigten Gott-Menschen gerührt werden und wüßte ich auch nicht, wie er die Kirche liebt [. . .] Kind! ich verstände auch das Hohe Lied dann nicht" (Linder, 75). Die Folge sublimierter Liebesgedichte für Linder reicht von dem ersten, am 10. Januar 1834 entstandenen „Wo schlägt ein Herz, das bleibend fühlt", bis zur *Legende von der heiligen Marina.*

Letztere war zusammen mit Eduard Steinles Zeichnung „Vita sanctae Marinae" 1838 als Weihnachtsgeschenk für Emilie bestimmt. Der erste Teil des Gedichts wurde 1841 gedruckt. K. Feilchenfeldt und W. Frühwald veröffentlichten die Fortsetzung (die B Emilie bereits am Weihnachtstag 1838 überreichte) im JbFDH 1976.

Bs lebenslängliches Spiel mit der Liebe konkretisierte sich erneut in der Person einer künstlerisch Tätigen. Seine Münchener Freunde mißverstanden und mißbilligten die Beziehung. B, „der zu den Füßen der Fräulein Linder den glühenden Liebhaber spielt (ein sehr unerfreulicher Anblick)" (AK, 98), wurde bezichtigt, vor allem an Linders Vermögen interessiert zu sein. Die gesellschaftliche Reaktion blieb nicht ohne Auswirkung auf den Verlauf dieses Verhältnisses. Emilies Zurückhaltung und der Verlust vieler Briefe und Materialien aus dieser Zeit erklären sich aus dem Einfluß der Umwelt. Die durch die Dülmener Jahre unterbrochene Freundschaft mit Görres nahm B in München ebenfalls wieder auf und intensivierte sie sogar. Auch hierin drückt sich die Anknüpfung an die Jugendjahre aus. Görres, der 1827 einen Ruf an die Universität München annahm, wurde dort – wie schon ehemals in Heidelberg – zum Mittelpunkt von gleichgesinnten Romantikern innerhalb der religionspolitisch konservativen katholischen Künstlergemeinschaft. Sein Hauptwerk dieser Jahre, „Die christliche Mystik", ist von Bs Arbeit an den Emmerick-Materialien beeinflußt. Auch publizistisch bleiben die beiden durch die Mitarbeit an den „Historisch-Politischen Blättern" miteinander verbunden. Neben Görres und Schlotthauer gehörten auch George Phillips, J. A. Möhler, J. N. Ringseis, Fritz Windischmann, Karl v. Overkamp, Franz und Konrad Eberhard u. a. zu Bs Münchener Freunden. Im Oktober 1840 zog B gemeinsam mit Daniel Bonifacius Haneberg in die Wohnung Anna Barbara Sendtners ein. Haneberg gewann wesentlichen Einfluß auf die Gestaltung des Emmerick-Materials – z. T. schon auf die *Lehrjahre Jesu,* die nur in Karl Erhard Schmögers Bearbeitung bekannt sind, vor allem aber auf das *Leben der heiligen Jungfrau Maria,* von dem Anfang April 1841 bereits 12 Bogen gedruckt waren. Hierzu lieferte Haneberg Korrekturen und Ergänzungen, später auch das Vorwort (1852). Bs Intention wurde wahrscheinlich durch Hanebergs Eingriffe in diese späten Arbeiten aus den Emmerick-Materialien stark verändert.

Eine weitere Rückwendung des alten B zu den Schaffensphasen der Jugend zeigt sich in seiner erneuten Beschäftigung mit den Märchen. Jahrelang war er dieser Aufgabe ausgewichen. 1835 verhandelte er mit Böhmer über die noch bei diesem befindlichen Manuskripte und arbeitete an den erweiterten Fassungen der Märchen von *Fanferlieschen Schönefüßchen* und *Gockel, Hinkel und Gackeleia.* Im November 1836 bot er den Druck des *Gockel*-Märchens dem Verleger Siegmund Schmerber an und beauftragte Böhmer mit der Aushandlung des Vertrages, sowie mit der Überwachung der Illustrationen. Maximiliane Pernelle hatte zunächst auf Bs Bestellung vier Steinzeichnungen angefertigt, später wünschte er auch die Einfügung von Runges „Tageszeiten"-Zyklus. Im Juli 1837 überließ er schließlich die Aufsicht über die Herstellung der lithographischen Beigaben dem Sohn seines Jugendfreundes, dem Journalisten und Schriftsteller Guido Görres. Im November 1837 erschien die bereits Mitte Dezember 1836 abgeschlossene Spätfassung des *Gockel*-Märchens mit einer Widmung für Marianne Willemer bei Schmerber mit der Jahreszahl 1838. In einer testamentarischen Verfügung überließ B Guido Görres auch die Handschriften der Märchen.

Mit der Zeit lebte sich B mit dem Münchener Freundeskreis merklich auseinander. Diese Distanzierung war z. T. auf deren Reaktion zu seiner neuen Liebe zurückzuführen. Schon bei seiner Werbung um Mereau war ein ähnlicher Bruch mit dem Schlegelkreis die Folge gewesen. Mit seiner Lieblingsschwester Bettine, nunmehr die Witwe Achim von Arnims, kam es ebenfalls erneut zu Spannungen. Die selbstbewußter gewordene Bettine hatte sich nicht nur zur Schriftstellerin emanzipiert, sondern war auch politisch tätig. Dabei wich ihre Gesinnung erheblich von der ihres Bruders ab. Zu besonderen Schwierigkeiten kam es aber, als Bettine ihren Briefwechsel mit Goethe herausgab. Ende Mai oder Anfang Juni 1834 hatte Friedmund v. Arnim seinem Onkel Clemens die Druckfahnen von Bettines „Goethes Briefwechsel mit einem Kinde" zur Durchsicht vorgelegt. B empfand die darin enthaltenen Jugenderinnerungen Bettines als Indiskretionen und als postume Beleidigung ihres Gatten. Dies war jedoch weder Bettines Auffassung noch ihre Intention. Sie ließ sich darum auch nicht beirren, als B sie am 17. Juni brieflich von der Veröffentlichung des Buches abbringen wollte. Der „Briefwechsel mit einem Kinde" erregte bei seinem Erscheinen großes Aufsehen und in den höheren gesellschaftlichen Kreisen auch moralische Entrüstung. Zu der von Bettine erbetenen Mitarbeit Bs an der Werkausgabe Achim v. Arnims und an der von J. C. B. Mohr vorgeschlagenen Neuauflage der Volksliedsammlung *Des Knaben Wunderhorn* kam es nicht. B überließ Bettine alle weiteren Planungen. Dieser Entschluß erfolgte gleichzeitig mit Eduard Steinles brieflicher Mahnung (Mai 1839), in der er seine gewichtigen moralischen Bedenken anführte und B von einer weiteren Zusammenarbeit mit Bettine abriet.

Die erneute Partnerschaft mit einem Künstler vom Rang Runges steht am Ende von Brentanos Leben. Clemens lernte den Maler Eduard Steinle, dessen Geburtsjahr mit dem Todesjahr Runges zusammenfällt, im August 1837 bei Schlotthauer kennen. Gleich beim ersten Treffen bat B den jungen Künstler um eine Zeichnung zu dem Spruch: „Da du geboren wardst, hast du geweint, und alles hat gelacht; als du starbst, hast du gelacht, und alle haben geweint" (Steinle 2: 7). Die Bedeutung dieser fünf Jahre währenden künstlerischen Zusammenarbeit ist noch ungenügend untersucht. Ansätze hierzu leisteten u. a. Alexander v. Bernus und Alphons M. v. Steinle.

Als Mittlerfigur in diesem Künstlerverhältnis fungierte Emilie Linder, da B ihr viele der von Steinle angefertigten Zeichnungen samt eigenen Gedichten überreichte und sie die Kosten für die Vervielfältigung übernahm.

Anläßlich von Emilies Geburtstag, den B statt am 11. Oktober (dem tatsächlichen Geburtsdatum) am 19. Oktober feierte (dem vermutlichen Tauftag), sowie als Weihnachtsgabe, schenkte B ihr mehrere Zeichnungen von Steinle. Darunter ist die oben erwähnte mit Bs Gedicht *Am Morgen an das Licht der Welt getreten* (Oktober 1837); die Zeichnung von der „Krippenfeier des hl. Franziskus" (Dez. 1837); Steinles Zeichnung „Das Leben der hl. Marina" mit Bs Gedicht *Ein Brieflein trägt das Täubli unterm Flügel* (Okt. 1838); Steinles „Legende der hl. Maria Aegyptiaca" mit Bs Gedicht *Heil'ger Geist, ach, woll' mich nicht verdammen* (Dez. 1839); Steinles „Gedächtnisblatt für Klee und Möhler" (Dez. 1840); eine Zeichnung Steinles (Okt. 1841), deren Original verschollen ist; und die Bleistiftpause von Steinles Zeichnung »Das Leben der hl. Euphrosyne" (Dez. 1841). Auch für das Gedächtnisblatt für Klee und Möhler hatte Emilie die Stichkosten übernommen. Ursprünglich war der Auftrag im Einvernehmen mit den Mitgliedern des Görreskreises (B, Phillips, Windischmann, Schlotthauer) zur geplanten Lithographie und Anzeige an die „Historisch-Politischen Blätter" vergeben worden. Da sich Steinle aber aus künstlerischen Prinzipien gegen die Lithographie aussprach, sagte er ab und es kam zu einer vorübergehenden Verstimmung zwischen den Freunden. Für Bs eigene Arbeiten lieferte Steinle die Holzschnitte zur Illustration von Bs postum erschienenem *Leben der hl. Jungfrau Maria* (5. Nov. 1838; veröffentlicht 1852), die Zeichnung zur *Marina*-Legende und die Christusdarstellung für die sechste Auflage des *Bitteren Leidens unsers Herrn Jesu Christi*.

B. Gajek veröffentlichte 1971 als Anhang zur Besprechung der *Marina*-Legende erstmals mehrere Briefe Bs an Steinle. Sie beweisen u. a. Emilie Linders finanzielle Beteiligung an der Förderung von Brentanos und Steinles Zusammenarbeit und Clemens' unablässige Inanspruchnahme von Steinles Talent. Der

Maler reagierte verärgert in seinem Brief an B vom 2. März 1841, in dem er bat, B möge die Versuche aufgeben, ihn nach München zu holen; auch das ständige Drängen nach Zeichnungen sei ihm unangenehm. Anzeichen jenes geistigen Besitzenwollens, das sich besonders bei Bs Zusammenarbeit mit weiblichen Schaffenden zeigte, sind auch hier nicht zu übersehen.

Steinle war die letzte Persönlichkeit aus Dichter- und Künstlerkreisen, die auf Bs Werk so großen Einfluß ausübten. Am 12. Juli 1842, nachdem ihm Görres noch beim Aufsetzen von testamentarischen Verfügungen geholfen hatte, verließ B München, um zu seinem Bruder Christian nach Aschaffenburg zu ziehen. Unter den letzten Besuchern empfing er dort noch Steinle, Emilie Linder und Apollonia Diepenbrock. Sie sahen B noch kurz vor seinem Tod. Er starb am 28. Juli 1842 um neun Uhr früh und wurde zwei Tage später in Aschaffenburg begraben.

Beziehungen zu Personen.

E. v. Niendorf: Aus der Gegenwart (Berlin, 1844). *P. B. Gams:* J. A. Möhler. Ein Lebensbild (Regensburg, 1866). *F. Binder:* „Zur Erinnerung an F. Overbeck", Hist.-polit. Blätter LXV (1870), 573 ff., 673 ff. *Ders.:* Erinnerungen an E. Linder, 1797–1867 (München, 1897). *A. M. v. Steinle:* Edward v. Steinle's Briefwechsel mit seinen Freunden, 2 Bde. (Freiburg, 1897). = Steinle im Text. *A. v. Liebenau:* Emilie Linder u. ihre Zeit (Luzern, 1897). *A. v. Bernus/A. M. v. Steinle:* CB u. Edward v. Steinle. Dichtungen u. Bilder (Kempten/München, 1909). *A. M. v. Steinle:* Edward v. Steinle. Des Meisters Gesamtwerk in Abbildungen (Kempten/München, 1910). *A. Stoll,* Hrg.: Erinnerungen aus meinem Leben. Von Ludwig Emil Grimm, Maler u. Radierer, 1790–1863 (Leipzig, 1911). *W. Diehl:* Lebenserinnerungen v. Moriz Carriere (Darmstadt, 1914). *H. v. Egloffstein:* Alt-Weimars Abend. Briefe u. Aufzeichnungen a. d. Nachlasse d. Gräfinnen Egloffstein (München, 1923). *A. Huth:* Daniel Bonifacius v. Haneberg (Speyer, 1927). *P. de Lallemand:* Montalembert et ses relations littéraires avec l'étranger jusqu'en 1840 (Paris, 1927). *S. Lösch:* J. A. Möhler. Bd. 1: Ges. Aktenstücke u. Briefe (München, 1928). *G. v. Polnitz:* „George Phillips. Ein großdt. Konservativer in d. Paulskirche", Historische Zs. CLV (1937), 51 ff. *S. Lösch:* A. Gengler 1799–1866. Die Beziehungen d. Bamberger Theologen zu J. J. Döllinger u. J. A. Möhler (Würzburg, 1963). *H.-J. Weitz:* Marianne u. Joh. Jakob Willemer (Frankfurt, 1965). *W. Frühwald:* CB. Briefe an Emilie Linder (Bad Homburg, 1969). = Linder im Text.

Literatur.

W. Schellberg: Untersuchung d. Märchens Gockel, Hinkel u. Gackeleia (Diss. Münster, 1903). *H. W. Riehl:* „Im Hause E. Linders", Ein Jahrhundert München, 1800–1900 (München, 2. Aufl. 1921). *F. Hasselberg:* „Ein Berliner Brief CBs an Susanne Schinkel", Mitteilungen d. Vereins f. d. Gesch. Berlins 42 (1925), 32–38. *G. Müller:* „CB", Die Religion in Gesch. u. Gegenwart, Bd. 1 (2. Aufl. 1927), 1240. *G. M.* (G. Müller?): „Ein unbek. Brief CBs an Steinle", LJb 3 (1928), 133. *T. Seidenfaden:* „CB, dem Dichter der Märchen. Ein Brief", Die neue dt. Schule 5 (1929), 648–654. *O. Mallon:* „Ungedr. Briefe CBs. Plan einer Neubearbeitung d. ‚Wunderhorns'", Das neue Ufer. Beilage z. Germania 14 (17. Mai 1930). *P. Lehner:* E. Linder u. ihr Freundeskreis (Diss. München, 1935). *I. Seidel:* „CBs Münchener Jahre", Propyläen 39 (1942), 81–82. I. Band: Die Entwicklung d. dt. Märchenillustration (München, 1944). *H. Russell:* Die Gestalt d. Dichters B, erschlossen aus seinen Märchen (Diss. Münster, 1949). *E. Pfeiffer:* Die religiöse Wandlung CBs im Spiegel seiner geistlichen Lyrik (Diss. Frankfurt, 1951). *J. Schuth:* „Ein bisher unbekannter Bericht über die letzten Stunden von CB", Trierer Theolog. Zs. (1952), 230–231. *C. M. Rychner:* Der alte B. Eine Interpretation d. „Blätter aus d. Tagebuch d. Ahnfrau" (Winterthur, 1956). *W. Frühwald:* „Das verlorene Paradies. Zur Deutung v. CBs ‚Herzlicher Zueignung' des Märchens ‚Gockel, Hinkel u. Gackeleia'", LJb 3 (1962), 113–192. *W. Frühwald:* Der St. Georgener Prediger (Berlin, 1963). *W. Vordtriede:* „Bettina v. Arnims Briefe an J. Döring", JbFDH (1963), 341–488. *J. v. Eichendorff:* „B u. seine Märchen", Aurora 24 (1964), 14–20. = Zuerst in den Histor.-Polit. Blättern 19 (1847) aus Anlaß d. Märchenausg. v. Görres. *W. Fraenger:* CBs „Alhambra". Eine Nachprüfung (Amsterdam, 2. Aufl. 1964). *V. Jent* (Haas): Emilie Linder. Studien zur Biographie d. Basler Kunstsammlerin u. Freundin CBs (Diss. Basel, 1967). *G. Bauer:* Claustrum Animae. Unters. z. Gesch. d. Metapher v. Herzen als Kloster. Bd. 1: Entstehungsgeschichte (München, 1971). *O. Seidlin:* „Auch eine Logik d. Dichtung. Zu Bs Spätfassung seines Märchens v. Fanferlieschen Schönefüßchen", Probleme d. Erzählens in d. Weltliteratur (Stuttgart, 1971). *P. H. Boerlin:* „Emilie Linder. Painter and Patroness of the Arts", Apollo (Dec. 1976), 491–495. *K. Feilchenfeldt/W. Frühwald:* „CB. Briefe u. Gedichte an E. Linder", JbFDH (1976), 216–315. *H. Schultz:* „Vorarbeiten CBs zu einer Sammelausgabe seiner Werke. Neue Funde i. d. Sammlung Pattloch", JbFDH (1976), 316–351. *L. O. Frye:* „The Art of Narrating a Rooster Hero in B's ‚Das Märchen von Gockel und Hinkel'", Euphorion 72 (1978), 400–420. *O. Seidlin:* „Wirklich nur eine schöne Kunstfigur?", Von erwachendem Bewußtsein u. v. Sündenfall (Stuttgart, 1979), 78–92.

III. Das Werk

1. Lyrik

a. Problemstellungen der Forschung

Brentanos Lyrik ist vielfach untersucht worden. Trotzdem können die meisten Darstellungen nicht befriedigen, da sie unter einer zu engen Perspektive oder mit einer ganz bestimmten Intention angefertigt wurden. Grundsätzlich lassen sie sich in drei Hauptgruppen teilen: 1. In jene, die Bs Lyrik undifferenziert im historischen oder romantischen Kontext sieht; 2. In Arbeiten, die in werkimmanenter Interpretation Einzelanalysen bringen; und 3. In jene Darstellungen, die das gesamte Schaffen und Erleben Bs in die Interpretation einzelner Gedichte einbeziehen.

Zur ersten Gruppe gehören die vielen Gesamtdarstellungen romantischer Dichtung mit spezifischen Hinweisen auf Brentano. W. Kaysers poetologische Studien sind ebenso ein Teil dieser Hauptgruppe wie die zahlreichen Vor- und Nachworte einzelner B-Ausgaben. K. Tober gibt einen Überblick über die Gesamtdarstellungen von Bs Lyrik, J. Fetzer und B. Gajek haben diese Angaben weitergeführt und ergänzt. Die zweite und dritte Gruppe unterscheiden sich hauptsächlich in der Methodik. Die werkimmanente Methode geht induktiv vor, d. h., sie schließt vom Einzelgedicht auf Allgemeines, während die Methodik der dritten Gruppe deduktiv arbeitet, indem sie vom allgemein über B Bekannten die Interpretation des Einzelgedichts ableitet. Nachdem H. Jaegers Monographie (CBs Frühlyrik) mit seiner Betonung des frühen Schaffens diese Phase als die eigentliche lyrische Periode etablierte, wurde E. Staigers Werk (Die Zeit als Einbildungskraft des Dichters) methodologisch bahnbrechend für die werkimmanente Kritik. Aufgrund seiner eingehenden Analyse von *Auf dem Rhein* (1801) schloß Staiger auf ein Dichtungsprinzip des „Sich-hinreißen-Lassens" bei B und auf dessen sprachliche Auswirkungen: Der Dichter „verfügt nicht über die Sprache, sondern die Sprache verfügt über ihn" (41). Von dieser Unfähigkeit der Sprachbeherrschung wird auf Bs Persönlichkeit geschlossen, darunter auf seine Hinwendung zum katholischen Ritual auf der Suche nach innerem Halt in der eigenen Lebensführung. Der wesentliche Nachteil dieser Methode, die sich besonders in den Fünfzigerjahren großer Beliebtheit erfreute, ist die grobe Vereinfachung komplizierter linguistischer und psychologischer Vorgänge und die Formulierung ebenso weitreichender wie unbeweisbarer Schlüsse, die sich auf Persönlichkeit und Schaffensweise des Dichters beziehen. Der Vorteil dieses Verfahrens liegt in der Möglichkeit einer detaillierten, scharfsinnigen Beleuchtung einzelner Gedichtzeilen, Wortkonstellationen und Lautfolgen, und in einem besseren Verständnis des Einzelgedichts.

Weil diese Methodik allerdings „nur einen verschwindend kleinen Teil der über tausend Gedichte vor den Blick" bringt (Gajek, Forschungsbericht, 473), wird sie in neuerer Zeit für umfassende Analysen selten angewendet. Ausgehend von einem einzigen Problem- oder Motivkomplex bietet die Methodik der dritten Gruppe fast unbegrenzte Möglichkeiten der Sujetwahl. Im Gegensatz zu Staiger wählt H. M. Enzensberger (Bs Poetik) vier Gedichte des reifen B zu seiner Untersuchung. Er begründet die Einbeziehung des Gesamtwerks wie folgt: „Gewisse Stellen in Bs Gedichten widersetzen sich der Interpretation aus dem Kontext" (81). Mit Hilfe der Analyse von mehreren Bildkomplexen (Erntemotivik, Stern/Blume-Komplex, Zeit/Ewigkeit, usw.) in Bs Dichtung erzielt Enzensberger eine schematische Darstellung der „Genese" des Gedichtes *Eingang* (1834/36), die in die *Godwi*-Zeit zurückreicht und schon in einem Brief aus dem Jahre 1800 ihren Ausdruck findet. Mit dieser Erweiterung des untersuchten Materials, besonders mit Einbeziehung von brieflichen Aussagen und Bemerkungen anderer über Bs dichterisches Verfahren, distanziert sich Enzensberger von der streng immanenten Methode, obwohl er selbst in der Nachbemerkung des Druckes von 1961 „die Insistenz auf die sogenannte immanente Methode der Interpretation" als nicht behobenen „sachlichen Mangel" seiner Arbeit hervorhebt (141). Die jeweilige Betonung auf das Früh-, bzw. Spätwerk Bs bei Staiger und Enzensberger weist dagegen auf eine wirkliche Forschungslücke (die Beschäftigung mit der Lyrik der mittleren Jahre), die nur teilweise durch Einzelinterpretationen beseitigt worden ist.

Durch die Arbeit Enzensbergers – eigentlich bereits durch die Dissertation I. Pfeiffers – war der Weg von der historischen Betrachtung in die Bereiche der modernen Literaturkritik freigelegt. Neben der Texterschließung, die lautliche und stilistische Kriterien mit der Interpretation von Stoff- und Motivkreisen verbindet, begann man, Brentanos Leben in die geistesgeschichtliche, ästhetische und wirkungsgeschichtliche Chronologie einzuordnen. W. Müller-Seidel („Bs naive und sentimentalische Poesie") knüpft an die bereits von J. Grimm und A. v. Arnim aufgeworfene Frage der Differenzierung zwischen Kunst- und Naturpoesie an, kleidet sie aber in die Schillersche Begriffsbestimmung des Naiven und Sentimentalischen. Anhand einer Analyse von *Der Spinnerin Nachtlied* erkennt er das Verschmelzen von „Einfachheit und Künstlichkeit" als Grundbegriff der idealistischen Ästhetik und B als einen „sentimentalischen Dichter des Naiven" (459 ff.). R. E. Schaub baut seine geistesgeschichtliche Interpretation von Bs Lyrik auf der Basis der romantischen Ironie auf. Ergänzend zu I. Strohschneider-Kohrs' Arbeit, die vor allem Prosa und Dramatik behandelt, bezieht Schaub den Ironiebegriff F. Schlegels auch auf Bs Lyrik. Dabei nimmt er seine Beispiele nicht nur aus der frühen, sondern auch aus der mittleren Phase und sieht in der Ironie ein grundlegendes Stilmittel von Brentanos Werken. W. Frühwald („Gedichte in der Isolation") erörtert den Zeitbezug in der Dichotomie von idealistischer Kunstautonomie und außerästhetisch funktionalen Kunstregeln. Am weitesten entfernt sich D. Dennerle von den herkömmlichen Analysen, indem er anhand von Beispielen vor allem aus Rezensionen und Briefen Bs Kunsttheorie herausarbeitet. Da sich die Ästhetik im romantischen Gesamtkontext nicht nur auf die bildende Kunst beziehen läßt, ist diese Arbeit auch für die Lyrikkonzeption verbindlich. Funktional orientiert ist auch die Sicht N. Reindls, der die *Romanzen vom Rosenkranz* im Hinblick auf die struktur- und formgebende Einfügung von historisierendem Material untersucht. Das Historische wird relativiert und erhält eine ästhetische Form, innerhalb der „mit Hilfe religiös-christlicher Bilder und Strukturen" (162) eine chiffrierte Selbstdarstellung erzielt wird.

Anläßlich des 200. Geburtstags von B fand im September 1978 in Frankfurt ein wissenschaftliches Kolloquium statt. Die Beiträge wurden in einem Textband vom FDH zusammengefaßt und herausgegeben. Sie beweisen nicht nur die Vielseitigkeit der modernen B-Forschung, sondern auch ihren qualitativen Fortschritt. Fast alle der bereits oben erwähnten Forschungsrichtungen sind vertreten.

Wirkungsgeschichtlich untersucht J. Fetzer (Nachklänge Brentanoscher Musik) T. Manns „Doktor Faustus", um durch den Melos-Eros-Thanatos-Bezugskomplex Manns Verpflichtung gegenüber der Dichtung Bs nachzuweisen. Eingehender erörtert Fetzer das Verhältnis von Musik, Liebe und Tod in seinem Buch „Romantic Orpheus". (Ein aufschlußreiches Kapitel seiner 1981 erschienenen CB-Monographie gilt übrigens der Lyrik Bs und gibt neben Einzelinterpretationen auch einen umfassenden Überblick über die neuere Forschung und ihre Tendenzen.) W. Bellmann versucht in BdK entstehungsgeschichtliche Details von Bs *Lore Lay* zu ergründen. Die Intensität ihrer Wirkungsgeschichte über Eichendorff, Heine, Kästner bis zu Karl Valentin, verfolgt J. Kolbe. Eine sozialgeschichtliche Färbung gibt W. Frühwald (Das Wissen und die Poesie) seiner Untersuchung von Bs Dichtung „am Übergang zum industriellen Zeitalter" (50). Wenig neue Erkenntnisse lassen sich dagegen aus H. Henels, D. Lüders' und W. Müller-Seidels Beiträgen gewinnen, die sich grundsätzlich mit ästhetisch-poetologischen Fragen beschäftigen. Schließlich weist R. Fertonani ein im *Godwi* in italienischer Sprache eingeschobenes Gedicht einem volkstümlichen Dichter zu – was auf eine frühe Beschäftigung Bs mit italienischen Liedern schließen ließe.

Wenn von Bs Lyrik die Rede ist, gilt seiner Mitarbeit und seinem Anteil an *Des Knaben Wunderhorn* stets besondere Aufmerksamkeit. H. Rölleke faßt in seinem Aufsatz für das Kolloquium (Anmerkungen zu DKW) die Erkenntnisse seiner langjährigen Arbeiten an der historisch-kritischen Ausgabe zusammen. Rölleke kann heute als der sachkundigste unter den *Wunderhorn*interpreten gelten, der seine jeweiligen Entdeckungen und Schlüsse schon während der Entstehung der HKA in Aufsatzform veröffentlichte. Das *Wunderhorn* ist keine Innovation, sondern der Höhepunkt der gegen Ende des 18. Jahrhunderts intensiv auftretenden Beschäftigung mit dem Volksliedergut. Außer Herder sind Nicolai, v. Eschenburg, Gräter, Elwert u. a. als Vorläufer von Arnims und Bs Sammlung zu erwähnen. Wegen ihres außerordentlichen Erfolges hatte die *Wunderhorn*-Sammlung auch viele, meist minderwertigere, Nachahmer. Unrichtig ist es anzunehmen, daß die Sammlung tatsächlich „Volkslieder" enthält. Vielmehr gehört sie in die Kategorie der Kunstpoesie: viele der Gedichte wurden von den Bearbeitern umgedichtet, überarbeitet, geändert, manche sogar erst eigens dafür gedichtet.

Sowohl die Arnim- wie die B-Forschung hat sich mit dem *Wunderhorn* beschäftigt. Für Arnim grundlegend ist der Forschungsbericht von V. Hoffmann (Die Arnim-Forschung 1945–1972). Er enthält wichtige Angaben über die *Wunderhorn*-Kritik, die von H. M. Kastinger Riley (Achim von Arnim) und von R. Hoermann (Achim von Arnim – von der Verfasserin im Ms. eingesehen) weitergeführt werden.

Die wichtigsten Literaturhinweise zum *Wunderhorn* sind in der historisch-kritischen Ausgabe des FDH zu finden. Erwähnenswert ist ferner B. Gajeks Aufsatz (Philologie als Aufklärung), der Verfahren und

Ergebnisse der HKA erörtert, und A. Krättlis Arbeit (Die „übelange-schriebenen" Lieder). H. Rölleke hat die DDR-Ausgaben von P. Rilla und H.-G. Thalheim einer kritischen Betrachtung unterzogen.

Das *Wunderhorn* ist weniger durch seinen Einfluß auf das Volk als durch die Wirkung auf Dichter und Musiker von Bedeutung. Röllekes Aufsatz „H. v. Hofmannsthal und DKW" erörtert die handschriftlichen Randbemerkungen in Hofmannsthals Handexemplar, sowie Entlehnungen (Kontaminationen) vom *Wunderhorn* in eigenen Werken. „Die Beiträge der Brüder Grimm zu DKW" bespricht Rölleke separat, während sein Kolloquium-Beitrag sowohl Quellen und Wirkungen wie Tendenzfragen aufgreift. In mehreren dieser Schriften werden H. Heine, Uhland, Schopenhauer, Eichendorff, Mörike u. a. in rezeptionsgeschichtlichem Kontext erwähnt. Kaum untersucht ist die musikgeschichtliche Wirkung. Schubert, Schumann, Brahms, Wolf ließen sich von Texten des *Wunderhorns* zu Liedern inspirieren. Am bekanntesten sind die Vertonungen von G. Mahler; aber auch Zelter, Johann Friedrich Reichardt und Louise Reichardt, R. Franz, R. Strauß haben u. a. Texte aus der Volksliedsammlung vertont. Mit der HKA als Ausgangspunkt müssen diese Ansätze zur Rezeptions- und Wirkungsgeschichte weitergeführt werden.

Der weiteren Forschung stehen auf dem Gebiet der Lyrik noch mehrere Fragenkomplexe zur Behandlung offen. Diese werden in den bereits erschienenen und noch zu erwartenden Bänden der HKA präziser eingegrenzt und behandelt. Vor allem ist das Problem von Bs Anteil an Gemeinschaftsarbeiten, die Entlehnung von vorliegendem Material und dessen Einbezug ins eigene Werk, das Verhältnis vom Um- und Nachdichtung, kurz, alles, was hier unter dem Pauschalbegriff Kontamination behandelt wurde, noch kaum erforscht. Dies gilt ebenso für das *Wunderhorn* wie für einzelne Gedichte, erst recht für das Verhältnis von Lyrik und Kunst bei B. Ein weiteres Problemfeld ergibt sich aus der Frage nach den Textvorlagen. Da sich die Analyse einzelner Gedichte oft spezifisch auf Wortlaut, Satzstellung, Interpunktion usw., bezieht, wird die Frage nach Urtext und späteren Fassungen, sowie Veränderungen noch während des Druckes akut. Wieder kann die HKA hier grundsätzlich weiterhelfen. Gajek verweist auf die Problematik der »Texterschließung und deren Systematik«, die »anhand Bs bisher kaum gestellt worden ist« (Forschungsbericht, 469). Entstehungsgeschichtliches Material, wie es z. B. H.-J. Schmidts Dokumentation und Gajeks Erläuterungen zum *Moseleisgangslied*

(Homo poeta) lieferten, wird ebenso wie Wirkungs- und Re-
zeptionsspezifisches noch in verstärktem Maße erarbeitet werden müssen. Gattungstheoretische Fragen, die das Verhältnis
von lyrischem und brieflichem Ausdruck (um nur ein Problemfeld anzuschneiden) bei B erforschen, Motiv- und Symbolge-
schichtliches, Editionstechnisches bei Neuveröffentlichungen
usw., eröffnen weitere Möglichkeiten zukünftiger Forschungsrichtungen.

b. Kommentar zu einzelnen Werken

Des Knaben Wunderhorn
   Die Volksliedsammlung Arnims und Bs nimmt eine Sonder-
stellung in der Geschichte der deutschen Literatur ein: weder
die Idee noch die Ausführung einer Volksliedersammlung war
neu und doch wurde gerade dieses Werk wirkungs- und rezeptionsgeschichtlich von ungeheurer Bedeutung. Kaum wären die
Namen seiner beiden Herausgeber dem Laien geläufig, wenn sie
nicht mit dem *Wunderhorn* den Inbegriff romantischen Kulturguts geschaffen hätten. H. Rölleke faßt die literaturgeschicht-
liche Bedeutung prägnant zusammen: »das *Wunderhorn* [. . .]
bleibt der originellste und zugleich letzte Versuch, Volks- und
Kunstdichtung, alte und moderne Lyrik, Poesie aller Schichten
und Provinzen in einem Gemeinschaftswerk zu einem neuen
Ganzen zu verschmelzen, *allen alles wiederzugeben*, wie es
Arnim formuliert« (AK, 148). Damit wird die von Zeitgenossen
so oft kritisierte Methodik der Auswahl, Bearbeitung und Zusammenstellung der Gedichte als Hauptgrund für die wirkungsgeschichtliche Bedeutung des *Wunderhorns* bezeichnet, die
weder seine Vorgänger noch seine Nachahmer zu erreichen
vermochten.
   Die wohlwollende Besprechung Goethes in der »*Jenaischen
Allgemeinen Literaturzeitung*« ist eine der wenigen außerordentlich positiven Stellungnahmen, die Goethe dem Werk der
Romantiker überhaupt entgegenbrachte. Dabei ist er sich wohl
bewußt, daß die meisten *Wunderhorn*-Lieder der auch von ihm
gepflegten Form des Kunstliedes angehören. Sie sind »eigentlich weder vom Volk noch fürs Volk gedichtet«, sondern sie
werden Volkslieder genannt, »weil sie so etwas Stämmiges,
Tüchtiges in sich haben und begreifen, daß der kern- und
stammhafte Teil der Nationen dergleichen Dinge faßt, behält,
sich zueignet und mitunter fortpflanzt – dergleichen Gedichte
sind so wahre Poesie, als sie irgend nur sein kann.« Goethe ver-

sucht, die Kritik an der philologisch ungenauen Verfahrenswei-
se a priori zu entkräften, die durch die Bearbeitung und durch
den Einschub eigener Lieder Arnims und Bs bald von anderer
Seite laut wurde. J. Grimms und Arnims spätere Debatte über
den Unterschied von Kunst- und Naturpoesie wird hier schon
aufgegriffen: die *Wunderhorn*-Lieder sind künstlerische Schaf-
fensprodukte und gehören auf das »Klavier des Liebhabers oder
Meisters der Tonkunst, um den darin enthaltenen Liedern [. . .]
schickliche Weisen anzuschmiegen oder, wenn Gott wollte,
neue bedeutende Melodien durch sie hervorzulocken«. Schumann, G. Mahler, R. Strauss u. a. haben einzelnen der *Wunderhorn*-Lieder zu Weltruhm verholfen.

F. Schlegel, der schon den ersten Band des *Wunderhorns* in
einem Brief an den Bruder vom 11. November 1805 als »eine
große Menge Schund, Kropzeug, Crethi und Plethi, mit vielen
eignen Brentanereien« bezeichnet hatte, ließ bei seiner Besprechung der Volksliedsammlung von Büsching und von der Hagen in den ›*Heidelbergischen Jahrbüchern*‹ (1. Jg., H. 1, 1808)
auch gleichzeitig seine Kritik am *Wunderhorn* einfließen. Seine
Herausgeber hätten das Verdienst, manches unbekannte oder
vergessene schöne Volkslied publik gemacht zu haben. Doch
fügt er sofort hinzu:

»Wenn nur auch die Sorgfalt der Behandlung und der Auswahl dem Reichtum einigermaßen entspräche! wenn nur nicht
so manches Schlechte mit aufgenommen, so manches Eigne und
Fremdartige eingemischt wäre«. Was Schlegel besonders am
Wunderhorn tadelt, ist die Aufnahme von zu vielen jener älteren
Volkslieder, die sich »nicht selten durch etwas wunderlich Ab-
gerissenes, halb Rätselhaftes« auszeichnen, das der Sammlung
etwas Abgeschmacktes gäbe. Mit der Kritik an der philologischen Ungenauigkeit (i. e. Abwandlung des überlieferten Materials) und der Fülle des Gebotenen verkennt Schlegel Absicht
und Wesen der Sammlung ebenso wie J. Grimm. Die oft bei-
ßende Kritik der Zeitgenossen (vor allem von J. H. Voß) verhin-
derte zwar nicht den wirkungsgeschichtlichen Triumphzug des
Wunderhorns, hatte aber doch zur Folge, daß sich Goethe mehr
und mehr von den Romantikern abwandte. Obwohl er Voß'
Urteil nicht teilte, übergab er die Rezensionen des 2. und 3.
Bandes dem Germanisten von der Hagen, statt sie wieder selbst
zu besorgen. In einem Brief an Zelter (30. Okt. 1808) beklagte
er, daß die jüngeren poetischen Talente ihn »zur Verzweiflung«
brächten, und »bei außerordentlichen Naturanlagen schwerlich
viel machen werden, was mich erfreuen kann. Werner, Öhlen-

schläger, Arnim, Brentano und andere arbeiten und treiben's immer fort; aber alles geht durchaus ins Form- und Charakterlose«. Goethe hatte hier bereits die Einstellung den Romantikern und ihren Werken gegenüber angenommen, für die er in der Literaturgeschichte bekannt ist.

Das *Wunderhorn*, nun einmal nicht nur als Sammlung sondern als Kunstwerk betrachtet, ist ein Zeugnis aus der frühen Schaffensphase Bs, das bereits die Merkmale seiner Arbeitsdynamik trägt. Dazu gehört der ursprüngliche Enthusiasmus der Zusammenarbeit mit dem Freund, die sich später in den Gemeinschaftswerken mit S. Mereau, J. Görres, L. Hensel, u. a. wieder zeigt. Die fraternale Arbeitsweise, schon von Wackenroder, Tieck und Schlegel im romantischen Kreis eingeführt, mag ihre ideelle Grundlage zusammen mit dem Prinzip der Kunstautonomie (Schaffens*freiheit*) und der Betonung der Rechte des Individuums und der individuellen Werkgestaltung ohne Konformitätszwang *(Gleichheit* der verschiedenen Kunstauffassungen) in der Parole des Revolutionsgedankens haben (Freiheit, Gleichheit, Brüderlichkeit). Bei B ist der Grund für seine Vorliebe zur Gemeinschaftsarbeit weniger auf ideeller und mehr auf psychologischer Ebene zu suchen. Die enge Zusammenarbeit bedingt ein intimes geistiges Verhältnis und eine gewisse gegenseitige Abhängigkeit vom Partner, die einer erotischen Beziehung sehr ähnlich ist. Hier ist auch die psychologische Komponente von Bs Kontaminationsstil anzusetzen: durch die Einfügung von fremden Anteilen in das eigene Werk entsteht eine Mischform, bzw. ein Geistesprodukt, das die Prägung beider Partner trägt. B hat sein so geschaffenes Werk auch oft genug seine »Kinder« genannt. Den psychologischen Gründen für diese Arbeitsweise nachzugehen, ist nicht Aufgabe des Literaturwissenschaftlers und es genügt der Hinweis auf eine mögliche Erklärung für das Phänomen bei B.

Das *Wunderhorn* ist ein Prototyp auch für den schaffensdynamischen Verlauf der meisten Gemeinschaftsarbeiten Bs. Die Idee für das geplante Werk kommt oft von B (lt. Rölleke auch die Idee für das *Wunderhorn),* worauf er sich einige Zeit intensiv dem gemeinsamen Projekt widmet. Der anfängliche Eifer läßt aber nach, sobald das Werk in die eigentliche »Arbeitsphase« übergeht, und wird in den Endstadien oft gänzlich dem Partner überlassen. Beim *Wunderhorn* trug B erheblich zur Sammeltätigkeit bei, lieferte eigene Gedichte und half bei der Überarbeitung des Materials. Schon bei der Herausgabe des 2. und 3. Bandes überließ er die mit der Drucklegung verbundenen Korrektur- und Redaktionsarbeiten fast gänzlich Arnim. Für die Neudrucke vor und nach Arnims Tod zeigte er kaum mehr Interesse. Ähnlich verläuft die Arbeit mit S. Mereau (wenn hier von einem gemeinsamen Schaffen überhaupt gesprochen werden kann) und mit L. Hensel, sowie an von ihm in die Wege geleiteten Übersetzungen.

Inhaltlich und in der Formgebung ist das *Wunderhorn* ebenfalls für Bs Schaffenseigenart paradigmatisch. Die so oft kritisierte »Auswahl« der Lieder ist bewußt romantisch. Wie schon im *Godwi* eine strenge Gattungstrennung vermieden wurde und im *Bogs* Scherz und Ernst, Vernünftiges und Unsinniges einander gegenübergestellt werden bzw. ineinander übergehen, so ist der Inhalt des *Wunderhorns* eine gewollte Mischung von Altem und Neuem, Fremdem und Eigenem. Zum ersten Mal in einer solchen Sammlung wird auch Material aus sogenannten »Fliegenden Blättern« aufgenommen. Romantisch daran ist auch der Rückgriff auf altdeutsches Kulturgut (bzw. auf die eigene Vergangenheit): das Mittelalter und nicht die Antike wird als künstlerisches Vorbild beansprucht. In dem Gemisch von Alt und Neu wird auch das Fortschreitende der Kunst, der Wandel in Sprache und Form deutlich, und mit dem ganzen wird Schlegels Forderung einer progressiven Universalpoesie nachgekommen: das Lyrische des Liedes, das Poetische der Sprache und das Bildliche der Titelkupfer vereinigen sich zu einem neuen »Gesamtkunstwerk«. Das Element der Kontamination, im Text durch die Vermischung von Eigenem und Fremdem (im Inhalt und in einzelnen Gedichten), im Bild durch die Zusammensetzung der Titelkupfer vertreten, ist nicht nur Ausdruck von Bs Stil, sondern wird Teil der romantischen Formgebung überhaupt.

Nicht nur schaffensdynamische und formale Elemente von Bs charakteristischer Arbeitsweise sind schon im *Wunderhorn* vorgegeben, sondern der für ihn so wichtige didaktische Aspekt ist auch enthalten. Dies ist zwar im Werk selbst nur bedingt ersichtlich (etwa durch Analyse der Auswahl), geht aber eindeutig aus dem Briefwechsel zwischen Arnim und B hervor. Diskutiert wird ursprünglich der Plan einer Dicher- oder Sängerschule, die Sammlung von einfachen, leicht sangbaren Liedern (etwa mit der Erfindung eines neuen Notensystems verbunden), die das Kunstniveau des Volkes heben und es zu eigener künstlerischer Tätigkeit anspornen soll. Zwar hat das *Wunderhorn* auf die unteren Volksschichten kaum einen Einfluß ausgeübt, doch legen die zahlreichen Nachahmungen der Sammlung Zeugnis für ihren Effekt auf das gebildete Bürgertum ab.

Die *Romanzen vom Rosenkranz*

Als zweites großes lyrisches Werk Bs sind die *Romanzen* zu bezeichnen, obwohl sie Fragment geblieben sind. Auch sie reichen in der Konzeption in die Jahre zurück, die B mit S. Mereau verbrachte. Davon zeugt die Thematik, wie unten noch eingehender erörtert wird. B erhoffte sich eine Zusammenarbeit mit Runge als Illustrator des Werks, und sein Interesse an den *Romanzen* schwand nach dem Tod des Künstlers. Obwohl dieser äußere Umstand sicher nicht der einzige Grund für die Aufgabe des Projekts war, ist er doch ein weiteres Zeugnis für die Vorliebe Bs für die fraternale Arbeitsweise. Daneben sind auch noch die mittelalterliche Szenerie und die erzieherische Intention des Werks spezifisch romantisch zu nennen.

Die Fabel des Versepos' behandelt die Geschichte einer Familie und einer bis zu den Lebzeiten Christi zurückreichenden Erbschuld, die erst durch die Erfindung des Rosenkranzes gesühnt wird. Es ist die Variation eines beliebten romantischen Themas, das E. T. A. Hoffmann in den »Elixieren des Teufels« und Arnim in der »Isabella von Ägypten« behandelt hat. In den Paralipomena finden sich auch weitere Ähnlichkeiten mit Arnims »Isabella«, z. B. die Verpflanzung der aus Ägypten stammenden Familie ins christliche Europa, wo die Erbschuld gesühnt werden soll. Diese Parallelen sind noch nicht untersucht. Grundsätzlich geht es um einen Kampf zwischen den göttlichen und teuflischen Mächten, der wie in Hoffmanns »Goldenem Topf« stark allegorisch aufgefaßt wird. In den *Romanzen* ist der didaktische Gehalt aber sehr ins Christlich-Religiöse verschoben, was bereits auf Bs spätere Arbeiten verweist. Wie in Arnims »Isabella« hat die Handlung einen pseudohistorischen Hintergrund, der den Schauplatz ins Mittelalter versetzt, ihr Glaubwürdigkeit und Kolorit verleiht (das Universitätswesen wird in den Figuren Apo und Jakopone gezeichnet, die Fakultätsmitglieder sind), ohne jedoch mehr als Kulisse zu sein. Der mittelalterliche Schauplatz, die historischen Details, sind Folie für eine heilsgeschichtlich orientierte Allegorie; Vorgeschichte und selbst das als Gegenwart erzählte Geschehen verweisen didaktisch auf eine Zukunft, in der das Böse machtlos und die Schuld getilgt ist. Art und Gestaltung des Geschichtsbilds fügt sich damit auch in die romantische »Utopie« ein, wie sie aus den Romanen von Novalis (»Ofterdingen«) und Arnim (»Kronenwächter«) bekannt ist.

Das didaktisch wirksame Element in den *Romanzen* beschränkt sich aber nicht auf die heilsgeschichtliche Orientierung, sondern es hat auch eine spezifisch von B geprägte Seite. Dies wird in der Darstellung der idealen Frau, in der Erlöserin Rosarosa deutlich. Im zweiten Kapitel dieser Arbeit (Beziehungen und Wirkungen) wurden schon die ehelichen Schwierigkeiten erörtert, die sich aus Bs und Mereaus divergierenden Ansichten von den Rechten und Pflichten der Frau ergaben. In der Figur Rosarosas zeichnet B sein weibliches Idealbild besser als es in den brieflichen Auseinandersetzungen zwischen den Ehegatten erscheint. Rosarosa führt, durch den wunderbaren Knaben Agnuscastus geleitet, ein reines, unschuldiges, büßendes Leben und ist auch nach ihrer Heirat mit Jakopone ein Muster weiblicher Unterwürfigkeit und Demut. Gottesfurcht, Sittsamkeit und Schweigsamkeit sind ihre Hauptattribute. Während ihr Gatte im öffentlichen Leben steht, bleibt Rosarosa vollkommen unbekannt und als sie das Leben gänzlicher Zurückgezogenheit das erste Mal durchbricht, um an der Seite ihres Gatten der Abschiedsvorstellung der »heiligen Sängerin« Biondetta beizuwohnen, wird sie von der Menge bestaunt und wie ein »höheres Wesen« geehrt. Bei dem vom bösen Apo durch Zauberkräfte entfachten Theaterbrand wird sie aber tödlich verletzt. Auch hierin liegt eine Moral: der einzige Platz, wo die Frau ungefährdet ist, bleibt ihr Heim. Erst im Tod erfährt sie ganz unvermittelt ihren öffentlichen Triumph in einer Art Staatsbegräbnis, an dem das ganze Volk und die Behörden teilnehmen, während alle Läden geschlossen und die Stadt Bologna mit Trauerfahnen geschmückt ist. Die Staatstrauer wird allerdings in einer langen Rede des Konsuls mit den Verdiensten ihres gelehrten Gatten begründet. Die Namens- und Rosensymbolik der *Romanzen,* die autobiographischen Einschübe, und die Geschichtsallegorie sind mehrfach und gründlich untersucht worden (zuletzt von N. Reindl), aber das bis zur Karikatur verzerrte Bild der Frau als Eva/Maria/Geliebte/Mutter bei B harrt noch einer eingehenden Analyse.

Der Lyrik Bs kann mit wenigen zusammenfassenden Bemerkungen selbstverständlich nicht Genüge getan werden. Dies wäre aber auch innerhalb der gesetzten Grenzen dieses Bandes eine Unmöglichkeit. Doch zeigen bereits die angegebenen Hinweise, daß schon im Frühwerk Motive und Tendenzen angelegt sind, die sich mit jenen nach der »Wende« durchaus decken. Das didaktische Element, ursprünglich mehr in die Sphäre von Bildung und Volkserziehung gelegt, findet sich später in der religiösen oder politischen Orientierung wieder. Die fraternale Arbeitsweise bzw. der immer wiederkehrende Versuch Bs, eine solche zu begründen, ist ebenfalls in allen Lebensphasen Bs wirksam. Auch in der Motivik und in der formalen Gestaltung des Werks zeigt sich eine Konstante, die in der Wesensverwandtheit der Romantik mit dem Barock, bzw. der geistlichen Dichtung des Mittelalters ihren Ursprung haben mag. In Anbetracht dessen scheint die Beschäftigung der Forschung mit Bs »Wende«, der Dichotomie im Werk, der Zerrissenheit in seinem Wesen und den sogenannten Sprachkrisen zu sehr betont worden zu sein.

Literatur.

K. Schubert: Bs weltliche Lyrik (Breslau, 1910). *H. Jaeger:* Bs Frühlyrik (Frankfurt, 1926). *G. Müller:* »Bs Luisengedichte«, JbFDH (1928), 154–177. *Ders.:* »CB«, Schweizerische Rundschau 28 (1928/29), 684–700. *P. L. Kämpchen:* Die numinose Ballade (Bonn, 1930). *A. Wagner:* Unbedeutende Reimwörter u. Enjambement bei Rilke u. in d. neueren Lyrik (Diss. Bonn, 1930). *R. Guignard:* Chronologie des poésies de CB (Paris, 1933). *E. Staiger:* Die Zeit als Einbildungskraft d. Dichters (Zürich, 1939. Neuaufl. 1976). *I. Pfeiffer:* Die Bedeutung d. Innenwelt in d. Lyrik von CB (Diss. Heidelberg, 1945). *G. Bohnenblust:* »CB«, Le Romantisme allemand (Liguge/Wien, 1949), 213–220. *A. H. Weetman:* »CBs Treatment of the Legend of Saint Agnes«, MLR 45 (1950), 228–234. *E. Staiger:* Grundbegriffe d. Poetik (Zürich, 1951). *H. A. Korff:* Geist d. Goethezeit (Leipzig, 1953), Bd. 4: 205–220. *H. M. Enzensberger:* Über das dichterische Verfahren in CBs lyrischem Werk (Diss. Erlangen, 1955). *J. Klein:* Geschichte d. dt. Lyrik (Wiesbaden, 1960), 434–445. *I. Strohschneider-Kohrs:* Die romant. Ironie in Theorie u. Gestaltung (Tübingen, 1960. 2. Aufl. 1977). *H. M. Enzensberger:* Bs Poetik (München, 1961). *W. Killy:* Wandlungen d. lyrischen Bildes (Göttingen, 1961), 53–72. *W. Vordtriede:* »Zu Gedichten Bs«, Insel-Almanach 1963 (Frankfurt, 1962), 36–43. *I. Schürk:* »Das ›Stabat mater‹ bei Tieck, B u. Fouqué«, Dt. Übertragungen mittelalterl. Hymnen im 18. u. 19. Jhdt. (Tübingen, 1963), 107–111. *F. W. Wollenberg:* Bs Jugendlyrik (Hamburg, 1964). *K. Tober:* »Das ›romantische‹ Gedicht?«, CG (1968), 137–151. *H. Boetius:* »Entstehung, Überlieferung u. Datierung dreier Gedichte CBs«, JbFDH (1970), 258–280. *G. D. Greenway:* Patterns of Rebirth Imagery in the Poetry of CB (Diss. U. of Wisconsin, 1970). *A. W. Sladek:* Kompositionsverfahren in CBs Lyrik (Tübingen, 1970). *P. Szondi:* »Das Naive ist das Sentimentalische«, Euphorion 66 (1972), 174–206. *G. Schaub:* »F. Spee. ›Ein Dichter mehr als mancher Minnesänger‹. Zur Wirkungsgesch. d. ›Trutznachtigall‹ in d. dt. Romantik«, Verführung zur Geschichte (Trier, 1973), 323–346. *R. E. Schaub:* Die romant. Ironie in d. Lyrik CBs (Diss. Rice U., 1974). *W. Müller-Seidel:* »Bs naive u. sentimentalische Poesie«, JbDSG 18 (1974), 411–465. *H. Rölleke:* »Spätmittelalterl. Abendmahls- u. Osterlieder. Ein Handschriftenkonvolut a. d. Nachlaß CBs«, Jb. f. Volksliedforschung 23 (1978), 124–136. *H. Schultz:* »Bs Gedichtfragment ›Oft sah sie die Sonne steigen‹«, Eurphorion 72 (1978), 503–512. *K. Eibl:* »Suche nach Wirklichkeit. Zur ›romant. Ironie‹ in CBs Dirnengedichten«, Romantik (Königstein, 1979), 98–113. *D. Lüders:* »Probleme d. Varianten-Auswahl. Zu den Apparat-Prinzipien d. v. FDH veranstalteten B- u. Hofmannsthal-Editionen«, Die Nachlaßedition (Bern, 1979), 224–228. *W. Strube:* »Zur Struktur d. Stilinterpretation«, DVjS 53 (1979), 567–579. *E. Tunner:* »Sirene u. Dirne: Chiffren d. Dichterexistenz u. d. Poesie in CBs lyr. Werk«, Recherches Germaniques 9 (1979), 141–159. *R. Fertonani:* »Zu einem Gedicht in italienischer Sprache in CBs ›Godwi‹«, BdK, 25–32. *D. Lüders:* »Alles ist ewig im Innern verwandt«, BdK, 135–162. *J. Link:* »Das lyr. Gedicht als Paradigma d. überstrukturierten Textes«, Literaturwiss. Grundkurs 1 (Reinbek, 1981), 192–219. *W. Frühwald:* »Romant. Lyrik im Spannungsfeld v. Esoterik u. Öffentlichkeit«, Neues Handb. d. Literaturwiss. I, hrg. v. K. R. Mandelkow (Wiesbaden, 1982), 355–392. *U. Matthias:* Kontextprobleme d. Lyrik CBs (Frankfurt, 1982.) = Europ. Hochschulschr., R. 1, Bd. 432. *W. Jung:* »›Es ist Gebrauch seit langer Zeit‹. Ein unbek. Gelegenheitsgedicht CBs«, JbFDH (1983), 171–212. *K. Küppers:* »›So werde die Emilia ein Vorbild für Othilia‹«, JbFDH (1983), 147–170. *W. Frühwald:* »Die artistische Konstruktion d. Volkstones«, Gedichte u. Interpretationen, Bd. 3, hrg. v. W. Segebrecht (Stuttgart, 1984), 268–279. = Reclams UB 7892. *W. Hinck:* »Aufhebung d. erzählerischen i. d. lyr. Imagination«, ebenda, 216–226.

Vor- und Nachworte in Gedichtausgaben (Auswahl. Vgl. I/3.A).

S. Brentano/R.A. Schröder: CB. Ausgewählte Gedichte (Berlin, 1943). *C. Hohoff:* CB. Ausgew. Werke (München, 1948). *H.M. Enzensberger:* CB. Gedichte, Erzählungen, Briefe (Frankfurt, 1958). *O. Heuschele:* CB. Gedichte, Erzählungen, Märchen (Zürich, 1958). *P. Requadt:* CB. Gedichte (Stuttgart, 1962). *W. Vordtriede:* CB. Gedichte (Frankfurt, 1963). *W. Flemmer:* CB. Ausgew. Werke (München, 1963/64). *G. Harlaub:* CB. Werke in einem Band (Hamburg, 1964). *W. Frühwald:* CB. Gedichte (Hamburg, 1968). *F. Kemp:* CB. Werke I (München, 1968).

Zu einzelnen Werken.
Romanzen vom Rosenkranz (RvR).

M. Morris: Einleitung zu CB. RvR (Berlin, 1903), i–lxxix. *V. Michels:* »CB. RvR, hrg. v. M. Morris«, Euphorion 11 (1904), 751–780. *Ders.:* Einleitung zu RvR. CB. Sämtl. Werke, hrg. v. C. Schüddekopf, Bd. 4 (München/Leizig, 1910), vii–lxxvi. *G. Müller:* Bs »RvR« (Diss. Göttingen, 1922). *A. W. Porterfield:* »The Romantic: CB's ›RvR‹«, JEGPh 32 (1933), 335–365. *G. Reichardt:* Die innere Form der »RvR« von CB

(Freiburg/Schweiz, 1934). *K. Eigl:* CBs RvR. Eine verskünstlerische Kritik (Diss. Wien, 1936). *A. Zahn:* Motiventsprechungen in CBs RvR u. in seinen Märchen (Diss. Frankfurt, 1939). *H. Bauer:* Die Deutung d. seelischen Lebens in CBs »RvR« (Diss. Marburg, 1947). *H. A. Korff:* Geist d. Goethezeit (Leipzig, 1953), Bd. 4: 453–470. *M. Clauß:* Struktur u. Funktion d. Bildlichkeit in Bs »RvR« (Diss. Heidelberg, 1958). *J. Nettesheim:* »Rosensymbolik in CBs ›RvR‹«, Antaios 3 (1962), 357–366. *S. Piringer:* CBs »RvR« u. ihre Beziehung zur Kabbala (Diss. Graz, 1964). *W. Hoffmann:* »Die ›RvR‹«, CB. Leben u. Werk (München, 1966), 242–255. *N. Reindl:* »RvR«, Die poetische Funktion d. Mittelalters in d. Dichtung CBs (Innsbruck, 1976), 72–178.

Abendständchen.
H. Rüdiger: »Über zwei Lieder Bs«, Deutschunterricht f. Ausländer 2 (1952/53), Bd. 1: 9–12. *A. Schöne:* »CB. ›Abendständchen‹«, Die dt. Lyrik (Düsseldorf, 1956), Bd. 2: 11–18.

Alhambra.
W. Fraenger: CBs »Alhambra« (Berlin, 1935. 2. Aufl. 1964).

An den Engel in der Wüste.
R. Schneider: »An d. Engel i. d. Wüste«, Die Wende CBs (Würzburg, 1940). *R. Schneider:* Dämonie u. Verklärung (Vaduz, 1947), 164–200.

Aus einem kranken Herzen.
H. M. Enzensberger: Bs Poetik (München, 1964²), 71–78.

Der Efeu.
H. Holzamer: »CB. ›Der Efeu‹«, LJb 6 (1965), 133–139.

Der Spinnerin Lied.
E. Feise: »Problems of Lyric Form«, MLN 49 (1934), 293–301. *S. S. Prawer:* »Der Spinnerin Lied«, German Lyric Poetry (London, 1952), 121–126. *R. Alewyn:* »CB. Der Spinnerin Lied«, WW 11 (1961), 45–47. *W. Naumann:* »Der Spinnerin Lied«, Traum u. Tradition in d. dt. Lyrik (Stuttgart, 1966), 73–79. *J. Klein:* »Lyrische Fabel u. ästhetisches Paradigma«, Sprachkunst 5 (1974), 17–26. *L. Kirchberger:* »Bs ›Der Spinnerin Lied‹«, Monatshefte 67 (1975), 417–424. *P. Finke:* »Kritische Überlegungen zu einer Interpretation R. Alewyns«, Interpretationsanalysen (München, 1976), 16–39. *H. J. Schrimpf:* »Nachtrag zu Bs ›Der Spinnerin Lied‹«, Wissen aus Erfahrungen (Tübingen, 1976), 384–391.

Der Traum der Wüste.
H. M. Enzensberger: Bs Poetik (München, 1964²), 53–70.

Des Knaben Wunderhorn (DKW). Vgl. auch Angaben in der HKA und II/3 oben (Verh. z. d. Künsten).
R. Steig: »Zu den klein. Schriften d. Brüder Grimm«, ZsfdPh 29 (1897), 198. *W. E. Oeftering:* »Bald gras' ich am Neckar . . . Eine Wunderhorn-Plauderei über Augusta Pattberg«, Pfälzisches Museum 46 (1929), 142–

146. *O. Mallon:* »Plan einer Neubearbeitung d. Wunderhorns«, Germania (17. Mai 1930). *H. Schewe:* »Philipp O. Runge. Beiträge z. Wunderhorn«, Niederdt. Zs. f. Volkskunde 9 (1931), 217–220. *Ders.:* »Neue Wege zu d. Quellen des ›Wunderhorns‹«, Jb. f. Volksliedforschung 3 (1932), 120–147. *Ders.:* »Württemberg u. Wunderhorn«, Württemberg (1933), 15–26. *O. Mallon:* »Goethe u. DKW«, Philobiblon 7 (1934), 315–323. *F. O. Schulz:* »DKW. CB zum 100. Todestag«, Der dt. Schriftsteller 7 (1942), 78–79. *B. Ulmer:* »The ›Wunderhorn‹ and the Oldenburger Horn«, MLQ 10 (1949), 281–289. *I. M. Boberg:* »DKW – Oldenburgerhornet«, Festskrift til L. L. Hammerich (Kopenhagen, 1952), 53–61. *A. Schmidt:* »Stand d. Bearbeitung des Wunderhorn-Materials im Nachlaß R. Baier«, ZsfdPh 73 (1954), 237–239. *Ders.:* »Eine Königsberger Einsendung zum Wunderhorn«, Korrespondenzblatt d. Vereins f. niederdt. Sprachforschung, H. 1 (1954), 30. *Ders.:* »Ein Stralsunder Fund zu d. Quellen des Wunderhorns«, Dt. Jb. f. Volkskunde 1 (1955), 224–239. *H. Kassowitz:* Das Wunderhornlied »Die Konstruktion der Welt« in seinem Verhältnis zu den Paradeisspielen (Diss. Wien, 1956). *H. Schewe:* »Vorauswort zu einer hist.-krit. u. an Hand d. Originalquellen kommentierten Wunderhorn-Ausgabe«, Dt. Jb. f. Volkskunde 2 (1956), 51–72. *H. v. Müller:* »DKW. Zur Entstehungsgeschichte d. Werkes«, Philobiblon 2 (1958), 82–104. *H. Plard:* »Le ›Wunderhorn‹ en musique«, EG 15 (1960), 361–363. *W. Naumann:* »Das Rautensträuchlein aus DKW«, WW 12 (1962), 288–292. *A. Henkel:* »Über DKW«, Ruperto-Carola 15 (1963), 99–109. *H. Schewe:* »Jacob Grimms Wunderhornbriefe«, J. Grimm. Zur 100. Wiederkehr seines Todestages (Berlin, 1963), 124–130. *H.-H. Krummacher:* »Vorgangshaft-erzählende ›als ob‹-Figuren in DKW«, Das »Als ob« in der Lyrik (Köln/Graz, 1965), 46–50. *H.-G. Thalheim:* »DKW«, Deutschunterricht (Berlin) 19 (1966), 601–618, 673–683. *M. Gsteiger:* »DKW«, Poesie u. Kritik. Betrachtungen über Literatur (1968), 29–34. *H. Rölleke:* »Die Auseinandersetzung CBs mit J. H. Voß über DKW«, JbFDH (1968), 283–328. *Ders.:* »Arnim oder B. Anonyme Anzeigen zu DKW«, LJb 12 (1971), 359–362. *Ders.:* »Die Titelkupfer zu DKW«, JbFDH (1971), 123–131. *Ders.:* »Ein bisher anonym überliefertes Gedicht CBs u. seine mutmaßlichen Quellen«, JbFDH (1971), 132–142. *Ders.:* »Forsters ›Frische Teutsche Liedlein‹ u. DKW«, LJb 12 (1971), 351–358. *Ders.:* »J. Kerner, L. Uhland u. DKW«, Fs. f. Fritz Tschirch (Köln, 1972), 278–289. *V. Hoffmann:* »Die Arnim-Forschung 1945–1972«, DVjS 47 (1973), DKW: 274–277. *H. Rölleke:* »Die Beiträge d. Brüder Grimm zu DKW«, Brüder Grimm Gedenken (Marburg, 1975), Bd. 2: 28–42. *Ders.:* »P. Rilla (Lessing) u. H.-G. Thalheim (DKW)«, Probleme der Kommentierung (Bonn, 1975), 121–143. *Ders.:* »H. v. Hofmannsthal u. DKW«, JbFDH (1976), 439–453. *B. Gajek:* »Philologie als Aufklärung«, Schweizer Monatshefte 58 (1978), 539–542. *A. Krättli:* »Die ›übelangeschriebenen‹ Lieder. DKW«, Schweizer Monatshefte 58 (1978), 527–538. *H. M. Kastinger Riley:* »DKW«, Achim v. Arnim (Reinbek, 1979), 44–53. *H. Rölleke:* »»Was die Alten Schönes gesungen‹«, LLZ, 11–26. *J. Stenzel:* »»Was für Wellen, was für Flam-

men‹«, JbFDH (1979), 235–236. *H. Rölleke:* »Anmerkungen zu DKW«, BdK, 276–294. *R. Hoermann:* »DKW«, Achim von Arnim (Twayne World Authors Series 722), Boston, 1984, 19–43.

Die Abendwinde wehen.
C. A. Williams: »›La rauschen, lieb, la rauschen‹ and the Stanza ›Ich hört ein sichellin rauschen‹«, JEGPh 38 (1939), 171–183. *E. Staiger:* »CB. ›Die Abendwinde wehen‹«, Gestaltprobleme der Dichtung (Bonn, 1957), 181–192. *W. Naumann:* »›Ich hört‘ ein Sichelein rauschen . . .‹«, Traum u. Tradition in der dt. Lyrik (Stuttgart, 1966), 26–37. *K. Eibl:* »Ein ›Klanggebilde‹ – beim Wort genommen«, Gedichte u. Interpretationen, Bd. 3 (= Reclams UB 7892), 408–420.

Einsiedlerin.
H. Rölleke: »›Zeit bringt Rosen‹. Anmerkungen zu einem Sprichwort in Bs Gedicht ›Die Einsiedlerin‹«, Aurora 37 (1977), 107–114. *Ders.:* ›Bs Gedicht ›Die Einsiedlerin‹« Nebeninschriften (1980), 106–115.

Frühlingsschrei eines Knechtes.
H. Tucker: »CB. The Imagery of Despair and Salvation«, MLQ 14 (1953), 284–297. *C. Hohoff/A. de Haas:* »Frühlingsschrei«, Wege zum Gedicht (München/Zürich, 1956), Bd. 1: 199–207. *W. Frühwald:* »Der Bergmann in d. Seele Schacht«, Gedichte u. Interpretationen 3 (= Reclams UB 7892), 434–450.

Hörst du, wie die Brunnen rauschen.
B. A. Rowley: »An Analysis of CBs ›Hörst du‹«, GLL 5 (1951/52), 188–190. *R. Lorbe:* »Wechselseitige Erhellung d. Künste im Deutschunterricht«, Deutschunterricht 7 (1955), H. 4:20–41.

Ich kenn' ein Haus, ein Freudenhaus.
M. Preitz: CBs Freudenhaus-Romanze (Frankfurt, 1922. Neudruck, Bern, 1969). *W. Hinck:* Die dt. Ballade von Bürger bis Brecht (Göttingen, 1968), 35–39.

In Liebeskampf? In Todeskampf gesunken?
H. M. Enzensberger: »CB. Verzweiflung an der Liebe in der Liebe«, Mein Gedicht (Wiesbaden, 1961), 32 ff.

Jägerlied.
O. Seidlin: »Bs Jägerlied«, Euphorion 70 (1976), 117–128. *W. Vordtriede:* »Ein Sonett Petrarcas als mögliche Quelle für CB«, CG 10 (1976/77), 41–47.

Lieb und Leid im leichten Leben.
W. Killy: »›Frühes Liedchen‹ von CB«, Begegnung mit Gedichten (Bamberg, 1967), 138 ff.

Loreley.
E. Beutler: »›Der König in Thule‹ u. die Dichtungen von der Lorelay«, Essays um Goethe (Wiesbaden, 1947), Bd. 2: 307–369. *R. Ehrenzeller-*

Favre: Loreley. Entstehung und Wandlung einer Sage (Zürich, 1948).
R. Buck: »›Die Lorelei‹«, Deutschunterricht, H. 3 (1950), 24–33. *E. Wolf:* »Apollinaire u. die ›Lore Lay‹ Bs«, Revue de littérature comparée 25 (1951), 468–479. *N. I. Balašof:* »Struktura stixotvoreni ja B ›Loreleja‹ i neformal'nyj analiz«, Filologiskie nauki 6, 3: 93–107. *W. Krogmann:* »Lorelei. Geburt einer Sage«, Rhein.-westfäl. Zs. f. Volkskunde 3 (1956), 170–196. *E. Essen:* »Lore Lay«, Wege zum Gedicht (München/ Zürich, 1964), Bd. 2: 240–249. *W. Müller-Seidel:* »Die dt. Ballade«, Wege zum Gedicht (München/Zürich, 1964), Bd. 2: 49 ff. *K.-D. Krabiel:* »Die beiden Fassungen von Bs ›Lureley‹«, LJb, NF 6 (1965), 122–132. *H.-H. Krummacher:* Das »Als ob« in der Lyrik (Köln/Graz, 1965). *R. Minder:* »Bs Lore Lay«, Insel-Almanach auf d. Jahr 1965, 23–30. *H. Politzer:* »Das Schweigen der Sirenen«, DVjS 41 (1967), 444–467. *H. Pongs:* »Die romantische Ballade«, Das Bild in der Dichtung (Marburg, 1969), Bd. 3: 116–117. *J. Kolbe:* Ich weiß nicht was soll es bedeuten. H. Heines Loreley (München, 1976/77). *W. Bellmann:* »Bs Lore Lay-Ballade«, BdK, 1–9. *F. R. Lachmann:* »Ich weiß nicht, was soll es bedeuten«, New Yorker Staats-Zeitung u. Herold, Wochenend-Magazin (3./4. Okt. 1981), C-1.

Mosel-Eisgangs-Lied.
B. Gajek: »Das Mosel-Eisgangs-Lied (1830)«, Homo poeta (Frankfurt, 1971), 299–346. *H.-J. Schmidt:* CB. 1778–1842. Ein Führer durch die Ausstellung in d. Stadtbibliothek Koblenz, Bl. 86–110.

O Herr nimm von mir.
H. Rölleke: »Ein bisher anonym überliefertes Gedicht CBs u. seine mutmaßlichen Quellen«, JbFDH (1971), 132–142.

O schweig nur Herz.
H. M. Enzensberger: Bs Poetik (München, 1964²), 23–39. *S. Sudhof:* »Bs Gedicht ›O schweig nur Herz‹«, ZsfdPh 92 (1973), 211–231. *H. Henel:* »CB. Zwei enigmatische Verse«, Aspekte d. Goethezeit (Göttingen, 1977), 255–272. *H. Schultz:* »Bs ›Wiegenlied eines jammernden Herzens‹«, JbFDH (1977), 350–363.

Schweig Herz! Kein Schrei!
G. D. Greenway: »Schweig Herz! Kein Schrei! von CB«, Monatshefte 66 (1974), 166–172.

Singet leise, leise, leise (Wiegenlied).
B. Blume: »›Murmeln, flüstern, rieseln‹: Zur Enstehung von CBs ›Wiegenlied‹«, MLN 75 (1960), 596–602. *W. Kayser:* »›Wiegenlied‹ von CB«, Begegnungen mit Gedichten (Bamberg, 1967), 64 ff.

Sprich aus der Ferne.
H. Henel: »Bs Gedicht ›Sprich a. d. Ferne‹. Dazu etwas über Keats u. Baudelaire«, Goethezeit, hrg. v. G. Hoffmeister (Bern, 1981), 313–330.

Was reif in diesen Zeilen steht.
K. Togawa: »C. Burentano no Hyogo«, Jochi-Daigaku Doitsu Bunga-
ku Ronshu (= Beitr. z. dt. Lit., hrg. v. d. Germanisten-Vereinigung d.
Sophie Univ.) 3 (1966), 1–19. *A. Bennholdt-Thomsen:* Stern und Blume
(Bonn, 1967). *M. Schmidt-Ihms:* »Anmerkungen zu CBs ›Eingang‹«,
Acta Germanica 3 (1968), 153–165. *E. Stopp:* »Bs ›O Stern u. Blume‹: Its
Poetic and Emblematic Context«, MLR 67 (1972), 95–117. *G.-K. Kal-
tenbrunner:* »›O Stern u. Blume, Geist u. Kleid . . .‹. Zum 200. Geburtstag d. Dichters CB«, Schweizer Rundschau 77 (1978), 22–24. *G. Lübbe-
Grothues:* »CB. ›Was reif in diesen Zeilen steht‹«, JbFDH (1982), 262–
276. *E. Tunner:* »Die geheime heilige Geschichte des Herzens«, Gedichte u. Interpretationen, Bd. 3, hrg. v. W. Segebrecht (Stuttgart,
1984), 421–433. = Reclams UB 7892.

Weberlied.
H. M. Enzensberger: Bs Poetik (München, 1964²), 41–51. *R. Hunter:*
»CBs ›Wenn der lahme Weber träumt‹ u. das Problem d. Sprachver-
fremdung«, GRM 19 (1969), 144–152. *H. Henel:* »Nochmals: Bs Weberlied«, Euphorion 72 (1978), 421–438.

Wenn die Augen brechen.
A. Langen: »CB. Schwanenlied«, Die dt. Lyrik, (Düsseldorf, 1956),
Bd. 2: 39–49.

2. Prosa.

a. Forschungsüberblick

Godwi, als der einzige fertiggestellte Roman Bs, nimmt eine
besondere Stellung im Gesamtwerk ein. 1801 in zwei Teilen erschienen, fand der »verwilderte Roman« sofortigen Widerhall
bei zeitgenössischen Dichtern und Kritikern. Eine gute Zusammenfassung von Inhalt und kritischem Nachhall sowie eine kurze Analyse bringt J. Fetzer in seiner B-Monographie. B. Gajeks
Forschungsbericht faßt die Ergebnisse von vier neueren Untersuchungen zusammen. Sie gehören gleichzeitig zu den wichtigsten Richtungen, die die *Godwi*-Kritik eingeschlagen hat. H. D.
Hayer sucht die frühromantischen Elemente des Romans (darunter den Einschub von biographisch-autobiographischem Material, Wahl der Bildlichkeit, Perspektivenwechsel durch die
dem Briefroman eigentümliche Technik, usw.) mit dem Termi-
nus »Subjektivismus« zusammenzufassen, wogegen G. Storz
im Kompositionsprinzip »ein System« spiegelbildlicher Ent-
sprechungen (441) sieht. M. Schuller geht strukturanalytisch
vor, indem sie die im Roman angelegte Gegenüberstellung von
Kunst (Vers, Bildlichkeit) und Natur (Prosa, Wirklichkeit) als

Grundproblematik hervorhebt und in der fiktionalisierten Kunstlosigkeit eine Form der Ironie erkennt. Das Autobiographische »in der Form« behandelt S. Mittag, die unter Berücksichtigung des Ironischen das Individuelle des Autors mit dem typisch Romantischen in Einklang bringt. Mit der Erzähltechnik (Parodie) beschäftigt sich B. Anton.

Die HKA (Bd. 16) macht Angaben zur Sekundärliteratur und gibt weitgehend Auskunft über Entstehungs- und Rezeptionsgeschichtliches in Briefzitaten und anderen wichtigen Materialien (z. B. Arnims ungedruckten *Godwi*-Beitrag). Kritisch besprochen werden auch literarische Einflüsse, von denen meist Goethes »Wilhelm Meister«, Tiecks »Franz Sternbald« und Schlegels »Lucinde« genannt werden. Bereits C. Schlegel hat auf Ähnlichkeiten zwischen Bs und Jean Pauls Erzählweise hingewiesen. Daneben erfaßt die HKA auch noch Autobiographisches und Selbstkritisches im Roman. Die Vielfalt der Beziehungen zu und Beeinflussung durch ältere und zeitgenössische Literatur ist nicht völlig geklärt.

Unter den kleineren Prosaschriften Bs gibt es solche, die bisher entweder gar nicht, oder nur ungenügend behandelt worden sind. Dazu gehört das von Gajek (Homo poeta, 471–472) erstmals veröffentlichte Fragment über eine »ideale Periode der Staaten«, das nach Gajek nicht vor dem Sommer 1802 entstanden ist. Er stellt in dem Fragment eine starke Beeinflussung durch Novalis fest. Im Zusammenhang mit der Erkenntnis von Bs kontaminativem Verfahren und dem Schaffens-»Dialog« zwischen ihm und Arnim, scheint B. aber weitaus mehr Anregungen aus Arnims erst 1976 veröffentlichter Abhandlung »Das Wandern der Künste und Wissenschaften« entnommen zu haben.

Auch der unvollendete zweite Roman *Der schiffbrüchige Galeerensklave vom todten Meer* (1811), der erst 1949 mit einem Nachwort von W. Rehm veröffentlicht wurde, hat kaum Interesse gefunden. Lediglich die Publikation von E. Tunner, erregte Aufsehen, da sie einen bedeutenden Fehler der Rehm- und Kemp-Editionen berichtigen konnte. Das Prosafragment mit eingeschobenen Gedichten, *Der Sänger,* veröffentlicht 1801 in S. Mereaus »Kalathiskos« (I, 151–224), wurde zwar unter Zeitgenossen viel diskutiert, ist aber seither in Vergessenheit geraten. Ansatzweise sind hier schon viele Motive vorhanden, die B später weitläufiger verarbeitet hat. Ob das anschließende »Fragment eines Briefes über Wilhelm Meisters Lehrjahre. 1799« (I, 225–238) von B stammt ist fraglich und bedürfte einer genaueren Untersuchung.

Diese Sachlage verdeutlicht ein großes Problem in der B-Forschung: die Einseitigkeit, mit der mangels passender theoretisch-kritischer Prämissen einzelne Gedichte, Verse, Motive und Symbole in Bs Dichtung immer wieder behandelt werden, während andere Texte, die sich gattungsmäßig oder stilistisch nicht so leicht einordnen lassen, weitgehend unbeachtet bleiben. Hier wäre etwa die 1807 zusammen mit Görres verfaßte *Wunderbare Geschichte von Bogs dem Uhrmacher* zu nennen, die – wohl ihrer satirisch-ironischer Ausdrucksweise wegen – in der Kritik wenig Verständnis gefunden hat. Das Gemisch von Absurdität, Surrealismus, Realismus mit wortspielerischen und satirischen Sprach- und Stilelementen ist typisch für Bs Witz und deshalb schwer erfaßbar. F. Apel verweist in seiner »Theorie des Blödelns« (Die Phantasie im Leerlauf) auf eine Möglichkeit der methodischen Erschließung solcher Werke. Der wichtigste Aufsatz zu *Bogs* ist eine Analyse von E. Stopp mit dem Titel »Die Kunstform der Tollheit«.

Aus den kleineren Prosabeiträgen – wie jenen zu Arnims »Trösteinsamkeit« – sei die Satire *Der Philister vor, in und nach der Geschichte* (1811) hervorgehoben. Sie ist nicht nur von zeitgeschichtlichem Interesse, sondern thematisiert Motive und Fragestellungen, die auch in der Novelle *Geschichte vom braven Kasperl und dem schönen Annerl* auftauchen (vgl. Rölleke, Die gemästete Gänseleber). E. Morgan bespricht die Satire im sozial- und kulturpolitischen Zusammenhang. Gajeks Forschungsbericht weist auf die noch zu untersuchenden thematischen und wirkungsgeschichtlichen Probleme hin. Zwei Themenkomplexe sind noch völlig unbearbeitet geblieben: Die Stellung des Juden im klassisch-romantischen Bereich und die Figur der Hure und des »Huren-Indults«. Das letztgenannte Motiv wird nicht nur in Bs Satire, sondern auch in Arnims Werk wiederholt aufgegriffen.

Relativ wenig Interesse wurde in der B-Forschung auch dem Fragment der *Chronika des fahrenden Schülers* entgegengebracht, mit dem sich B zwischen 1802 und 1806 beschäftigte. Auch die ebenfalls nur in Bruchstücken erhaltene spätere Fassung *Aus der Chronika eines fahrenden Schülers*, die 1818 in dem Almanach »Sängerfahrt« erschien, blieb nahezu unbeachtet. Die »Urfassung« wurde zuerst von W. Kreiten, S. J. veröffentlicht (1880/81), dann durch die authentischere Version von J. Lefftz vervollständigt (1923). 1971 erschien E. Stopps Neuausgabe bei Reclam. Außerdem gibt es einige Texte in der Sekundärliteratur, die sich am Rande auf die *Chronika* beziehen.

Stopp vergleicht im Nachwort die Struktur der Urfassung mit dem *Godwi*. I. Mittenzwei greift die Prämissen der Vorgängerin heraus und vertieft sie in ihrem Beitrag zum B-Kolloquium. Während Stopp in einem weiteren Aufsatz (Bs Chronika and its Revision) beide Fassungen untersucht und zu dem Schluß kommt, daß es sich bei der Zweitfassung um ein radikal neues Werk mit einer völlig neuen Weltanschauung handele, interpretiert M. Huber ausschließlich die Urfassung unter psychoanalytischem Aspekt. Der Frage, ob sich die Fragmente dem Genre der Chronik einordnen lassen, gehen A. Kathan und N. Reindl nach. Kathan sieht in der Urfassung ein in sich geschlossenes Fragment, dessen Thematik von Sünde und Erlösung sich in der Realität ständig wiederholt und das daher unvollendet bleiben mußte. In diesem Sinne ist es dem Konzept der progressiven Universalpoesie verbunden. Reindl untersucht sowohl den Zusammenhang der *Chronika* mit Bs eigenem Werk (z. B. dem 1800 erschienenen Fragment *Die Rose,* einer stofflichen Bearbeitung des französischen »Roman de Perceforest«) und Hartmann v. Aues »Armen Heinrich«. Indem er auch andere Quellen in Betracht zieht, kommt Reindl zu dem Schluß, daß Struktur und Perspektive der *Chronika* das Mittelalter nicht historisch wiedergeben wollen, sondern es enthistorisieren, poetisieren und verfremden. Die »mittelalterliche und chronikalische Einkleidung« hat »die Funktion der Chiffrierung« (71), die eine Selbstdarstellung Bs verdecken soll. J. Fetzer (CB) liefert ebenfalls eine kurze, aber kohärente und zusammenfassende Analyse der *Chronika.*

G. Kluges Aufsatz (CBs Erzählungen a. d. J. 1810–1818) widerspricht der allgemein akzeptierten Auffassung von Bs Sprachkrise, indem er die Fülle der Prosawerke hervorhebt, die in dem angegebenen Zeitraum entstanden und gedruckt worden sind: »Eine Bilanz, die sich sehen lassen kann und dennoch übersehen worden ist« (103). Kluge untersucht Struktur, Thematik und das Verhältnis der Erzählungen zueinander und findet mehrere Gemeinsamkeiten (wie Rahmenerzählungen mit Ich-Erzähler in den Binnengeschichten usw.). Behandelt werden *Die drei Nüsse,* der *Arme Raimondin,* die *Schachtel mit der Friedenspuppe,* die *Mehreren Wehmüller,* die *Chronika* und *Kasperl und Annerl.* Von diesen hat die letztgenannte Novelle bei weitem das meiste kritische Interesse erregt. Diese in vier Tagen niedergeschriebene Geschichte ist in der Serie »Literatur-Kommentare« (Hanser Verlag) durch G. Kluge eingehend erläutert worden, der auch die Sekundärliteratur bis 1978 nachweist. Erwähnenswert sind noch J. MacNaughtons und M. Kauffmanns Arbeiten, G. Seidels Nachwort zu der von Kluge angeführten Einzelausgabe von 1974, sowie M. Swales' und P. Horwaths Aufsätze. Noch kaum untersucht ist das thematische, manchmal bis zum Wortspiel reichende Wechselspiel zwischen den »Kriegsnovellen« Arnims und Bs (Arnims »Melück Maria Blainville«, »Der tolle Invalide« und Bs *Schachtel mit der Friedenspuppe* und *Kasperl und Annerl*).

Die übrige Prosa Bs wird in der Sekundärliteratur kaum thematisiert. H. Gartz' unveröffentlichte Dissertation behandelt die Novelle *Die Schachtel mit der Friedenspuppe*, die auch J. Körner in einer sehr kurzen Notiz erwähnt. *Die mehreren Wehmüller*, die das in romantischen Novellen oft verwendete Doppelgänger- und Verkleidungsmotiv gestaltet, wurde wegen ihrer das ungarische Volk betreffenden Thematik von G. Kunszery besprochen. Ebenfalls ethnisch orientiert ist A. Heltmanns Aufsatz. Außer in R. Imelmanns längerem Essay sind *Die drei Nüsse* nicht eingehend behandelt worden, obwohl ihr Grundthema eines jener »orakelartigen Fragen und Sprüche« (Gajek, Homo poeta, 272) ist, das für die strukturelle Gestaltung so vieler Bscher Werke kennzeichnend ist.

b. Kommentar zu einzelnen Werken

Godwi

Mancher junge, an der deutschen Literatur interessierte Student, der mit Bs Roman in die Epoche der Romantik eingeführt wurde, hat den ursprünglichen Wissensdurst schnell mit abfälliger Kritik gegen alles Romantische vertauscht. Der Grund hierfür liegt in der starken Zeitgebundenheit des Romans, der nicht wie viele andere romantische Prosastücke (auch von B) allgemein menschliche Probleme behandelt und daher zeitlose Gültigkeit besitzt. *Godwi* ist die Selbstdarstellung eines unreifen, literarisch ehrgeizigen, witzelnden und vorwitzigen, jedoch gleichzeitig gesellschaftlich unsicheren Jugendlichen auf der Suche nach sich selbst. Die Fabel dieses Bildungsromans besteht hauptsächlich in der Schilderung von verwickelten Liebes- und Verwandtschaftsverhältnissen, die sowohl die Abenteuer von Godwi, dessen Vater und diverser anderer Romanfiguren umfaßt. Die geheimnisvollen verwandtschaftlichen Beziehungen werden dem Leser erst nach und nach klargemacht – ein aus dem Trivialroman der Zeit entlehntes Mittel, die Aufmerksamkeit des Lesers zu fesseln, das seine Wirkung längst eingebüßt hat. Es ist kaum zu verwundern, daß *Godwi* »bei der Mehrheit der zeitgenössischen wie der späteren Kritiker [. . .] auf scharfe Ablehnung gestoßen« ist (W. Bellmann, AK, 128).

F. Schlegel, dessen »Lucinde« wegen der darin geschilderten und gepriesenen außerehelichen sexuellen Verbindungen ebenfalls der zeitgenössischen Kritik scharf ausgesetzt war, fand Bs *Godwi* auch tadelnswert. Am 26. Nov. 1801 schrieb er ihm, mit dem Roman sei er »in das Gebiet der Unsauberkeit geraten«, wo die »Absicht auf eine heitre Ausgelassenheit geht oder doch gehn sollte«. Rückblickend faßt J. v. Eichendorff zusammen, was am *Godwi* Entrüstung erregte, und was den Roman gleichzeitig für die Literaturwissenschaft so interessant macht:

»Dieser Roman enthielt schon damals (1801 und 1802) ungefähr alle Elemente, womit die jetzige Literatur als mit neuen Erfindungen prahlt: Weltschmerz, Emanzipation des Fleisches und des Weibes und revolutionaires Umkehren der Dinge. Und dennoch ist er wieder gänzlich verschieden von jener neuesten Literatur. Denn einmal klingt auch im Godwi in den einzelnen eingestreuten Volksliedern überall schon ein tieferer, ja religiöser Ernst fast sehnsüchtig hindurch; und sodann überkommt den Dichter selbst mitten in dieser Verwirrung die tödlichste Langeweile, Ekel und Abscheu davor, und er vernichtet sofort, was er im ersten Band geschaffen, im zweiten Bande schonungslos wieder durch die bitterste Ironie.« (»Ueber die ethische und religiöse Bedeutung der neueren romantischen Poesie«, 1847).

Mit der Kritik an den Jungdeutschen und an der Literatur des Vormärz hebt Eichendorff gleichzeitig das Avantgardistische der Frühromantik hervor und betont jene religiöse Konstante in Bs Schaffen, die sich nicht nur nach der »Wende« manifestiert, sondern sich schon im Frühwerk bemerkbar macht. Die spätere Forschung hat dies oft übersehen.

Die anderen, von Eichendorff erwähnten Aspekte, die *Godwi* dem typisch Romantischen zuordnen (Ironie und Gattungsvermischung), sind bereits oft besprochen worden. Die Gestaltung als Briefroman mit verschiedenen Briefschreibern erlaubt auch eine mehrfache Perspektive des Erzählten. Dieser formale Kunstgriff wird B u. a. vom Werk seiner Großmutter S. Laroche bekannt gewesen sein, die ihn in ihrem Roman »Die Geschichte des Fräuleins von Sternheim« verwendete. Von Interesse dürfte dabei auch am Rande sein, daß C. M. Wieland für die Veröffentlichung beider Werke maßgeblich war. Laroches Roman kam ursprünglich unter Wielands Decknamen heraus, während sich B offensichtlich sogar gegen die vom Verleger Wilmans vorgeschlagene Vorrede Wielands sträubte. Letzterer hatte Wilmans am 3. April 1800 mit folgenden Worten den ersten Band des *Godwi* empfohlen:

»Es ist der erste Theil eines Romans, der mit großer Raschheit der Handlung, viel Genialität, feines Gefühl, Wizz, Geist und Raisonnements, ungetheiltes Interesse der Ansicht, und einen durchaus neuen, scharfen und originellen Umriß der Darstellung verbindet. Der erste Theil endet mit einer ganz eignen Spannung des Lesers auf die Folge, welche bei den Schritten, die mein junger Freund mit seiner großen Liebe zur Kunst sicher erst indeß vorwärts thun wird, den ersten Band noch übertreffen und das ganze in einer schönen Ruhe und Gleichmuth vollenden wird.«

Der greise Familienfreund legte damit ein diplomatisch formuliertes, positives Urteil ab, das geschickt die Vorzüge des Werkes hervorhob. Allerdings irrte er, wenn er Ruhe und Gleichmut vom zweiten Teil des *Godwi* erhoffte. B treibt statt dessen das Spiel mit dem Leser auf die Spitze, indem er den fiktiven Dichter Maria sich selbst als Romanfigur einführen läßt, der dann den Helden aufsucht. Ironisch wird der bereits fertiggestellte erste Teil, dessen Entstehung, und die noch zu leistende Fortführung des Romans diskutiert. Der Held Godwi schlägt dann einen Plan für die Fortsetzung vor, der auch befolgt wird, und aus dem sich die divergierenden Handlungsstränge ergeben (die Schilderung von Godwis und Marias gemeinsamem Leben; und die Geschichte Godwis und seiner Eltern). Schließlich berichtet die Romanfigur vom Tod seines Dichters Maria, womit sich der Roman selbst »aufhebt«.

Illusionszerstörung, Perspektivenwechsel, Einschübe von Volksliedern, novellenartigen Erzählungen und autobiographischem Material, sowie der für B so typische wortspielerische Witz, machen *Godwi* zu einem Roman, der stark an den poetologischen Theoremen F. Schlegels orientiert ist. Daneben enthält er aber auch die ersten Beispiele der für B so durchlaufend kennzeichnenden kontaminativen Arbeitsweise: Beiträge von Freunden werden eingefügt (darunter Winkelmanns Nekrolog und wahrscheinlich einige ihm zuzuschreibende Gedichte), Eigenes wird später leicht abgewandelt anderswo wieder verwendet (z. B. das Gedicht »Die lustigen Musikanten«, das zur Keimzelle des im November 1802 geschriebenen Singspiels wurde), und bestimmte Szenen oder Motive werden im fraternalen Schaffensprozeß mit Freunden ähnlich, aber mit leicht geänderter Perspektive verarbeitet.

Zu letzteren Beispielen gehört die im 2. Teil des *Godwi* eingefügte Beschreibung des Bildes von Annonciata, die Züge von Bs

Schwester Bettina trägt. Die Jungfrau Annonciata wird in dem allegorischen Gemälde in »einer Umgebung, dem Spiegel ihrer Seele« gezeigt. Godwi erklärt die Allegorik des Bildes, einem Naturschauspiel, in dem Tag und Nacht um die Macht ringen, und das gleichzeitig Abbild von Annonciatas Seele ist:

»sie will nichts, sie wird gewollt; das Leben verlangt sie; von allen Seiten glüht Liebe und Lust zu ihr hin; alle Blätter gießen ihre hoffenden Flammen über sie aus [. . .] Sie selbst atmet nur, sie ist nicht gefangen in diesem wunderbaren Kampfe der Liebe; in ihrem Herzen ist Andacht, und ihr Antlitz ist Gebet.

Annonciata ist »nicht für die Erde [. . .] wer löst dir die Zauberei des Frühlings, wer löst dir dein Herz? das in Sehnsucht bricht?« (Godwi, 2. Teil, Kap. 20). Sie ist eine Angehörige zweier Welten: irdisches Geschöpf, aber auch verklärtes, vergeistigtes Wesen. Ein Pfau, Sinnbild ihrer Doppelexistenz, ergänzt das Bild. Er reckt seinen Hals der Sonne entgegen, aber die Pfauenaugen seines Schweifs blicken »nach den Sternen, die still am Himmel heraufblühen«.

Die erst kürzlich veröffentlichte Handschrift eines allegorischen Balletts von Arnim, dessen Hauptfigur ebenfalls den Namen Annonciata trägt, zeigt eine ähnliche Szenensetzung. Das Mädchen befindet sich in einem Zaubergarten mit der gleichen üppigen Vegetation, wie sie im Godwibild beschrieben ist. Irdische und überirdische Gestalten kämpfen um sie, während sie selbst, in wechselnd ruhigem, dann wieder leidenschaftlichen Tanz, bald dieser bald jener Sphäre verfällt. Auch Arnims Annonciata ist passiv und nicht erdgebunden; auch ihr Symbol ist der Pfau: »wie ein geistiger Hauch streift sie über den Boden wechselnd in Bewegungen wie in Farben der Pfau« und auch in dieser Szene ertrinkt »die brennende Sonne [. . .] zischend im Meere und der Mond lauscht mit dem Abendstern durch die Palmenblätter« (H. M. Kastinger Riley, »Frühromant. Tendenzen . . .«, JbFDH 1980, Zitat, S. 281). Bei Arnim kämpfen nicht Tag und Nacht um Annonciata, sondern Gut und Böse (ein edler Ritter und ein personifizierter Teufel), aber die Grundkomponenten von Bs Annonciatabeschreibung aus dem *Godwi* finden sich in Arnims Annonciata wieder. Die Handschrift ist nicht genau datierbar, ist aber wahrscheinlich kurz nach dem *Godwi*, Anfang 1802 entstanden. Die Um- und Abwandlung, bzw. die Neuinterpretation einer Vorlage, ist ein für die Romantik typisches Schaffensprinzip. In dem Freundschaftsverhältnis zwischen B und Arnim ist diese Art der geistigen Befruchtung besonders oft vertreten. Dies zeigt auch das folgende Beispiel.

Die Schachtel mit der Friedenspuppe

Die Kurzgeschichte entstand im Herbst 1814, während B auf dem Wiepersdorfer Gut Arnims zu Besuch war. Sie wurde einmal als Parodie von Arnims Novelle »Melück Maria Blainville« bezeichnet, ist aber weit eher eine Um- und Nachdichtung dieser Erzählung. »Melück« ist eine Novelle mit politischer Tendenz. Kurz zusammengefaßt handelt es sich in dieser stark verschlüsselten und allegorisierten Geschichte um die Rolle der Dichtung (in Melück, der morgenländischen Zauberin symbolisiert, die z. T. C. v. Günderrode nachgebildet ist) und des Adels (dargestellt in Melücks Geliebtem, Graf Saintree) in den wirren Verhältnissen nach der französischen Revolution. Die Dichtung verliert ihre Zauberkraft durch den Rationalisten Frenel, und sowohl sie wie die Institution des Adels (Melück und Saintree) verlieren ihr Leben durch den Malteser Saint Lük (der Züge Napoleons trägt). Die Nachkommen des Grafen werden von der Doppelfigur des Grafen, einer auf den Dachboden verbannten Gliederpuppe, gerettet. Diese Schattenfigur des Grafen mag Louis XVIII. versinnbildlichen, der im Exil (= auf dem Dachboden) das Bourbonenerbe zu retten trachtete.

B nimmt die Kernpunkte der Arnimschen Erzählung auf und führt sie gemäß der inzwischen etwas deutlicher gewordenen politischen Entwicklung weiter. Auch seine Erzählung ist stark symbolisiert und ist auf wenig Verständnis gestoßen. B behält Arnims Figuren Frenel und Saint Lük namentlich bei, nur wird letzterer in »St. Luce« umgewandelt. Der Bösewicht St. Luce (der wieder Züge Napoleons trägt) hat den adligen Frenel um sein rechtmäßiges Erbe gebracht und zwischen den beiden entbrennt ein Streit auf Leben und Tod um die Schachtel mit der Friedenspuppe. Diese spielte bei der ursprünglichen Enterbung Frenels eine führende Rolle und enthält eine Wachspuppe, die einen liliengeschmückten Hut trägt. Der Streit zwischen Frenel und St. Luce handelt also offensichtlich um das Bourbonenerbe, da die fleurs de lis dem Wappen der französischen Könige entstammen. In Bs Erzählung ist Louis XVIII. nicht mehr in Verbannung, wie bei Arnim, sondern das adlige Kind der französischen Aufklärung (Frenel) erhält seine Bourbonenpuppe und sein Erbe wieder zurück. St. Luce begeht als verstockter Sünder Selbstmord, hinterläßt aber im schriftlichen Testament die Klage über den nunmehrigen Auseinanderfall der irdischen Güter, die er mit soviel Mühe und Gefahr zusammengebracht hatte. Übrigens hat Arnim auch Bs Novelle wieder in seinem »Tollen Invaliden« durch Verwendung der Liliensymbolik und mit Bezugnahme auf Zitate aus Bs Geschichte weiterverarbeitet. Eine eingehendere Interpretation dieser Erzählungen und ihres Verhältnisses zueinander findet sich in einer früheren Arbeit von mir (»Kontamination und Kritik«).

Die Thematik der *Schachtel mit der Friedenspuppe* ist eines der frühen Beispiele von Bs politischem Interesse und Engagement (auch in den Arbeiten der Wiener Zeit ersichtlich), das B so oft abgesprochen wurde, und das sich später deutlicher in seinen religigionspolitischen Bemühungen manifestiert. Die enge Schaffensgemeinschaft mit Arnim, die sich schon in den oben kurz erörterten Motivparallelen aus dem *Godwi* zeigte, wird in den Um- und Nachdichtungen des Arnim-Bschen Novellenkomplexes deutlich, in dessen Mittelpunkt *Die Schachtel mit der Friedenspuppe* steht. Die meisten der für die romantische und auch für Bs persönliche Schaffensdynamik so charakteristischen Merkmale sind hier stark vertreten: die fraternale Arbeitsweise, die Kontamination des eigenen Werks durch Zitate und Übernahme von Stoff und Motiven aus dem Werk anderer, die Um- und Weiterdichtung eines vorgegebenen Stoffs, und die daraus entstehende romantische Mischform von Altem, Vorgegebenem, und Eigenem in einer Neuschöpfung. Dieser Prozeß hat mit nachlässiger Handhabung fremdem Geistesgut oder gar mit dem, was heute Plagiat genannt wird, nichts zu tun. Vielmehr ist er eine konsequente Weiterführung des Konzepts der progressiven Universalpoesie und bedarf als solcher noch einer eingehenden Untersuchung.

Die *Chronika*

Die Erzählung von Johannes, dem fahrenden Schüler, ist in zwei Versionen überliefert. Die von B selbst nicht veröffentlichte Urfassung *(Die Chronika des fahrenden Schülers)* ist seine umfangreichste Erzählung, die gleichzeitig auch seine früheste Beschäftigung mit der Kurzgeschichte ist. Obwohl Fragment geblieben, ist die Urfassung, an der B von 1802 bis 1806 oder später gearbeitet hat, ungefähr doppelt so lang wie die 1818 in der »Sängerfahrt« veröffentlichte zweite Version, die den Titel *Aus der Chronika eines fahrenden Schülers* trägt. Auch die zweite Fassung ist fragmentarisch und ist eigentlich nur mit dem ersten Drittel der Urfassung vergleichbar. Die beiden Fassungen werden daher auch meist separat besprochen.

Beiden Fassungen gemeinsam ist folgendes: wie alle Erzählungen Bs ist auch die *Chronika* eine Rahmenerzählung. Dem Rahmen, der die Ankunft von Johannes mit seinem neuen Herrn in Straßburg behandelt, wird die Kindheitsgeschichte von Johannes, dessen Mutter, bzw. (in der Erstfassung) die Geschichte »von dem traurigen Untergang zeitlicher Liebe« eingeschoben. Auch die Einfügung von Gedichten in die erzählende Prosa ist ein formales Element, das sich bei B immer wieder findet und als allgemein romantisch gelten darf.

Im Zusammenhang mit Bs anderen Werken zeigt die *Chronika* auch typische Merkmale seiner persönlichen Schaffensweise. Hierzu gehören die »Entlehnungen« (N. Reindl, 36) aus seinem Anfang 1800 veröffentlichten Fragment *Die Rose,* aus H. v. Aues »Der arme Heinrich«, und aus der älteren Limburger Chronik (»Fasti Limpurgenses«). Aus letzterer Quelle übernahm B die in der Urfassung der *Chronika* eingefügte Liedstrophe »Eines reinen guten Weibes Angesicht. . .« und sie ist auch die Grundlage für die spätere Umarbeitung der *Chronika.* Auch zum *Godwi* finden sich mehrere motivische Parallelen: fahrende Schüler sind darin Helden einer Parabel, die Mutter von Johannes hat Vorbilder in der Joduno und der Julie im *Godwi,* und das steinerne Bild des Vaters in der *Chronika* ist ein Gegenstück zum »steinernen Bild der Mutter« im *Godwi.*

Mit den *Romanzen* verbindet die *Chronika* die mittelalterliche Färbung, die nur Kulisse ist und nicht historische Fakten bieten will. Der Titel »Chronika« sowie die einleitenden Worte, »In dem Jahr, da man zählte nach Christi, unsers lieben Herrn, Geburt 1358«, sind gewählt, um Stimmung und Kolorit einer mittelalterlichen Chronik vorzutäuschen und der Erzählung einen Anstrich von Glaubhaftigkeit, Echtheit und geschichtlicher Wahrhaftigkeit zu geben. Der Leser wird in die Illusion versetzt, eine mittelalterliche »Autobiographie« zu lesen, obwohl die Fabel (wie die der *Romanzen)* frei erfunden ist. Auch die scheinbar veraltete Sprache mit der heute ungebräuchlichen Syntax und den fremd klingenden Redensarten und Wortwendungen (die in der Spätfassung noch konsequenter durchgeführt ist) hat mit dem Mittelhochdeutschen der angegebenen Zeit, das den meisten Lesern durchaus unverständlich wäre, wenig gemein. Der Rückgriff auf das Mittelalter in der äußeren Gestaltung des Werkes soll auf die Schönheit des eigenen literarischen Kulturguts aufmerksam machen und der klassischen Orientierung am antiken Vorbild entgegenwirken. Die »Anlehnung« an die Form der Chronik ist für Bs Intention gut gewählt, weil sich auch in den alten Chroniken jene Vermischung der Gattungen (z. B. durch Einschub von Legenden und Liedern) findet, die für das romantische Werk konstitutiv ist. Sie ermöglicht es B, auch in der strukturellen Gestaltung auf die Nähe der modernen (romantischen) literarischen Richtung zum alten deutschen Erbe hinzuweisen: dem autobiographischen Bericht von Johannes folgt »die tagebuchartige, am meisten chronikalisch wirkende Aufzeichnung aktueller Ereignisse der Gegenwart, worauf die seltsame Märchenlegende den Schluß bildet« (Reindl, 37). Durch die gedankliche und formale Verbindung von Altem und Neuem wird nicht nur ein romantisches Dichtungspostulat verwirklicht, sondern auch ein belehrendes und erzieherisches Element wirksam.

Die didaktische Intention ist aber auch schon in der Urfassung religiös orientiert, wenn auch in der Spätfassung deutlicher formuliert. Zum Beispiel wird das Erdenleben des Menschen als zielloses Wandern (das Ahasverusmotiv) bezeichnet, das dem eines »fahrenden Schülers« gleicht:

Urfassung:
»Wie ich ein armer fahrender Schüler gewesen bin, so werde ich immer ein armer fahrender Schüler bleiben, denn auf Erden sind wir alle arm und müssen mannigfach mit unserm Leben herumwandeln und immer lernen, und bleiben doch arme Schüler.«

Spätfassung:
». . . also nicht der Mensch, der arme fahrende Schüler, der wohl viel gegen Sturm und Wetter ziehen muß, . . .«

und:

»Wenn ich ein armer fahrender Schüler gewesen bin, so werde ich immer ein armer fahrender Schüler bleiben. . ., bis der Herr sich unser erbarmet, und uns einführet durch seinen bittern Tod in das ewige Leben.«

Auch die Symbolik ist biblisch orientiert. In der Urfassung wird der Vater von Johannes mit einer »Wunde in der Seite am Herzen« (einem Attribut Christi) gezeichnet; in der Spätfassung ist es Johannes selbst, der symbolische Parallelen zur Christusfigur erhält: wie Christus ist er der einzige Sohn eines erhabenen, aber abwesenden Vaters, dessen »Standesabzeichen« er nicht tragen kann (»Auch fiel es mir bittrer noch auf die Seele, daß ich eines Ritters Sohn sei, ohne Wappen und ohne Waffen«); wie Christus lebt er in »zeitlicher Armut« (». . . es gibt keinen ehrlicheren Weg ins Leben als die Geburt, denn unser

Heiland ist ihn auch gewandelt, und so gibt es auch keinen ehrlicheren Weg zur Armut, als in ihr geboren zu sein, denn auch unser Heiland ward in ihr geboren«). Diese und andere Hinweise auf biblische Parallelen zu Figuren aus der *Chronika* bilden das religiös-didaktische Element, das diese frühe Arbeit mit den *Romanzen* und mit dem Spätwerk Bs verbindet.

Auch in den Prosaarbeiten Bs, von denen hier nur wenige kurz umrissen worden sind, zeigen sich inhaltliche, formale und strukturelle Elemente, die sowohl dem Romantischen allgemein, wie Bs individueller Schaffensweise verpflichtet sind, und die eine Konstante bilden, welche sich im Spätwerk fortsetzt. Verschiedene in der Forschung beliebte Vorurteile (z. B. die These von der »Wende«, oder von Bs »innerer Zerrissenheit«, die sich im Werk manifestieren soll; die Annahme, B sei »unpolitisch« gewesen; der Glaube, der romantische Rückgriff auf das literarische Mittelalter sei mit »Weltflucht«, dem Wunsch nach Rückkehr eines »goldenen Zeitalters«, usw., zu erklären) werden revidiert werden müssen.

Literatur.

J. MacNaughton: Bs Novellen (Diss. New York Univ., 1944). *K.-G. Hotze:* Die Entwicklung des Menschenbildes in d. Dichtung CBs (Diss. Freiburg, 1953). *J. Brummack:* »Zu Arnims ›Melusinen-Fragment‹«, GRM 48 (1967), 208–210. *E. Morgan:* »Angebrentano«, GLL 28 (1974/75), 314–326 (= Zur Philistersatire). *H.-J. Kreutzer:* Der Mythos vom Volksbuch. Studien zur Wirkungsgesch. d. frühen dt. Romans seit d. Romantik (Stuttgart, 1977). *I. Strohschneider-Kohrs:* Die romantische Ironie in Theorie u. Gestaltung (Tübingen, 1977²). *R. A. Mayer:* T. Mann u. CB. Die Rolle Bs in den Romanen »Dr. Faustus« u. »Der Erwählte« (Diss. Northwestern U., 1978). *M. Swales:* »Narrative Sleight-of-Hand. Some Notes on Two German Romantic Tales«, New German Studies 6 (1978), 1–13. *G. Kluge:* »CBs Erzählungen aus d. Jahren 1810–1818«, BdK, 102–134. *H. Rölleke:* »B-Zitate bei Wilhelm Raabe«, JbFDH (1981), 365–369. *G. Schaub:* Nachwort, CB. Sämtl. Erzählungen (München, 1984) = Goldmann Klassiker 7625.

Zu einzelnen Werken.
Bogs.
V. Herzog: »Entweder wunderbare Geschichte von Bogs. . .«, Kindlers Literatur-Lexikon, Bd. 2 (Zürich, 1966), 2167. *E. Stopp:* »Die Kunstform der Tollheit«, BdK, 359–376.

Chronika.
A. Walheim: »Chronika eines fahrenden Schülers«, Zs. f. d. österr. Gymnasien 63 (1912), 289–315. *H. Cardauns:* »Wann entstand Bs

Chronika eines fahrenden Schülers«, Hist.-Polit. Blätter f. d. kathol. Deutschland CLVII (1916), 365–377. *R. Leppla:* W. Meinold u. die chronikalische Erzählung (Berlin, 1928). *V. Herzog:* »Die Chronika des fahrenden Schülers«, Kindlers Literatur-Lexikon, Bd. 1 (Zürich, 1965), 2559. *E. F. Hoffmann:* »Spiegelbild u. Schatten. Zur Behandlung ähnlicher Motive bei B, Hoffmann u. Chamisso«, Lebendige Form (München, 1970), 167–188. *E. Stopp:* »Bs Chronika and its Revision«, Sprache u. Bekenntnis (Berlin, 1971), 161–184. *Dies.:* CB. Die Chronika d. fahrenden Schülers (Stuttgart, 1971), 112–136. *E. Zimmermann:* »Falke u. Taube in d. beiden Sterbeszenen d. ›Chronika‹«, Der Herold. Vierteljahrsschr. f. Heraldik, Genealogie u. verwandte Wiss., NF 7, H. 9 (Jan.-März 1971), 233–254. *A. Kathan:* »Die Chronika d. f. Schülers«, LJb 13 (1972), 181–215. *M. Huber:* Die Chronika d. fahrenden Schülers (Bern, 1976). *N. Reindl:* Die poetische Funktion d. Mittelalters in d. Dichtung CBs (Innsbruck, 1976), 25–71.

Der schiffbrüchige Galeerensklave.
W. Rehm: Nachwort zu DsG (Abhandl. d. dt. Akad. d. Wiss. zu Berlin, 1949). *J. Stenzel:* »CB. DsG«, Zeichensetzung (Göttingen, 1966), 70–77.

Die drei Nüsse.
R. Imelmann: »›Die drei Nüsse‹ von CB«, Englische Studien 62 (1927/28), 265–292. *P.-W. Wührl:* »Die drei Nüsse«, Kindlers Literatur-Lexikon, Bd. 2 (Zürich, 1966), 1616.

Die mehreren Wehmüller und ungarischen Nationalgesichter.
A. Heltmann: »Rumän. Verse in CBs Novelle ›DmW‹«, Korrespondenzblatt d. Vereins f. Siebenbürg. Landes-Kunde 49 (1926/27), 81–104. *G. Kunszery:* »CBs magyar tárgyu novellája«, Filologial Közlemények 2 (1965), 399–404. *W. Frühwald:* »DmW«, Kindlers Literatur-Lexikon, Bd. 4 (Zürich, 1968), 2307 f. *D. B. Dickens:* »Bs Erzählung ›DmW‹. Ein Deutungsversuch«, GR 58 (1983), 12–20.

Die Schachtel mit der Friedenspuppe.
J. Körner: »B parodiert den Arnim«, ZsfdPh 52 (1927), 152. *H. Gartz:* Bs Novelle »DSF« (Bonn, 1955). *V. L. Ziegler:* »Justice in Bs DSF«, GR 53 (1978), 174–179.

Geschichte vom braven Kasperl und dem schönen Annerl. (GKA)
S. Kierkegaard: Die Tagebücher 1832–1839, hrg. v. H. Ulrich (Berlin, 1930), 245–246. *J. v. Eichendorff:* »Geschichte d. poet. Literatur Deutschlands«, Histor.-krit. Ausg., Bd. 9 (Regensburg, 1970), 389. *R. Sprenger:* »Zu Bs ›GKA‹«, Zs f. dt. Unterricht 16 (1902), 253–254. *A. Walheim:* »Die Schürze d. schönen Annerl«, Zs. f. dt. Unterricht 27 (1913), 791–793. *Ders.:* »Das Traumhafte in Bs ›GKA‹«, Zs f. dt. österr. Gymnasien 64 (1913), 470–473. *Ders.:* »Maister Franntzn Schmidts Nachrichters inn Nürnberg all sein Richten. Eine unbek. Quelle v. Bs ›GKA‹«, Zs. f. dt. Unterricht 28 (1914), 701–709. *E. Feise:* »CBs

›GKA‹«, Corona (Durham, NC, 1941), 202–211. *B. v. Arx:* Novellistisches Dasein (Zürich, 1953), 114–128. *J. Pfeiffer:* »CB. Die GKA«. Wege zur Erzählkunst (Hamburg, 1953). *J. Klein:* Geschichte d. dt. Novelle (Wiesbaden, 1954), 121–125. *W. Silz:* »CB. GKA«, Realism and Reality (Chapel Hill, 1954), 17–28. *L. McGlashan:* Der Romantiker im Rahmen. CBs Novelle ›Vom braven Kasperl u. d. schönen Annerl‹ (Melbourne, 1956), 31–42. *B. v. Wiese:* Die dt. Novelle v. Goethe bis Kafka (Düsseldorf, 1956. 1963²), Bd. 1: 64–78. *R. Alewyn:* Gestaltprobleme d. Dichtung (Bonn: 1957), 143–180. *F. Lockemann:* Gestalt u. Wandlungen der dt. Novelle (München, 1957), 95–97. *H. Rehder:* »Von Ehre, Gnade u. Gerechtigkeit", Stoffe, Formen, Strukturen (München, 1962), 315–330. *H. Himmel:* Geschichte der dt. Novelle (Bern, 1963), 128–130. *E. K. Bennett:* A History of the German Novelle (Cambridge, 1965), 71–72. *W. Klose:* »Die ›GKA‹«, Lehrpraktische Analysen 22 (1965), 3–15. *K. Heinisch:* »CBs ›GKA‹«, Dt. Romantik. Interpretationen (Paderborn, 1966), 64–75. *J. Kunz:* Die dt. Novelle zwischen Klassik u. Romantik (Berlin, 1966), 72–79. *H. Lehnert:* »Die Gnade sprach von Liebe«, Geschichte. Deutung. Kritik (Bern, 1969), 199–223. *R. Schönhaar:* Novelle u. Kriminalschema (Bad Homburg, 1969), 110–113. *H. Rölleke:* »Quellen zu Bs ›GKA‹«, JbFDH (1970), 244–257. *P. Horwath:* »Über Fatalismus in CBs GKA«, GQ 44 (1971), 24–34. *G. Kluge:* »Vom Perspektivismus d. Erzählens. Eine Studie über CBs ›GKA‹«, JbFDH (1971), 143–197. *P. P. Schwarz:* »Bs ›GKA‹«, Aurora 32 (1972), 69–83. *H. Rölleke:* »Die gemästete Gänseleber«, JbFDH (1974), 312–322. *G. Seidel:* Nachwort zu CB. GKA (Leipzig, 1974). *M. Kauffmann:* »Die GKA«, Romantisme 8, H. 20 (1978), 69–78. *R.-D. Koll:* »Des Dichters Ehre«, JbFDH (1978), 256–290. *G. Kluge:* CB. GKA (= Literatur-Kommentare 14, München, 1979). *D. Mac Rae:* »A New Look at the Old Woman in B's Kasperl und Annerl«, Literatur als Dialog (Johannesburg, 1979), 283–293. *H. Rölleke:* »Quellen zu B's ›GKA‹«, Nebeninschriften (Bonn, 1980), 116–128. *W. Frühwald:* »Die Ehre der Geringen«, Geschichte u. Gesellschaft 9, H. 1 (1983), 69–86. *W. Kittler:* »Familie, Geschlecht u. Poesie«, Germanistik in Erlangen, hrg. v. D. Peschel (1983), 231–237. *M. Ward/R. Wylie:* »The tale is not in the telling«, New German Studies 11 (1983), 123–143.

Godwi (vgl. Angaben in der HKA, Bd. 16).
A. Kerr: Godwi. Ein Kapitel dt. Romantik (Berlin, 1898). *E. Nippold:* Tiecks Einfluß auf B (Diss. Jena, 1915). *F. Scholz:* B u. Goethe (Leipzig, 1927). *F. Lübbe:* Die Wendung v. Individualismus zur sozialen Gemeinschaft im romant. Roman (Berlin, 1931), Kapitel 1. *J. Kunz:* CBs Godwi (Frankfurt, 1947). *I. Becker:* Morpholog. Interpretation v. Bs Godwi (Diss. Bonn, 1949). *H. E. Borcherdt:* »Bs ›Godwi‹«, Der Roman d. Goethezeit (Stuttgart, 1949), 435–453. *W. Grenzmann:* »CBs ›Godwi‹«, EG 6 (1951), 252–261. *E. Reed:* »The Union of the Arts in Bs ›Godwi‹«, GR 29 (1954), 102–118. *H. Enke:* Bildsymbolik im Godwi von CB (Diss. Köln, 1957). *C. Hunscha:* »Stilzwang u. Wirklichkeit. Zu Bs ›Godwi‹«, Romananfänge. Versuch zu einer Poetik d. Romans

(Berlin, 1965), 135–148. *F. N. Mennemeier:* »Rückblick auf Bs ›Godwi‹.
Ein Roman ohne Tendenz«, WW 16 (1966), 24–33. *C. David:* »CB«,
Die dt. Romantik (Göttingen, 1967), 159–179. *J. Fetzer:* »CBs ›Godwi‹.
Variations on the Melos-Eros Theme«, GR 42 (1967), 108–123. *H.
Meixner:* »Denkstein u. Bildersaal in CBs ›Godwi‹«, JbDSG 11 (1967),
435–468. *E. Heimrich:* »Die romant. Modifikation. Die Umkehrung
des Fiktionsironischen in Bs ›Godwi‹ u. Eichendorffs ›Viel Lärmen um
Nichts‹«, Fiktion u. Fiktionsironie in Theorie u. Dichtung (Tübingen,
1968), 78–88. *B. v. Wiese:* »Bs ›Godwi‹«, Von Lessing bis Grabbe (Düs-
seldorf, 1968), 191–247. *M. Schuller:* Romanschlüsse in d. Romantik
(München, 1974). *G. Storz:* »Beobachtungen an Bs ›Godwi‹«, Fs. f. F.
Beißner (Bebenhausen, 1974), 436–446. *H. D. Hayer:* Bs »Godwi«
(Frankfurt, 1977). *S. Mittag:* CB. Eine Autobiographie in d. Form
(Heidelberg, 1978). *B. Anton:* »CBs ›Godwi‹«, Romantisches Parodie-
ren (Bonn, 1979), 108–162. *E. C. Grob:* Die verwilderte Rede in Bs
»Godwi« u. L. Sternes »Tristram Shandy« (Bern, 1980). *M. Brown:*
»›Godwi‹ u. die Krise d. dt. Romantik«, Goethezeit (Bern, 1981), 301–
312.

Goldfaden.
H. R. Liedke: »Achim v. Arnims Unpublished Review of CB's ›Der
Goldfaden‹«, JEGPh 40 (1941), 331–338. *M. ten Wolthuis,* GJ: »Der
›Goldfaden‹ des Jörg Wickram v. Colmar«, ZsfdPh 87 (1968), 46–85.

3. Märchen

a. Problemstellungen der Forschung

Die Vielfalt der Studien, die sich mit Bs Märchen beschäftigen, bezeugt – wie schon bei der Diskussion der Lyrik und des
Wunderhorns – die Tendenz in der B-Forschung, bestimmte
Genres und Einzelwerke zu bevorzugen, andere hingegen zu
übergehen. Ein lebhaftes Interesse für Brentanos Märchen hatte
unnötige Duplikationen der Forschungsergebnisse zur Folge.

Das als erstes entstandene und so bezeichnete ›Märchen‹,
nämlich das Fragment *Die Rose* erschien 1800 in der Zeitschrift
»Memnon« unter dem Pseudonym »Maria«. N. Reindl hat es zu
Recht als Vorläufer der *Chronika* behandelt, da Handlung und
Szenerie im Mittelalter liegen. Richtig ist auch, daß bereits hier
bestimmte, für B verbindliche Arbeits- und Gestaltungsweisen
in ihrer Genese zu erkennen sind. Zu diesen gehören nicht nur
die Stoff- und Motivwahl (weibliche Treue, die Stern/Blume-
Konstellation, das Rosensymbol), sondern auch die roman-
tisch-ironischen Verfremdungseffekte. Unrichtig ist, daß der
Charakter des mittelalterlichen Epos »ganz verflüchtigt« wird

(Reindl, 25). Dem Typus gemäß bilden die Themen der Ehre, Tapferkeit und »zuht«, ebenso wie weibliche Keuschheit, Treue und Schönheit, samt dem besonders hervorgehobenen Topos des Minnesangs die hauptsächlichen Charakteristika dieses nicht versifizierten »mittelalterlichen« Epos. Ironische Anspielungen auf die eigene Zeit und die Technik der Genrevermischung stellen den Bezug zur Gegenwart her. Das Fragment hat wenig Beachtung gefunden. Seine Entstehung lediglich dem Einfluß Tiecks zuzuschreiben, ist eine grobe Vereinfachung.

Bei Bs Märchen läßt sich sein bereits mehrfach erwähntes Schaffensprinzip der Kontamination bis ins Detail verfolgen. Es umfaßt wörtliche Zitate (s. M. Wagner, CB u. G. B. Basile) bzw. bearbeitete Übersetzungen, Selbstzitate, Stoff- und Motiventlehnungen, Beziehungen zwischen Text und Illustration, die Vermischung zweier vollständig selbständiger Werke (z. B. die Einfügung des Hexenmärchens in *Die mehreren Wehmüller*), bzw. die diversen möglichen Kombinationen der Vermengung von Fremdem mit Fremdem, Eigenem mit Eigenem, Eigenem mit Fremdem, usw. Obwohl dieses Verfahren – das nicht mit der allgemein üblichen Vermischung der Gattungen im Romantischen überhaupt zu verwechseln ist – in allen Schaffensphasen und -sparten seines Werkes zu finden ist, ist es noch nicht untersucht worden. Dagegen finden sich in den Quellenstudien zu einzelnen seiner Werke zahlreiche Hinweise auf spezifische Entlehnungen.

Die umfangreiche Sekundärliteratur ist in den bereits genannten Forschungsberichten, in Mallons B-Bibliographie (für die ältere Forschung), in W. Frühwalds Artikel »Das verlorene Paradies« und in J. Fetzers B-Monographie bis 1981 erfaßt. Wenn von Bs Märchen gesprochen wird, gruppiert man sie meist in die »italienischen« Märchen, die in mehr oder minder lockerer Abhängigkeit zu Giovan Battista Basiles Sammlung »Il Pentamerone« stehen, und in die »Rheinmärchen«, in denen sich grundsätzlich Selbsterfundenes mit Motiven und Figuren aus dem volkstümlichen Sagen-, Märchen- und Legendengut vermischen. Das *Gockelmärchen* besitzt durch seine lose Anlehnung an Basiles Geschichte und Bs Revision seiner eigenen Erstfassung eine Art Zwischenstellung. B hat ihm das *Tagebuch der Ahnfrau* und die *Herzliche Zueignung* als Rahmen hinzugefügt. Frühwalds Aufsatz »Die Spätfassung des Märchens von *Gokkel*« (AK, 164–168) gibt ebenfalls wertvolle Hinweise. Neben den Genannten sind die Arbeiten von H. Rölleke aufschlußreich. Dazu gehören sein Lexikonartikel, sowie die Studien über Bs Beteiligung an der Grimmschen Märchensammlung und der Aufsatz über die »Neun Volksmärchenskizzen CBs«.

Die Sekundärliteratur gliedert sich grundsätzlich in die folgenden Gruppen: A. Gesamtdarstellungen, die ihren Schwerpunkt meist auf die Erörterung allgemeiner Merkmale der Märchen legen. I. Mahls Untersuchung von Bs Prosastil ist noch immer eine der wichtigsten Arbeiten hierüber; B. Genrestudien, wie jene von J. Tismar (Kunstmärchen); C. Quellenstudien; D. Wortfeld-, Motiv- und Strukturanalysen, wie z. B. O. Seidlins Aufsatz »Melusine«; E. Untersuchungen über den Zusammenhang des Textes mit anderen Künsten; und F. Aufsätze und Interpretationen zu einzelnen Märchen. Trotz der zahlreichen und differenzierten Versuche ist auf den meisten Gebieten keine zusammenfassende Arbeit erschienen. Dies ist zum Teil auf das Fehlen einer textkritischen Ausgabe der Märchen zurückzuführen und mag sich nach dem Erscheinen der diesbezüglichen Bände der HKA ändern. Sie wird vermutlich wenigstens die Abhängigkeit von Quellen und Vorbildern klären.

b. Kommentar zu einzelnen Werken

Bs Arbeit an Märchen ist schon früh belegt (vgl. den Brief an Arnim vom 23. Sept. 1805), doch erschien außer den von Böhmer veranlaßten Teildrucken in der *Iris* (1826/27) zu Lebzeiten Bs nur die erweiterte Fassung des Gockelmärchens (1838). Im Urteil seiner Freunde, die Einsicht in die Manuskripte hatten, stieß B auf ein ähnliches Unverständnis, wie es sich z. T. noch heute findet. F. Redlich, der sich als einer der wenigen mit dem Märchenfragment *Komanditchen* beschäftigte, faßt seine Interpretation noch 1968 mit dem Urteil zusammen: »Als Märchen ist ›Komanditchen‹ mißlungen, als Parodie der zeitgenössischen Kaufmannschaft und des Handelsgeschäfts von 1800 ist das Fragment unübertrefflich« (Redlich, 115). Wie die Brüder Grimm erwartet und vermißt er die formalen, stilistischen und inhaltlichen Merkmale des Volksmärchens in Bs Arbeit. Nachdem Arnim Anfang September 1812 an die Brüder Grimm geschrieben hatte, B habe seine Märchen »mit mehreren neuen Zugaben geschmückt, zierlich, zuweilen witzig, aber ohne Märchencharakter«, erwiderte Jacob am 26. September: »Daß Dir Clemens' Verarbeitung nicht recht ist, freut mich sehr [...]; er mag das alles stellen und zieren, so wird unsere einfache, treu gesammelte Erzählung die seine jedesmal gewißlich beschämen«. Grimm übt hier die gleiche Kritik, die ihn schon veranlaßte, das *Wunderhorn* zu tadeln: er wünscht eine philologisch genaue, »treu« gesammelte bzw. übersetzte Arbeit, den von

Grimms herausgegebenen »Kinder- und Hausmärchen« ähnlich.

Bs Märchen sind aber ihrem Charakter nach eher dem Kunstmärchen als dem Volksmärchen verwandt. Arnim erkannte dies, als er am 22. Oktober 1812 antwortete, Bs Arbeiten seien »keineswegs wie Eure Sammlung etwas, das im Kinderkreise gelebt ohne weitere Verdauung unmittelbar zu den Kindern übergehen kann, sondern ein Buch, das in den Eltern die Art der Erfindsamkeit anregt«. Trotz der Erkenntnis dieses Unterschieds zwischen Kunst- und Volksmärchen, sagten sie Arnim nicht zu: »was ich als einen wirklichen Fehler darin tadle, ist nur die Art eitler Koketterie, mit einer gewissen Fertigkeit in allerlei poetischen Worten zu prunken, die nach meiner Meinung sein Talent schon lange untergräbt.«

1827 stimmte B diesem Urteil zu, als er am 5. Februar seine Ungehaltenheit über Böhmers Teilveröffentlichung formulierte: »Ich ersuche Sie daher dringend, sich das Manuskript zurückgeben zu lassen und diese Mitteilungen in der Iris *ein für allemal* zu verhindern [. . .]. Es war mir, als sehe ich mich am Pranger einer dünnen, weltlichen, leeren Eitelkeit.« Aber 1813 schrieb er Arnim über die Grimmschen Märchen: »Ich finde die Erzählung aus Treue äußerst liederlich und versudelt und in manchen dadurch sehr langweilig [. . .]. Denn dergleichen Treue, wie hier in den Kindermärchen, macht sich sehr lumpicht, und der dort so sehr gepriesene Basile in seinem *Pentamerone* oder *Cunto delli Cunti*, der als Muster aufgestellt wird, zeigt sich nichts weniger als also treu«. Basile habe seine Märchen »mit allerlei eleganten Reminiszenzen und sogar mit Petrarchischen Versen bespickt« – ein Verfahren, das ihn Bs eigenem Schaffensprozeß nahe bringt und dem B verständnisvoll gegenübersteht.

Sieht man davon ab, Bs Märchen nach vorgefaßten Kriterien zu beurteilen, so findet man sie originell, witzig, oft sehr der kindlichen Perspektive angepaßt, dann wieder durchaus überlegen und erwachsen in der Reflexion. Überall aber zeigt sich dieselbe Vermischung von Fremdem und Eigenem, von autobiographischen Einschüben und von wortspielerischem Witz, die allgemeine Charakteristika von Bs Schaffen sind. Ein zu Unrecht kaum beachtetes Märchenfragment Bs ist das um 1812 entstandene

Märchen von Komanditchen

Die Vorlage, die mit Bs Fragment nur mehr wenig gemein hat, ist das Märchen »Pinto Smauto« aus G. Basiles Sammlung. Schon zu Anfang des Märchens erscheint ein für diese Gattung ungewöhnlicher zeitlicher Hinweis, der ernst genommen und als Datierungshilfe benutzt wurde: »Es war im Dezember Anno Elf, da kam der neue Kalender auf das Jahr Zwölf und die Zeitung morgens an«. Der Kaufmann läßt seine Tochter Komanditchen aus der Zeitung vorlesen:

> »Der politische Horizont beginnt sich hier sehr aufzuhellen; man sieht einem sehr vorteilhaften Viehhandel entgegen; der Rindviehmarkt zu Jenseits dürfte große Aussichten eröffnen; es ist bereits am 25. dieses ein bedeutender Mann unter dem Namen des Herrn von Incognito mit einer Kolonne von zweitausend Stück inländischen Stempelochsen mit geheimen Instruktionen, die er aber erst auf dem hohen Gebirg an der Grenze eröffnen darf, abgegangen. Man sieht dem Erfolg dieser wichtigen Sendung mit gespannter Erwartung entgegen. Die öffentlichen Papiere fallen übrigens außerordentlich, und ist der hiesige Platz ganz mit denselben überhäuft.« (Kemp 3:567–568).

Diese Zeitungsnotiz bezieht sich offensichtlich auf die Vorbereitungen zu Napoleons Rußlandkampagne, einschließlich dem Fallen der Aktien, das meist Kriegsgerüchte begleitet. Daß B den Abgang von 2000 einheimischen Soldaten metaphorisch als eine »Kolonne von zweitausend Stück inländischen Stempelochsen« umschreibt, ist teils auf seine satirische Behandlung des Themas, teils auf die damals waltende Zensur zurückzuführen. Weitere Hinweise auf den Feldzug bilden einen großen Teil des Märchens: gleichzeitig mit dem Abgang der einheimischen Ochsen ist eine »ebensogroße Kolonne von Kühen von einem vornehmen Mann unter dem nämlichen Namen eines Herrn von Incognito auch mit geheimen Aufträgen an dem nämlichen Tag von Jenseits nach dem Viehmarkt von Diesseits ausgezogen« (572). B schreibt, »die zwei Viehherden, welche von beiden Königreichen ausgezogen waren, mußten einander im hohen Gebirge in einem Hohlweg begegnen, da konnte es leicht zu Streit und Händeln kommen« (572).

Diese Ereignisse sind insofern für das Märchen von zentraler Bedeutung als der Kaufmann, der auf das große »Ochsensterben« beim Aufeinanderprall der beiden »Viehherden« spekuliert hatte, großen finanziellen Nutzen daraus zog, »wegen seinen hohen Verdiensten« zum Kommerzienrat ernannt und in den Adelsstand erhoben wurde »mit dem Namen Baron von Ochsenglück« (588). B geißelt satirisch die Kriegsspekulanten und -lieferanten, die aus dem Tod von Tausenden persönlichen Nutzen ziehen. Bis in die Einzelheiten beschreibt er die für ihn unmoralische Abwicklung des Geschäfts zwischen dem Kaufmann und Risiko, seinem Handelspartner:

»Die Handelsfreunde umarmten sich nach ihrem wohlgelungenen Geschäft; sie hatten zusammen 12 000 Dukaten für Heu gewonnen und noch 6 000 tote Ochsen dazu. Nun ließen sie die Ochsen alle abziehen und das Fleisch einsalzen.« (Kemp 3: 587).

Zweifellos waren es derartige makabre Witze, wie das Einpökeln der Gefallenen, die Arnim zu der Bemerkung veranlaßten, Bs Märchen hätten einen Charakter, »den ich nicht liebe« und daß sie ihm nach seiner »Natur und Art [. . .] kein großes Behagen gewährten« (zit. Kemp 3: 1066). Doch sind solche in Metaphorik und Symbolik gekleidete Gewalttätigkeiten im Märchen allgemein und im Volksmärchen besonders oft vertreten und mit der Gattung durchaus vereinbar. Man denke bloß an das Märchen vom Wolf und den sieben Geißlein, oder an Hänsel und Gretel.

Das belehrende, didaktische Element im *Komanditchen* ist also vor allem aus der politisch-ökonomischen Sphäre gezogen und wird aus moralischer Sicht behandelt. Dies wird im zweiten Handlungsstrang deutlich, der die Geschichte von Risiko, dem zeitweiligen Handelspartner von Komanditchens Vater, behandelt. Risiko zieht aus dem »Ochsenschlachten« keinen bleibenden Gewinn, u. a. weil er anders als der spätere Baron von Ochsenglück mit seinen Familienmitgliedern als Einsatz spielt. Während Komanditchen bei den Geschäften ihres Vaters bloß »stille Teilhaberin« ist (das besagt ihr Name), schachert Risiko mit dem Glück seiner Kinder. Sein Sohn (Ladenpeter) geht beim Kaufmann in Dienst, »um meinem Vater einst [. . .] die Schuld abzuverdienen« (576), die Risiko beim Kaufmann hat. Die Tochter (Kreditchen) wird überhaupt zu einer Art Schuldschein und lebt als »Tier« bei Risikos diversen Gläubigern. Das Märchen bietet B die Elemente des Übernatürlichen, um dies symbolisch darzulegen. Es stellt sich nämlich heraus, daß der Schimmel des Kaufmanns sprechen kann. Wie das Pferd in den Dienst des Kaufmanns gelangte, wird genau erklärt:

»›Vater!‹ versetzte Ladenpeter, ›ich habe nie gewußt, daß Ihr einen Schimmel hattet.‹ – ›Ich weiß es auch nicht‹ sagte der Krämer; ›als Herr Seligewittibs-Erben und Compagnie hier war und mich an Zahlung mahnte und ich gar nichts hatte als meine gute Tochter Kreditchen, die vor ihm stand, da sagte er: ›Ei was, Tochter! Hätten Sie einen guten

Schimmel im Stall, der wäre mir lieber.‹ Da ging deine arme Schwester
weinend zur Türe hinaus, und als Herr Seligewittibs-Erben und Compagnie auch hinausging, wieherte es im Stall.‹« (578)

Der Kaufmann gibt Risiko 100 Taler für das Pferd, belastet
ihn mit den restlichen 900, die er schuldet, und reitet weg. Risiko bemerkt bloß, daß der Schimmel beim Abschied traurig wie-
hert und daß seither seine Tochter verschwunden ist: »Ich rief
sie durchs ganze Dorf; ich fand sie nicht; ich habe sie nie wieder
gesehen, seit sie weinend aus der Stubentür ging« (578). Nachdem ihm Ladenpeter und Komanditchen seine Tochter in ihrer
wahren Gestalt zurückbringen, wiederholt Risiko den Handel:

> »Dem Risiko stach das Faß sehr in die Augen, aber er hatte kein Geld
> und gestand dem Verkäufer ein, daß er dieses nicht zahlen könnte, er
> möge es ihm auf Kredit geben. Da erwiderte der Verkäufer: ›Habt Ihr
> denn auch nicht Geldeswert?‹ – ›Ach!‹ sagte Risiko, ›ich habe nichts als
> hier meine fromme Tochter Kreditchen.‹ Da lachte der Verkäufer und
> sagte: ›Auf die wird Euch niemand was kreditieren, ein recht schönes
> Stück Federvieh von seltener Art wäre mir lieber.‹ Diese Rede ging der
> Tochter durchs Herz, sie weinte und ging in das Haus [. . .] Da girrte es
> auf einmal auf dem Dach der Hütte; Der Kaufmann schaute hinauf und
> rief aus: ›Ha! ha! Ihr wollt nur nicht herausrücken, da sitzt ja die wun-
> derschönste Pfauentaube auf dem Dach; wollt Ihr sie mir ablassen, so
> mögt Ihr das Faß dafür behalten.‹« (582 f.)

Risiko fährt fort, sein Glück auf Unkosten seiner Familien-
mitglieder zu machen. Als solches wird auch der Storch gesehen, der auf seinem Stall »seit vielen Jahren« (594) sein Nest hat.
Dieses wird bei einem von Risikos Machenschaften zerstört.
Der Storch, Sinnbild des häuslichen Glücks und der Fruchtbarkeit, erscheint ihm später als Mahnung: »›Oh!‹ sagte Risiko zu
dem Storch, der ernsthaft in der Ecke stand, ›warum hab ich dir
aus Handelsspekulation dein Nest mit meinem alten Stall umge-
worfen‹« (595). Risikos finanzielle Geschäfte schlagen fehl und
er verarmt trotz seiner geglückten Geschäfte als Partner des
Kaufmanns. Komanditchen gibt ihm eine sentenzhafte Ab-
schiedsbelehrung: »›Gehet in Gottes Namen, werdet wieder ru-
hig und fromm, gewöhnt Euch Eure Eitelkeit und die Vor-
nehmtuerei ab; vielleicht wird alles wieder gut‹« (595).
Neben diesen beiden Handlungssträngen, die das Kriegsliefe-
ranten- und das Kreditwesen anprangern, spielt die Hauptfigur
Komanditchen die wichtigste Rolle, die in beiden Binnenhand-
lungen fungiert und sie verbindet. Als Kommanditär wurde im
Handelswesen ein stiller Geschäftsteilhaber bezeichnet, der
zwar mit seinem Kapital, nicht aber an den öffentlichen Trans-

aktionen beteiligt war. Komanditchen übernimmt diese Rolle, indem sie – ohne an den Geschäften ihres Vaters und Risikos öffentlich teilzunehmen – in den Lebensablauf der beiden eingreift. Ihr Arbeits- und Ruheplatz ist »ein großes, leeres Kaffeefaß, welches der Lehrjunge ihres Vaters ihr zu ihrem Geburtstage in ein schönes, wohlriechendes Kabinett verwandelt hatte« (569). Durch ein Loch im Boden des Fasses sieht und hört sie die Vorgänge im Besuchszimmer des Vaters als »stille Teilnehmerin«.

Komanditchen kann als eine Personifizierung aller jener im Leben wichtigen Elemente gelten, die im Stillen walten. Sie ist die Tochter einer »perfekten Köchin«, die nach einem Rezept ihrer frühverstorbenen Mutter ihr Lebensglück »backen« wird. Wie in dem unten besprochenen Gockelmärchen die Wendung »Keine Puppe, sondern nur / eine schöne Kunstfigur« eine leitmotivische Funktion hat, so ist es im *Komanditchen* der Refrain »Daß ich in der Küch die Tochter / Der perfekten Köchin bin«. Komanditchen ist das schöpferische, künstlerische Element in einer recht prosaisch-kaufmännischen Umwelt. Der Gegensatz zu ihrem Vater wird hervorgehoben, der als eine von Bs »Philister«-Figuren gezeichnet wird. Er zieht sich nach der erfolgreichen Ochsenspekulation vom Geschäft zurück, »baute sich ein Treibhaus, las von der Unsterblichkeit der Seele und suchte Komanditchen an einen Grafen zu verheiraten« (588). Komanditchen wehrt sich dagegen, ihres Geldes wegen geheiratet zu werden, und lehnt ihre Freier aus diesen Gründen ab. Schließlich sagt ihr Vater ungeduldig: »Wenn dir keiner recht ist, so back dir einen« (592). Dieser Rat wird zum Kernstück des (unvollendeten) dritten Handlungsstranges des Märchens.

Komanditchens Bereich im Faß auf dem Heuboden ist eine »Märchenwelt«, die von der nach Öl und Käse riechenden väterlichen Wohnung vollkommen verschieden ist. B hat hier eine Kindheitserinnerung verarbeitet: er und seine Schwester Sophie spielten als Kinder in einem Faß im Speicher des Frankfurter Hauses. Komanditchens Tonne wird genau beschrieben:

»Dieses Kaffeefaß stand aufrecht auf dem Heuboden des Hauses, mitten in dem duftenden Heu wie eine Ritterburg zwischen grünen Bergen. Auswendig sah es noch ganz aus wie ein Faß, und die Türe war so geschickt darin angebracht, daß man sie nicht bemerkte [. . .]. Das ganze Faß war inwendig mit Matten und Tuch von Ingwer- und Pfeffer- und Anisballen ausgeschlagen; oben herum hing eine Guirlande von Morcheln, gedörrten Pflaumen, Mandeln und Rosinen, Feigen, Hausenblase, Zitronat, verzuckerten Pomeranzenschalen und Kakaobohnen [. . .].

Der Tisch, der mitten in dem Faß stand, war eine aufgerichtete Zimmetkiste; auf diese war ein Brett genagelt, auf dem einstens Chokolade war gemacht worden [. . .]. Als Gemälde hingen an der Wand herum Papierbogen, auf welchen Biskuit, Anisschnitten, Pfeffernüsse, Honigkuchen, Zuckerbretzeln, Chokoladeküchlein waren gebakken worden [. . .]. An der Wand stand auf Goldpapierbogen geschrieben: ›Tempel der Liebe und Freundschaft, der Dankbarkeit und Erinnerung geweiht‹, und ›Ruheplätzchen holder Schwärmerei‹ und ›Lieblingsörtchen der Sehnsucht‹, ›wandle auf Rosen und Vergißmeinnicht!‹, ›Komanditchens-Ruh‹, ›Hüttchen für Komanditchen‹, und allerlei solche bedeutende Sprüche deutscher Lieblingsdichter.« (569–571).

An diesem wohlriechenden Ort Brentanoscher Erinnerungen an seine Sophien (das »Lieblingsörtchen« ist eine Anspielung auf ein Gedicht seiner ersten Frau Sophie Mereau) beginnt Komanditchen ihr Schöpfungswerk nach dem mütterlichen Kochrezept aus deren Buch »Der altteutsche Spritzkuchen aus den Papieren einer perfekten Köchin« – einer »Arbeit von vielem Geschmack« (568). Hierzu braucht sie märchenhafte Ingredienzien, die ihr der Vater verschafft: »ein silbernes Nudelbrett, eine goldene Teigrolle, einen silbernen Mörser mit einem goldenen Stößel, [. . .] 50 Eier von Perlhühnern und 50 Eier von Goldfasanen, 50 Pfund frische süße Mandeln, ein Fäßchen voll Rosenöl, ein Fäßchen voll Rosenhonig, ein Fäßchen voll Maibutter«, etc. (593). Mit eigenen Händen knetet Komanditchen nun den »allerköstlichsten Teig« und als »dieser unschätzbare Teig fertig war, fiel sie in ein tiefes Nachdenken und sah den Teig an, wie ein Bildhauer den Ton, aus welchem er eine herrliche Bildsäule gestalten will« (596).

Dieser Vorgang ist der Nachvollzug des Schöpfungsakts in märchenhaft symbolisierter Form. Komanditchen knetet sich nämlich ihren zukünftigen Gemahl, den Prinzen Mandelwandel, nach Anweisung des mütterlichen Kochbuchs und mit Hilfe des Storches und der Taube (Kreditchen). Der Vorgang des Knetens und Bildens einer menschlichen Figur hat sowohl in der Bibel wie in der Golemsage sein Vorbild. Den Vorgang der Erschaffung eines Golems (einer dem Menschen nachgebildeten Figur aus Lehm, die durch ein Zauberwort belebt wird) haben sowohl Arnim wie auch B mehrmals vorher literarisch behandelt. In der *Einsiedlerzeitung* wurde die Sage 1808 gedruckt. Arnim verwendete sie in seiner Novelle »Isabella von Ägypten« und B übernahm Teile von Arnims Beschreibung wörtlich in seine Rezension von Lipperts »Seltsamer Audienz« (Erstdruck 1814 im »Dramaturgischen Beobachter«). Ein wichtiger Teil des Schöpfungsprozesses ist das Anhauchen, bzw. Besprechen der Figur, die dadurch lebendig wird. Komanditchen tut Ähnliches, indem sie bei der Arbeit »ununterbrochen folgendes Lied sang« (596). Leider bricht das Fragment mit dem Ende des Liedes ab, das übrigens noch einer gründlichen Untersuchung bedarf. Es beginnt mit den Worten »Einen Teig will ich mir rollen, / Ganz nach meinem eignen Sinn, / Daß gleich alle merken sollen, / Daß ich in der Küch die Tochter / Der perfekten Köchin bin«. Mit leicht abgewandeltem Refrain wird der Arbeitsvorgang des Erschaffungsprozesses bis zum Punkt vor der Menschwerdung Prinz Mandelwandels besungen, worauf das Fragment abbricht.

Das Märchen vom Komanditchen ist zweifellos eines der interessantesten und reizendsten, die B geschaffen hat. Das satirische Element ist durchaus nicht der Hauptaspekt der Geschichte, sondern unterstützt die moralisch-didaktische Aussage des Märchens. Diese zeigt in ihrem Gehalt, daß das Märchen noch der Frühphase einzuordnen ist, weil im Spätwerk (z. B. im Gockelmärchen, s. u.) das Didaktische mehr ins Religiöse umschlägt. Autobiographische Elemente finden sich im Komanditchen wie in so vielen Werken Bs. Dazu gehört neben den oben erwähnten auch die nacherzählte Episode des mit Sirup gefüllten Heringfasses – eine Eskapade, die sich B als Kaufmannslehrling leistete. Die von anderen Werken Bs bekannte Einschubtechnik benutzt er auch im Komanditchen. Die Rückblendungen zu den kaufmännischen Anfängen von Komanditchens Vater, z. B., enthalten die Anekdote vom General Wohlbekomms, die B dem alten französischen Buch »La vie de Scaramouche« entlehnt hat. F. Redlich hat nachgewiesen, daß die eingeschobene »Prisius Nisius«-Geschichte die kaufmännischen Anfänge von Johann Gottlob Nathusius parodiert. In gewisser Hinsicht ist das Komanditchen aber auch ein stilistischer Vorläufer des späten Gockelmärchens, weil es bereits den aus der Gattungsforschung bekannten »roten Faden« der Novelle (ein Leitmotiv) in der oft wiederholten Wendung der »Tochter der perfekten Köchin« zeigt.

Das Märchen von Gockel, Hinkel und Gackeleia (1838)

Die Spätfassung des Gockelmärchens ist wie ein aus dem vorhergegangenen Leben und Erleben Bs zusammengefügtes organisches Ganzes zu sehen: es enthält zahlreiche Hinweise of Selbsterlebtes, Kontamination im Stile des Gustav Wasa, Einschübe aus eigenen Werken, Stil-, Sprach- und Formelemente aus der *Gründung Prags*, den *Romanzen*, der *Chronika*, Märchenelemente aus dem frühen Schaffen und die religiöse Be- und Gelehrsamkeit der Spätzeit.

Formal ist das »Märchen« in drei ungleich lange Teile gegliedert, die alle eine bestimmte Funktion erfüllen. Der kürzeste ist die zwölfeinhalb Seiten lange einleitende Widmung an Marianne von Willemer, eine von Bs Jugendlieben, und später zärtlich »Großmütterchen« genannt. Diese »Herzliche Zueignung« erfüllt eine ähnliche Funktion wie der Abschnitt »Biographie« im Prolog der *Gründung Prags* (s. u., 4 b): es wird ein triadisches Geschichtsbild entworfen, von dem die »Herzliche Zueignung« den Ausgangspunkt, die selbsterlebte Vergangenheit, bildet. Hier erklärt B mehrere der Motive im Märchen aus autobiographischer Sicht: die Beschreibung der Puppengarderobe ist jener »aus dem reizenden Glasschränkchen in deiner Stube« nachgebildet (Kemp 3: 618); die Wendung »keine Puppe, sondern nur eine schöne Kunstfigur« wird als Bemerkung der Mutter Goethes indentifiziert und bezieht sich auf Mariannes Tanz bei einer Frankfurter Bühnendarbietung; gleichzeitig erklärt B auch, die Frau Rat habe ihm prophezeit, seine Beziehungen zu Frauen würden ihm eine »Rute« (i. e., Züchtigung, Bestrafung) sein (627); auch in anderen Anspielungen werde sich Marianne wiederfinden, z. B. »in allen den Fahnen bei dem Leichenzuge des armen Kindes von Hennegau; denn ich selbst habe ja schon solche Fahnen aus deinen Händen den Armen gegeben« (619). Wie in der *Gründung Prags* versucht B hier mit seinen Erläuterungen den Wirklichkeitsgehalt des Märchens zu unterstreichen, und es als »erzählte Gegenwart aus der Erinnerung« darzulegen.

Den weitaus größten Teil nimmt das Märchen selbst ein. Kurz gefaßt verläuft die Handlung folgendermaßen: Gockel, der Hühnerminister des Königs Eifrasius verliert dessen Gnade und muß mit seiner Familie aus dem herrlichen Gelnhausen in die Einsamkeit seines verfallenen, verwilderten Stammschlosses ziehen. Hier, wie öfter, verbindet B Anspielungen auf geschichtliche Ereignisse mit solchen aus der Bibel. Die Entlassung Gockels verweist z. B. auf die Entlassung des Freiherrns vom Stein durch den preußischen König (1808), aber sie ist gleichzeitig Sinnbild der Verbannung der ersten Menschen aus dem Paradies. Die Gelnhausner Herrlichkeiten werden von Gackeleia und Hinkel immer wieder klagend betont, während Gockel Bibelstellen paraphrasiert: »Gott, der die Raben füttert, welche nicht säen, wird den Gockel von Hanau nicht verderben lassen, der säen kann. Gott, der die Lilien kleidet, die nicht spinnen, wird die Frau Hinkel von Hennegau nicht umkommen lassen, welche sehr schön spinnen kann« (639). Die Gegenüberstellung von Geschichtlichem und Biblischem soll das Parabelhafte – Wirklichkeit und Wahrheit gekleidet in das Bildhafte des mythischen Vorbilds – des Märchens eindringlich zeigen.

Durch den »Sühnetod« des zu Unrecht angeklagten Stammhahns Alektryo, dessen Vorfahre bei der Verleugnung Christi durch Petrus krähte, erhält die Gockelfamilie wieder Zugang zu ihrem Paradies (Gelnhausen); denn Alektryo hatte im Kropf den Ring Salomos, der dem Besitzer alle Wünsche erfüllt und ihm ein irdisches Leben im Paradies ermöglicht. Die Bezüge zum Opfertod Christi, der dem Menschen die Rückkehr ins Paradies ermöglicht, sind offensichtlich. Im Tagebuch der Ahnfrau wird aber erst deutlich, was der Ring symbolisiert: das am Rande des Todes wartende Büblein hat nicht genug himmlische Schätze (Ähren) gesammelt und wird beim letzten Gericht zu leicht befunden werden (»Jed Körnlein wird zählen / Der Herr auf seiner Tenne rein« – 922). Durch das Drehen des Ringes und Urhinkels Gebet vermehren sich die Weizenkörner tausendfach, das Büblein weint Tränen des Dankes, und Gottes Gnade hat den kleinen Sünder gerettet. So gesehen wird auch klar, warum die »morgenländischen Petschierstecher«, die die kleine Gackeleia mit einer Puppe verführen, ihnen den Ring einzuhändigen, mit diesem nicht glücklich werden können und ihn bald wieder verlieren: die drei sind stereotypische Judenfiguren, die der Gnade Gottes und des Paradieses nicht teilhaftig werden können.

Durch die abermalige Sünde (i. e., Erbsünde), diesmal durch Gackeleias Nichtachtung des väterlichen Gebots ausgelöst, geht der Gockelfamilie ihr Gelnhausener Paradies nochmals in Verlust. Das Kind, vom Vater bestraft, erringt aber durch eigene Initiative die Gnade Gottes wieder (i. e., den Ring, Symbol der Ewigkeit) und bringt die Familie zurück in das »ursprüngliche« Paradies – das nun im vollen ehemaligen Glanz wiedererbaute Stammschloß der Gockels. Diese heilsgeschichtliche Basis der Handlung wird durch dämonische (Katzen) und positiv gezeichnete Charaktere (Mäuse), durch politische Anspielungen (König Eifrasius als Preußenkönig; Gockel als Freiherr vom Stein; König Henri IV. von Frankreich; die Kaiserkrönung u. a.) und Bs ironischen Witz bereichert. Doch geht die Grundidee nicht verloren, daß es sich bei diesem Märchen um die Nacherzählung der Menschheitsgeschichte überhaupt im

christlichen Sinne handelt, um Sündenfall, Erbsünde, Gottes-
opfer und -gnade, und schließlich die Wiedererlangung des ver-
sprochenen Paradieses.

B macht es deutlich, daß sich der Märchenteil nicht auf etwas
längst Vergangenes bezieht, das für die Gegenwart keine Gültigkeit mehr besitzt, sondern daß das Märchen eine Parabel für
die Lebenserfahrung jedes (christlichen) Menschen ist. Am Ende des Gockelmärchens, nachdem die bei Gackeleias Hochzeit
Anwesenden alle zu Kindern geworden sind (sowohl Hochzeit
wie Kindwerdung sind religiöse Symbole), durchbricht B die
Illusion nach romantisch ironischer Art: »Da patschten alle so
freudig in die Hände und ich vor allen so unmäßig, daß mir die
Hände noch brennen, *denn ich war auch dabei*, sonst hätte ich
die ganze Geschichte ja nie erfahren« (826; meine Hervorhebung). Durch diese Illusionszerstörung wird dem Leser klargemacht, daß von zeitgenössischem Geschehen die Rede ist, von
der selbsterlebten Vergangenheit des Erzählers, von »Wah-
rem«, und nicht von »Erfundenem«.

Der letzte Teil des Gockelmärchens, das *Tagebuch der Ahnfrau*, ist eine Art Exegese des Vorhergegangenen. Er steht mit
dem Ende des Gockelmärchens in engster Verbindung, weil er
mit detaillierten Erklärungen über die Urahnin anfängt, die bei
der Hochzeit Gackeleias nur in groben Umrissen gegeben wurden. Das Ende des Tagebuchs löst sich aber auch wieder ins Ende des Märchens auf, so daß eine kreisförmige Erzählform gegeben ist, die gleichzeitig alle gegebenen zeitlichen und räumli-
chen Anhaltspunkte relativiert. Gegen Ende des Tagebuchs
spricht Verena dies aus: »segne uns Gott, daß wir von der langen
künftigen Reise glücklich *zurückgekommen* sind« (923; meine
Hervorhebung). Zukunft und Vergangenheit werden hier eins.

Ähnlich wie im Prolog der *Gründung Prags*, wo die Abschnitte »Allegorie«, »Vision«, »Traum«, »Sibyllische Worte«
vom »biographischen« Abschnitt (der erlebten Vergangenheit)
den Umweg in die erlebte Gegenwart des Dichters bilden (s. u.),
ist auch das Tagebuch eine solche »Reise nach innen« in die Welt
des Unbewußten, wo sich Zeit und Raum aufheben, und die in
die Gegenwart des alten B mündet. Der wieder zum Kind gewordene Dichter (das Büblein) hat mit Hilfe des salomonischen
Rings (Gottes Gnade) das Tagebuch zu Ende geschrieben (»Bis
hieher habe ich in mein Tagebuch [. . .] selbst geschrieben; das
folgende habe ich durch den Ring Salomonis hineingedreht« –
914) und das Ganze geht in seiner Todesvision auf: »Das Büblein war fort, es war, als habe es sein eignes Dasein aus der Feder

geputzt. Ich legte das Blatt auch in das Buch, als ein Andenken an das arme Büblein, und las die letzten Worte, die es in das Tagebuch geschrieben: ›Was reif in diesen Zeilen steht...‹« (929).

Die Welt der Ahnfrau ist ins Mythische verlegt. Die angegebene Zeit der Entstehung des Tagebuchs ist »Vom Karfreitag bis Sonnenwende 1317« (838). Wie in der *Chronika* benutzt B z. T. auch veraltete Wörter und Syntax, um die Illusion des »Mittelalterlichen« zu wahren. Doch wird schnell deutlich, daß das Geschehen keine historisch wahre Aufzeichnung sein will: Zeit und Raum werden wie im Traum oder wie im Mythos verwischt. Neben dem oben erwähnten Beispiel macht dies die Bemerkung Ameys deutlich, sie habe »die Jahrhunderte von Meilen lange Traumreise« gemacht (926). Zeitliche (Jahrhunderte) und räumliche Elemente (Meilen) fallen in der »Traumreise« zusammen.

Das läßt die Frage nach dem Wirklichkeitsgehalt, bzw. der Relevanz des Tagebuchs offen. B begegnet ihr zweifach. Eine direkte Stellungnahme zum Wahrheitsgehalt der im Tagebuch enthaltenen Erzählungen wird in den Mund der Figur Jakob von Guises gelegt: nur Christus sei die Wahrheit. Frage man aber, »was an diesen Erzählungen Wahrheit sei«, dann lasse sich sagen,

»Wahr ist, daß ich sie vernommen habe als Reden der auf der Erde spielenden Menschenkinder seit Jahrtausenden. Ob sie dieselben für wahr halten, weiß ich ebenso wenig, als ob sie wahr sind. Die Geschichte der Kinder Gottes sind diese Erzählungen nicht. Da aber die Kinder Gottes nach den Töchtern der Menschen gesehen hatten, wie sie schön waren, erzählten sie sich Menschenkindermärchen, die waren kristallisiert in Formen der Wahrheit und waren doch nicht die Wahrheit und rollten von Mund zu Mund im Strom der Rede zu uns nieder, bis sie rund und bunt waren gleich Kieselsteinlein, mit denen auch wir spielen.« (894).

Mit anderen Worten, das Erzählte ist nicht das Wort Gottes, das allein wahr ist, aber es ist Menschenwahrheit darin enthalten. Ähnlich wird die Ahnfrau von Verena belehrt, als sie fragt, ob »dies wirklich dasselbe Büblein« sei, das hier so friedlich schlafe und früher so gesündigt habe (eine Anspielung auf B selbst). Verena antwortet: »Warum dasselbe Büblein? Alle tun so und auch wir« (917). Das Erzählte wird also zur Parabel für das allgemein für Menschen Gültige. Die religiöse Belehrung ist im Tagebuch noch weitaus expliziter als im Märchen selbst und man könnte es fast zu Bs religiösen Schriften rechnen. Neben den direkten Stellungnahmen zur Frage der »Wahrheit« enthält das Tagebuch (und das Märchen) aber auch so viele Hinweise auf historische und biographische Begebenheiten, daß ihm der Wirklichkeitsgehalt nicht rundweg abgesprochen werden kann. Erzählt wird »Urwahrheit« in der Form des Märchens, der »Geist« der Sache im »Kleid« der Erzählung, der Abglanz göttlicher Offenbarung in irdischer Form, wie die letzten Zeilen des Schlußgedichts besagen: »O Stern und Blume, Geist und Kleid, /Lieb, Leid und Zeit und Ewigkeit!« (930, u. ö.)

Auf die Parallelen des Gockelmärchens zur *Chronika* und zur *Gründung Prags* ist schon kurz hingewiesen worden. Mit dem oben besprochenen Märchen *Komanditchen* hat es aber so viele Motivparallelen, daß ein entstehungsgeschichtlicher Zusammenhang angenommen werden muß. Diese finden sich nicht nur in der Urfassung des Gockelmärchens, die um 1815/16 entstanden ist, sondern auch in Teilen, die B für die Spätfassung von 1838 angefertigt hat. Einige dieser Übereinstimmungen mögen hier für eine eingehendere, noch ausstehende Untersuchung angeführt werden. Die Seitenangaben stammen für beide Werke aus Kemp 3.

Motiv	*Komanditchen*	*Gockel*
Faß auf dem Dachboden	S. 569 f.	S. 620
Papierblätter, worauf Zuckerwerk gebacken wurde	589 f.	622
Franzosenkritik (mehrmals)	567 f.	632
Männchen aus Kuchenteig, Wacholderbeerenaugen	596	639
ernsthafter Storch (mehrmals)	595	639
Firmenname als Bezeichnung für Person (mehrmals)	566	657
Katz- und Mausfeindschaft	566	659 f.
Leitmotivische Wiederholung eines Verses (mehrmals)	568	671
Zeitsatire (Empfindsamkeit)	569, 588	675
Lieferung von Schweins- u. Ochsenblasen für Feierlichkeiten	587	740
Steigen/Fallen der Tarife	568	741
Anfertigung von Teig für Nachbildung von Menschenfiguren (abgewandelte Golemsymbolik)	597 f.	818
Hinweis auf Sophie Mereau	570	850
Wappensymbolik (mehrmals)	589	633

Diese Art von Motivparallelen in verschiedenen Werken Bs kann, wie schon bemerkt, als Nachweis für seinen kontaminativen Schreibstil gelten. Das Gockelmärchen enthält aber noch viele andere Zitate, z. T. wörtlich, z. T. in einer etwas abgewandelten Form, die auf das eigene Werk (z. B. das *Wunderhorn*) oder auf jenes von zeitgenössischen Dichtern anspielen. Darunter befinden sich die in den Text eingefügten Hölderlin-Zitate (»horch, jetzt kam auch ein Wehen. . .« – 768; »wer nimmt mir von der Stirne den Traum« = Hölderlins »und niemand / Kann von der Stirne mir nehmen den traurigen Traum« – 857); Schillers »Seid umschlungen, Millionen« (784), und die Matthisson-Parodie »Psyche, rühr'! und nicht vergebens!« (783). Die vielen autobiographischen Einschübe sind ein weiteres Merkmal von Bs Schreibweise, das sich von seinen schriftstellerischen Anfängen bis zu diesem Alterswerk verfolgen läßt. Daß die Spätfassung des Gockelmärchens eine dreifache Gliederung hat, mag damit zusammenhängen, daß B ihm eine heilsgeschichtliche Orientierung gab. Diese Dreiteilung der Geschichtsperspektive zeigt sich auch in seiner »Lebensaufgabe« (der Leben-Jesu-Trilogie) und in der *Gründung Prags*, die auch zur Trilogie erweitert werden sollte. Das Drama wird im folgenden Abschnitt (4 b) eingehender untersucht.

Literatur.
A. Gesamtbesprechungen.

H. Cardauns: Die Märchen CBs (Köln, 1895). *T. Seidenfaden:* »CB, dem Dichter der Märchen«, Die neue dt. Schule 5 (1929), 648–654. *H. H. Rusack:* Gozzi in Germany (New York, 1930). *I. Mahl:* Der Prosastil in d. Märchen CBs (Berlin, 1931). *K. Glöckner:* B als Märchenerzähler (Jena, 1937). *J. Pradel:* Studien zum Prosastil CBs (Diss. Breslau, 1939). *R. Unkrodt:* CB als Märchenerzähler (Marburg, 1945). *U. Zoerb:* CB u. ETA Hoffmann in ihren Märchen (Diss. Bonn, 1948). *H. Russell:* Die Gestalt des Dichters B erschlossen aus seinen Märchen (Diss. Münster, 1949). *B. Tecchi:* »Stilprobleme in CBs Märchen«, Frankfurter Universitätsreden 21 (1958), 107–120. *R. Becker:* CB u. die Welt seiner Märchen (Diss. Frankfurt, 1960). *D. Pregel:* »Das Kuriose in d. Märchen CBs«, WW 10 (1960), 286–297. *M. Thalmann:* »Das B-Märchen«, Das Märchen u. die Moderne (Stuttgart, 1961), 59–77. *W. Schoof:* »Die Märchensammlungen CBs u. d. Brüder Grimm«, Allg. dt. Lehrzeitung 15 (1963), Beilage, 33–34. *J. v. Eichendorff:* »B u. seine Märchen (1847). Neudruck in: Aurora 24 (1964), 14–20. *B. Tecchi:* »La favolistica nella letteratura tedesca: CB«, Nuova Antologia (1964), 491: 25–40. *E. Kohlhaas:* Interpretationsbeiträge zu d. Märchen CBs (Frankfurt, 1967). *K. Nielsen:* »Vermittlung u. Rahmentechnik«, Orbis Litterarum 37 (1972), 77–101. *H. Rölleke:* »CB«, Enzyklopädie des Märchens, Bd. 2 (Berlin, 1978), 767–776.

B. Genrestudien.
A. Jolles: Einfache Formen (Tübingen, 1965³). *H. Rölleke:* »Neun Volksmärchenskizzen CBs«, Fabula 18 (1977). *H. Schumacher:* Narziß an der Quelle. Das romant. Kunstmärchen (Wiesbaden, 1977). *J. Tismar:* Kunstmärchen (Stuttgart, 1983²), 54–59.

C. Quellenstudien.
O. Bleich: »Entstehung u. Quellen d. Märchen CBs«, Archiv f. d. Studium d. neueren Sprachen u. Lit. 96 (1896), 43–96. *L. Vincenti:* »G. B. Basile u. CB«, Italien 2, H. 1 (1928), 1–10. *M. Wagner:* »CB u. Giovanni Battista Basile«, Essays on German Language and Literature in Honor of T. B. Hewitt (Buffalo, 1952), 57–70. *A. Potthoff,* Hrg.: G. Basile. Das Pentameron, aus d. Italien. übersetzt (Hattingen, 2. Aufl. 1954). *H. Rölleke:* »Die Marburger Märchenfrau«, Fabula 15 (1974), 87–94. *Ders.:* »Die Urfassung d. Grimmschen Märchensammlung von 1810«, Euphorion 68 (1974), 331–336. *Ders.:* Die älteste Märchensammlung d. Brüder Grimm (Köln/Genf, 1975). *Ders.:* »Zur Vorgeschichte d. Kinder- u. Hausmärchen«, Euphorion 72 (1978), 102–105. *Ders.:* »Die Hauptquelle zu Bs ›Märchen vom Murmelthier‹«, JbFDH (1979), 237–247.

D. Wortfeld-, Motiv- und Strukturanalysen.
M. Diez: »Metapher u. Märchengestalt«, PMLA 48 (1933), 74–99, 488–507, 877–894, 1203–1222. *A. Zahn:* Motiventsprechungen in CBs »RvR« und in seinen Märchen (Würzburg, 1938). *B. Tecchi:* »CB als Dichter der Tiere«, Frankfurter Universitätsreden 21 (1958), 121–131. *O. Seidlin:* »Bs Melusine«, Euphorion 72 (1978), 369–399. *L. Sauer:* Marionetten, Maschinen, Automaten (Bonn, 1983), 151–164 (= Zu Bs »Gockelmärchen«).

E. Untersuchungen zum Verhältnis Text/Bild (vgl. oben II/3)
I. Bang: Die Entwicklung der dt. Märchenillustration (München, 1944). *C. Holst/S. Sudhof:* »Die Lithographien zur ersten Ausgabe von Bs Märchen ›Gockel. . .‹«, LJb, NF 6 (1965), 140–154. *B. Gajek:* »Bs Verhältnis zur bildenden Kunst«, Bildende Kunst u. Literatur (Frankfurt, 1970), 35–56. *S. Sudhof:* »K. P. Fohrs Zeichnung zu Bs Gockelmärchen«, Euphorion 72 (1978), 513–517. *P.-K. Schuster:* »Bildzitate bei B«, BdK, 334–348. *O. Seidlin:* »Bs Heraldik«, BdK, 349–358.

F. Einzelbesprechungen.
Gockelmärchen.
W. Schellberg: Untersuchung der Märchen »Gockel, Hinkel u. Gackeleija« u. des »Tagebuchs d. Ahnfrau« von CB (Münster, 1903). *K. Viëtor:* »Paralipomena zu Bs ›Gockelmärchen‹«, Euphorion 32 (1931), 393–398. *C. M. Rychner:* Der alte B (Winterthur, 1956) = zum »Tagebuch d. Ahnfrau«. *W. Frühwald:* »Das verlorene Paradies«, LJb, NF 3 (1962), 113–192. *V. Herzog:* »Gockel Hinkel Gakeleja«, Kindlers Lit. Lexikon, Bd. 3 (Zürich, 1967), 911 f. *O. Seidlin:* »Wirklich nur eine schöne Kunstfigur?«, Texte u. Kontexte (Bern/München, 1973), 235–

248. *W. Frühwald:* »Die Spätfassung des Märchens von ›Gockel, Hinkel u. Gackeleia‹«, AK, 164–168. *L. O. Frye:* »The Art of Narrating a Rooster Hero in B's ›Das Märchen von Gockel u. Hinkel‹«, Euphorion 72 (1978), 400–420.

Komanditchen.
F. Redlich: »Eine Parodie der dt. Kaufmannschaft von 1800«, Archiv f. Kulturgeschichte 50 (1968), 97–116.

Rheinmärchen.
E. Skokan: Untersuchungen zum ersten Rheinmärchen CBs (Diss. Graz, 1938). *L. Wurzinger:* Untersuchungen zum zweiten Rheinmärchen CBs (Diss. Graz, 1938). *H. Plursch:* CBs Rheinmärchen (Diss. Wien, 1945). *Anon.:* »Der Main u. seine Zuflüsse in Bs Märchen v. Müller Radlauf«, Mainlande 12 (1961), 26: 102–103.

Schulmeister Klopfstock.
H. Rölleke: »Bs ›Märchen v. d. Schulmeister Klopfstock‹ als literaturhistor. Allegorie«, JbFDH (1977), 292–308. Auch in: Nebeninschriften (Bonn, 1980), 139–152. *J. Zipes:* »The Revolutionary Rise of the Romantic Fairy Tale in Germany«, Studies in Romanticism 16 (1977), 409–450.

Fanferlieschen (FS)
O. Seidlin: »Bs Spätfassung seines Märchens vom Fanferlieschen Schönefüßchen», Klass. u. moderne Klassiker (Göttingen, 1972), 38–60. *C. Träger:* »Die dt. Romantik u. Bs ›Fanferlieschen‹, Nachwort zu CB. Das Märchen von FS (Leipzig, 1977). *J. Mathes:* »Pumpelirio Holzebock in Bs ›Märchen von FS‹«, ZsfdPh 97 (1978), 161–176.

4. Bühnenwerke.

a. Forschungsüberblick

Bs Dramen, Schauspiele und dramatische Entwürfe haben, wie fast alle romantischen Arbeiten auf dem Gebiet des Theaters, sowohl bei Zeitgenossen wie bei der Nachwelt wenig Anklang gefunden. Ihnen fehlt der anspruchslose Witz oder die Rührseligkeit des Kotzebueschen Stücks, die Formvollendung des Goetheschen Werks, aber auch die theatralische Wirksamkeit von Zacharias Werners historisch-religiösen Dramen. Bs wie auch Arnims und Tiecks Stücke kannten auf den Bühnen keinen Erfolg, weil sie dem Publikumsgeschmack nicht entsprachen. Sie blieben bestenfalls Lesedramen. Die Forschung hat mit wenigen Ausnahmen die allgemeine Verständnislosigkeit gegenüber der romantischen Theaterproduktion verstärkt, indem sie sie mit Beispielen der Klassiker verglichen und an deren Maßstab bewertet hat. J. Fetzer (Forschungsbericht) meint, die Vernachlässigung von Bs dramatischem Werk in der Fachliteratur sei darauf zurückzuführen, daß sich keine anregenden Studien vorweisen lassen, in denen die Dramen engagiert dargestellt werden wie Böckmann es mit Bs Prosa oder Enzensberger mit seiner Lyrik getan haben.

Die Verweigerung gegenüber dem vom zeitgenössischen Publikum Geschätzten kommt bereits in Bs erstem Stück zum Ausdruck. Die Literatursatire *Gustav Wasa* (1800) ist gegen den Publikumsliebling August v. Kotzebue gerichtet, der die Romantiker in seiner Komödie vom »Hyperboreischen Esel« lächerlich zu machen suchte. *Gustav Wasa* setzt, wie Tiecks Satiren (»Zerbino«, »Die verkehrte Welt«, »Der gestiefelte Kater«), ein intelligentes, aufmerksames, und über das zeitgenössische kulturelle Geschehen wohlunterrichtetes Publikum voraus, das den sich überstürzenden witzigen Anspielungen und symbolischen Gesten folgen kann. Jeder Scherz hat seine heute nur schwer verständliche Wurzel im zeitgenössischen Literaturbetrieb, was schon dem damaligen Publikum mehr an Aufmerksamkeit und Interesse abforderte, als es zu geben gewillt war. Ähnlich wie bei Tiecks Satiren ist die Rezeptionsgeschichte vor allem von abfälliger Kritik geprägt. Zu den wenigen Ausnahmen gehört M. Thalmanns kurzer Aufsatz (»CB., ›Gustav Wasa‹«), der das Stück als neue Gattung innerhalb des romantischen Schaffens deutet. H. Schultz führt den Ansatz mit seinem informativen Kolloquiumsbeitrag fort, der nicht nur auf das romantisch-Ironische des Stücks verweist, sondern die Satire als »Schöpfungsgeschichte der romantischen Poesie« in der Nachfolge F. Schlegels charakterisiert. Auf solchen Studien müßte die weitere Interpretation aufbauen.

Der vierte Band der Werkausgabe von Kemp nennt 28 dramatische Werke und Entwürfe Bs sowie 10 unveröffentlichte Skizzen. Band 12 der HKA veröffentlicht erstmals einige der bisher gänzlich unbeachteten und unbekannt gebliebenen Arbeiten Bs. Dazu gehören das bei Kemp genannte »Italienische Schauspiel« unter dem Titel *Cecilie*, ein Schattenspiel, *Vertumnus und Pomona* und zwei Gemeinschaftsarbeiten von C und Bettine unter den Titeln *Godwi und Godwine* und *Jacobi*. Diesen, sowie für Band 13 der HKA angekündigten dramatischen Arbeiten Bs wird in Zukunft mehr Interesse gewidmet werden müssen, da das Material einen wesentlichen Teil seines Schaffens darstellt.

Neben den Vertonungen Bscher Lyrik durch Louise Reichardt und seinen scherzhaften musikalischen Interpretationen im *Bogs* zeigt sich das weiterbestehende Interesse an der Zusammenarbeit mit Musikern in den beiden Opernentwürfen *Venusberg* (für C. M. v. Weber bestimmt) und *Phaon und Sappho.* Dieser Entwurf weist übrigens inhaltliche Parallelen mit Arnims »Annonciata« (JbFDH 1980, 277–284) auf. Die Existenz vieler dieser Arbeiten war der Forschung bisher weitgehend entgangen. Bekannter ist das Singspiel *Die lustigen Musikanten,* das 1802 innerhalb von vier Tagen entstand und 1803 veröffentlicht wurde. Die Vertonung durch E. T. A. Hoffmann (eine von drei verschiedenen zwischen 1803 und 1805) wurde – vermutlich – von Z. Werner rezensiert. H. Rölleke ist den quellengeschichtlichen Zusammenhängen nachgegangen.

Ebenfalls wenig beachtet, obwohl längst veröffentlicht, ist das Drama *Aloys und Imelde.* Die erste Fassung mag um 1811/ 1812 entstanden sein, einer Zeit in der B regen Umgang mit Arnim pflegte. Ihm verdankt B wohl auch mehr als nur den Namen »Aloys«. Arnims Novelle »Aloys und Rose« (gedr. 1805) handelt ebenso wie Bs Drama von einem politischen Konflikt, der die Väter von den Kindern entzweit und die Liebe des jungen Paares durch den Streit zwischen den Eltern verhindert. Bei Arnim bezieht sich die politische Komponente auf die Schweizerkriege, bei B auf den Cevennenkrieg. Für eine noch fehlende Studie der kontaminativen Elemente in den beiden Werken ist auch die Rosensymbolik wichtig, die sich sowohl bei Arnim wie bei B in eingeschobenen, volksliedhaften Versen äußert. H. Rölleke geht in seinen Quellenrecherchen über die Herkunft zweier Volksliedzitate in Bs Drama nicht auf die Parallelen zum Arnimschen Werk ein. Das unveröffentlichte Spiel von *Lehnchen an der Nordsee,* entstanden 1813/14 (Ausgabe Kemp 4: 900), ist ebenfalls eine Anlehnung an eine Erzählung Arnims (»Die drei liebreichen Schwestern, Erstdruck 1812).

Noch weniger Interesse erregten sowohl beim Publikum wie in der Forschung die »patriotischen« Dramen aus der Zeit der Befreiungskriege. Die politischen und kulturellen Neigungen des Wiener Publikums vollkommen mißverstehend, versuchte B, mit politischen Festspielen die Position des Burgtheaterdichters zu erlangen. Die meisten dieser Stücke wurden entweder schon im Manuskript zurückgewiesen oder fielen bei der ersten Aufführung durch. Aus dem Jahr 1813 stammen u. a. das Wiener Festspiel *Die deutschen Flüsse, Am Rhein, am Rhein!* und *Viktoria und ihre Geschwister.* Die beiden letzteren wurden

1841 bzw. 1817 erstmals veröffentlicht. Die auf der Leopoldstädter Bühne aufgeführte »Kantate« *Österreichs Adlergejauchze und Wappengruß in Krieg und Sieg*, ebenfalls aus dem Jahr
1813 und als Huldigung an Österreich gedacht, wurde 1814 gedruckt. Diese und andere Schriften Bs (z. B. jene Umformungen Bscher Briefe in dem 1813 an Arnim geleiteten »Preußischen Correspondenten« die Tiroler Freiheitskämpfer A. Hofer
und Speckbacher betreffend) bezeugen schon relativ früh Bs politisches Interesse, das ihm so oft abgesprochen wird. Das Stück
Viktoria, welches die Umformung eines Arnimschen Gedichts
enthält, ist ebenso wie die Artikel im »Preußischen Correspondenten« (»Tyrol ist frei!«, Nr. 109, 8. Okt. 1813; »Speckbacher«, Nr. 150, 18. Dez. 1813) für eine noch ausstehende Untersuchung über das Ausmaß der fraternalen Zusammenarbeit
Brentanos mit Arnim wichtig.

Ebenfalls für die Wiener Bühne bestimmt war *Valeria oder
Vaterlist*, eine Umarbeitung des *Ponce de Leon*. Das Stück fiel
bei der Uraufführung durch. B nahm Änderungen vor, die es er-
möglichten, das Lustspiel auf die Freiheitskriege »unserer Zeit«
zu beziehen, änderte den Titel und kürzte viele Szenen. Auch
übernahm er das fast volksliedhaft populär gewordene und von
Louise Reichardt vertonte Gedicht *Nach Sevilla, nach Sevilla*
mit geringfügigen Änderungen (so strich er die 1. Strophe er-
satzlos) aus dem *Ponce* in die *Valeria*. Auch diese Versuche, dem
Wiener Theater gerecht zu werden, blieben erfolglos.

Von den übrigen Stücken hat sich die Forschung lediglich mit
Ponce de Leon und mit der *Gründung Prags* beschäftigt. *Ponce*,
ursprünglich als Intrigenstück für eine von Goethe gestellte
Preisaufgabe geschrieben, ist als Beispiel sowohl in Einzel-
studien (G. Roethe, W. Hinck), Gesamtwerkanalysen (Böck-
mann, S. Mittag), Monographien (Fetzer), Genrestudien (G.
Kluge, H. Arntzen) und theaterwissenschaftlichen Arbeiten (L.
Freundlich) einbezogen worden.

Dabei werden in den neueren Arbeiten oft nur die Erkenntnisse älterer
Studien umformuliert. R. Ulshöfer sah die Basis des Stücks im »mutwilligen Spiel« und der »Möglichkeit zum Spiel« (151) und bezeichnete es
als »Zwischengattung des Schauspiels« (154), da es weder Komödie
noch Tragödie im klassischen Sinn sei. H. Arntzen widmet ein Kapitel
seiner Studie »Die ernste Komödie« dem *Ponce* und sieht das Masken-
spiel als den Hauptfaktor des Stücks an, der Sprache, Geschehen und
Kulisse beeinflußt. Das sprachliche Spiel erörtert S. Sudhof im Nachwort der Ausgabe von 1968, das W. Hinck durch die fingierte Spontaneität vom »Spiel mit der Sprache« in ein »improvisiertes Spiel« (125–

126) erhebt. G. Kluges Strukturanalyse (»Spiel und Witz im romant. Lustspiel«) bildet einen Ausgangspunkt für die späteren Arbeiten. Obwohl die Rolle des *Ponce* als Vorläufer und Stoffquelle von Büchners Lustspiel »Leonce und Lena« längst bekannt ist, sind die Verbindungen noch kaum untersucht.

J. Fetzer widmet sowohl dem *Ponce* als auch dem häufiger diskutierten Drama *Die Gründung Prags* je einen Abschnitt seiner Monographie. Letzteres wird oft im Zusammenhang des Libussa-Stoffes und daher mit Grillparzer (O. Seidlin, G. Müller, E. Grigorovitza) vorgestellt. Die oben erwähnte Arbeit N. Reindls bringt eine umfassende Interpretation des Dramas, sowie eine gute Zusammenfassung der Forschung. Reindl beachtet besonders das Verhältnis des Dramas zu Bs Geschichtsverständnis, das auch O. Seidlin z. T. in die Analyse einbezieht. Die meisten Arbeiten beschäftigen sich mit der Namensgebung und deren symbolisch-metaphysischen Bedeutung, inklusive Bs etymologisch falschem Verständnis von »praha« als »Schwelle« (schon bei H. Taeschler). Bereits R. Matthaei hebt das mythische Element als strukturtragend hervor. Fetzer erwähnt das Musikalische sowohl wie das Architektonische in der *Gründung Prags* (»Romantic Orpheus«, B-Monographie). Gajek (Forschungsbericht) verweist auf eine ganze Reihe noch ausstehender Interpretationsmöglichkeiten des Stücks, darunter auf eine noch fehlende motivgeschichtliche Studie, bei der W. Frühwalds Artikel wichtige Hinweise geben könnte.

b. Kommentar zu einzelnen Werken

Einer der schärfsten zeitgenössischen Kritiker der Romantik und Bs war H. Heine. Im 3. Buch seiner »Romantischen Schule« leitet Heine seine Diskussion von Bs Werken mit der Parabel einer chinesischen Prinzessin ein, deren wahnsinniges Vergnügen es war, ihre kostbarsten Stoffe zu zerreißen. Dann folgt ein persönlicher Angriff auf B:

»Diese chinesische Prinzessin, die personifizirte Caprize ist zugleich die personifizirte Muse eines deutschen Dichters [. . .]. Es ist die Muse die uns aus den Poesien des Herren Clemens Brentano so wahnsinnig entgegenlacht. Da zerreißt sie die glattesten Atlasschleppen und die glänzendsten Goldtressen, und ihre zerstörungssüchtige Liebenswürdigkeit, und ihre jauchzende blühende Tollheit erfüllt unsere Seele mit unheimlichem Entzücken und lüsterner Angst. Seit fünfzehn Jahr lebt aber Herr Brentano entfernt von der Welt, eingeschlossen, ja, eingemauert in seinem Catholizismus. Es gab nichts kostbares mehr zu zerreißen. Er hat, wie man sagt, die Herzen zerrissen die ihn liebten und jeder seiner Freunde klagt über muthwillige Verletzung. Gegen sich selbst und sein poetisches Talent hat er noch am meisten seine Zerstörungswut geübt.«

Heine zieht danach die Parallele von Bs Persönlichkeit zu seinem Werk, das er ebenfalls als »verwirrt«, »verrückt« und von einer »bacchantischen Zerstörungslust« gekennzeichnet sieht:

> »Ich mache besonders aufmerksam auf ein Lustspiel dieses Dichters, betitelt Ponce de Leon. Es giebt nichts Zerrisseneres als dieses Stück, sowohl in Hinsicht der Gedanken als auch der Sprache. . .«

Lobend erwähnt Heine die *Geschichte vom braven Kasperl* und besonders das *Wunderhorn*. Dagegen meint er sarkastisch, Bs Drama *Die Gründung Prags* »bestralt schon das sanfte Morgenroth des Christenthums«.

Heines Kritik an Bs Schauspielen war zu diesem Zeitpunkt bereits vom Publikum bestätigt worden. Doch griff er jene Werke heraus, die wirkungs- und rezeptionsgeschichtlich zu Bs wichtigsten werden sollten. Die weniger beachteten Stücke Bs liefern aber ebenfalls bedeutende Einsichten in das romantische Kunstwerk und in Bs Schaffensdynamik und verdienen auch nähere Untersuchung.

Gustav Wasa

Zu Anfang dieses Bandes wurde Bs kontaminativer Stil als eines der Hauptmerkmale seines Schaffens bezeichnet und in den folgenden Kapiteln sind Beispiele, Variationen und mögliche Gründe für seinen so häufigen und mannigfaltigen Gebrauch von Kontaminationen aller Art aufgezeigt worden. Auch auf den Zusammenhang mit Schlegels Postulat einer »progressiven Universalpoesie« und Bs Um- und Weiterdichtung an vorgegebenem Material wurde verwiesen. Das eigentliche Vorbild und die erste deutliche Manifestation des kontaminativen Verfahrens, das für Bs Schaffen fortan so bedeutend wurde, ist schon in seinem Erstlingswerk zu finden.

Die Literatursatire *Gustav Wasa* ist, wie schon oben erwähnt, gegen das gleichnamige Stück des damals wohl beliebtesten deutschen Bühnenschriftstellers A. v. Kotzebue gerichtet. Von diesem erschien im Herbst 1799 das parodistische Lustspiel »Der hyperboreische Esel oder die heutige Bildung«, das auf der Titelblattvignette einen vor der Statue Apolls tanzenden Esel zeigt. Gewidmet ist das Stück den »Herren Verfassern und Herausgebern des Athenäums«. Damit wird bereits der Titel dieser antiromantischen Parodie erklärt, denn er bezieht sich auf ein Athenäumsfragment A. W. Schlegels: »Schwerlich hat irgend eine andre Litteratur so viele Ausgeburten der Originalitätssucht aufzuweisen als unsre. Es zeigt sich auch hierin, daß wir

Hyperboreer sind. Bey den Hyperboreern wurden nämlich dem Apollo Esel geopfert, an deren wunderlichen Sprüngen er sich ergötzte«. Den Inhalt des Stücks charakterisierte Caroline Schlegel in einem Brief vom 21. Oktober 1799 an ihre Tochter folgendermaßen:

»Kotzebue hat ein Stück gegen die Schlegel gemacht und während der Messe aufführen lassen. Eine Rolle darin ist aus den Fragmenten im Athenäum ausgeschrieben, und soll so den Friedrich vorstellen, der zuletzt ins Tollhaus geschickt wird . . . aber über ein Gedicht von Schiller, das Lied von der Glocke, sind wir gestern mittag fast von den Stühlen gefallen vor Lachen, es ist à la Voss, à la Tieck, à la Teufel.«

Kotzebues Persiflage bestand u. a. darin, mit direkt aus den Athenäumsfragmenten entlehnten Zitaten die Rolle für eine Figur zu gestalten, die äußerlich dem jungen F. Schlegel glich. B benutzt dieselbe Methode in seinem *Gustav Wasa*, um Kotzebues erfolgreiches, anfangs 1800 in Weimar aufgeführtes historisches Schauspiel »Gustav Wasa« zu verspotten, damit die Schlegels für den »Hyperboreischen Esel« zu rächen, und zweifellos auch, um in der Nachfolge von Kotzebues Publikumserfolgen sein Debüt als Schauspieldichter zu machen.

Geschickt verbindet B die Persiflage von Kotzebues »Hyperboreischem Esel« und dem »Gustav Wasa«, indem er das letztere als Stück ins Stück eingliedert. Das Verfahren ist von Shakespeare her bekannt und wurde von Tiecks in seinen Literatursatiren übernommen. Bs *Gustav Wasa* aber beginnt mit einem längeren Zitat, i. e., den letzten Worten aus Kotzebues »Esel«, an die B ohne Schlußpunkt seine Satire anschließt. Die Weiterdichtung (von Kotzebues »Esel«) wird aber auch zu einer Um- und Nachdichtung, indem sich B bei der Aufführung des Stücks im Stück (Kotzebues »Gustav Wasa« in Bs *Gustav Wasa)* stark an Inhalt und Fortgang der Szenen bei Kotzebue orientiert, manchen Dialog fast wörtlich beibehält, dessen Jamben aber in eine knittelversähnliche Form »übersetzt«. Auch weist B am Ende des Personenverzeichnisses seines Stücks besonders darauf hin, daß sowohl in seinem wie in Kotzebues »Gustav Wasa« 37 Personen auftreten. Inhaltlich und formal ist Bs Erstling bereits eine Weiter-, Um- und Nachdichtung wie er sie in dem oben erwähnten Novellenkomplex in Verbindung mit Arnims Werk versucht hat. Vermischung und Dialektik, Parallele und Kontrast bilden ihre Komponenten.

Für die Untersuchung der kontaminativen Elemente besonders wichtig sind aber die (ebenfalls in Kotzebues »Esel« schon vorgebildeten) direkten Zitate. Nicht nur die einleitenden Worte im *Gustav Wasa* sind aus dem »Esel« abgeschrieben; auch innerhalb des restlichen Stücks finden sich »Selbstzitate« der agierenden Figuren. Tertullian zitiert aus seinem »De spectaculis«, Propertius aus seiner 19. Elegie (2. Buch), Julian Apostata (Flavius Claudius Julianus) aus seiner Satire »Antiochikos oder Misopogon«, usw. In diesem Frühwerk befolgt B noch die Sitte, Zitate im eigenen Werk durch Anführungszeichen kenntlich zu machen, bzw. ihre Herkunft anzugeben. Später hat B, indem er Zitat und Selbstzitat zu Grundkomponenten seines eigenen »Kontaminations«-Stils machte, die allgemein übliche Gewohnheit der Zitatangabe gänzlich aufgegeben. Das ist aber nicht als nachlässige Handhabung fremden Geistesguts zu werten, sondern als persönliches Stilmerkmal des Dichters.

Auch jene Form der Kontamination, die sich nicht in direkten Zitaten, sondern in einer Abwandlung der Vorlage manifestiert, ist im *Gustav Wasa* bereits in einfacher Form vorhanden. Ein Beispiel davon ist der Monolog des Bibliothekars (Szene »Eine Bibliothek«) über das Kritik- und Rezensentenwesen – dem scharfen Zahn verglichen – der durch Versmaß, den Endreim und einige wenige wörtliche Zitate ganz offensichtlich Schillers »Glocke« parodiert:

> »Sehr nützlich ist des Scharfen – Macht,
> Wenn ihn das ganze Maul – bewacht.
> Was sich in Blut und Saft – umschafft,
> Das danket man des Scharfen – Kraft;
> Doch furchtbar ist des Scharfen – Kraft,
> Wenn er der Fessel sich – entrafft,
> Einhertritt auf der eignen – Spur,
> Die freie Tochter der – Natur.
> Wehe, wie er – losgelassen,
> Beißet ohne – Widerstand
> Allen Pöbel auf den – Gassen.
> Mancher stirbt am kalten – Brand,
> Denn die Elemente – hassen
> Stümperei von Pöbels – Hand.«

Um das Verhältnis von Vorlage zur Neudichtung noch deutlicher zu machen, läßt B »Schillers Glocke« in Person auftreten, die dann die weiteren wörtlichen Zitate aus dem Schillergedicht selbst in das Gespräch mit dem Bibliothekar mengt. Wie die obigen Proben zeigen, ist Bs Parodie weder besonders geistreich noch unterhaltend. Das zeitgenössische Publikum urteilte ähnlich, und Dorothea Veit charakterisierte das Stück in einem

Brief vom 16. Juni 1800 an F. Schleiermacher mit den Worten, es sei »herzlich dumm und toll«. Doch ist Bs Erstlingsarbeit für sein späteres Werk insofern wichtig, weil es Ursprung und erste Handhabung seines später so durchgreifend benutzten Kontaminationsstils verdeutlicht. Mehreres läßt sich anhand von *Gustav Wasa* darüber sagen: 1. Eingeflochtene Zitate aus fremden Arbeiten wurden ursprünglich deutlich als solche gekennzeichnet und dienten der Satire. 2. Vorbild für dieses Verfahren ist die »Zitatenrolle« Karls in Kotzebues »Hyperboreischem Esel«. 3. Außer den direkten Zitaten benutzt B auch schon eine Mischform von Eigenem und Fremdem, wie sie in der Abwandlung von Schillers »Glocke« erscheint. 4. Der Einschub von klassischen Zitaten wird darauf abzielen, nicht nur witzig, sondern auch gelehrt zu wirken.

Es ist klar, daß sich Bs späterer Gebrauch von kontaminativen Sprach- und Bildelementen von jenem im Erstlingswerk stark unterscheidet. Eine progressive Erweiterung des Konzepts wird angefangen mit dem Einschub des gekennzeichneten fremden Zitats im *Gustav Wasa* ersichtlich: Einbeziehung des nicht als von fremder Hand stammend gekennzeichneten Materials im *Godwi;* Selbstzitat in einem anderen Werk (Lied aus *Godwi* in den *Lustigen Musikanten*); Kontamination von Fremdem mit Eigenem und umgekehrt *(Wunderhorn);* Vermischung von Fremdem mit Fremdem in Bildmaterial (Titelkupfer des *Wunderhorns);* Gemeinschaftsarbeit mit Freunden bis zur gänzlichen Vermischung von Fremdem und Eigenem (*Bogs, Philistersatire*, Henselgedichte, u. a.); und Entlehnung von Motiven aus fremdem Material, bzw. deren »dialektische« Weiterverarbeitung (Arnim/B-Novellenkomplex).

Die Gründung Prags

Das »historisch-romantische Drama«, an dem B vom Frühjahr 1812 bis Herbst 1814 arbeitete, bildet in vieler Hinsicht eine Brücke zwischen seinem Früh- und Spätwerk. Es enthält einerseits Motive und Methoden, die es mit seinen früheren Werken verbinden, andererseits zeigt es ein gewandeltes Geschichts- und Religionsverständnis, das sich Bs späterer Philosophie nähert. Es ist auch eines der wenigen vor 1817 entstandenen Werke, die B noch im Alter anerkannte. Dies zeigt sein Brief vom 13. November 1839 an Böhmer, der ihn zur Einwilligung in eine Werkausgabe drängte: »welche Werke! Ich weiß ja von keinen außer Ponce und der Gründung Prags, aber die sind ja noch im Handel. Man wird doch nicht daran denken, den verrückten

Godwi oder die Victoria wieder zu drucken«. Bs langsamer Perspektivenwechsel während der Entstehung der *Gründung Prags* (die er in 4–5 Fassungen endgültig erarbeitete), zeigt sich auch in Arnims ursprünglich sehr positiver, nachher aber negativer Kritik. Am 8. Sept. 1812 schrieb dieser an Görres über Bs Drama, es sei »in aller Wahrheit geschrieben« und »in allem einzelnen viel schöner und vollendeter und wirklich in manchem ungemein ausgezeichnet«. Es sei »ein Werk, das, des angewandten Talentes und der Mühe wert, sicher viele Leser erfreuen« würde. Am 10. Februar 1815 aber schrieb Arnim, der an der Entstehung des Werks regen Anteil genommen hatte, an W. Grimm:

»mir ist es unbegreiflich, wie bei so viel Schönheit, Ausarbeitung und Vollendung im Einzelnen ein herrlicher tragischer Stoff als Ganzes so verdorben werden kann. Welch eine Tragödie liegt in der alten Libussa, die nicht heiraten will, aber vom Geiste des Volkes überschauert sich selbst einen Mann an gewissen Kennzeichen erschaut, wie ihn die Abgesandten finden werden am Eisernen Tisch; die sich selbst nicht versteht und über ihr Leben doch entscheiden muß.« (Steig III, 320)

Am fertigen Werk wird sich Arnim an gewissen misogynen Elementen gestoßen haben, die sich in Bs Behandlung der Geschlechterproblematik im Frauenstaat, in Bemerkungen über seine zweite Frau Auguste, in Erläuterungen über das »Hexenwesen« u. ö. zeigen. Darauf kann hier nicht eingegangen werden. Die *Gründung Prags* als »Schwellenwerk« in Bs neues Verständnis von der Aufgabe, die der Kunst in der Gesellschaft zukommt, wird dagegen besprochen.

Kurz umrissen, hat das Werk folgende Entstehungs- und Quellengeschichte: ursprünglich als Oper gedacht und als Trilogie geplant, deren zweiter und dritter Teil aber über Ansätze nicht hinausgelangte, sollte das Drama die Frühgeschichte des böhmischen Volkes darstellen. Die *Gründung Prags* ist aber trotz der nicht erfolgten Fortsetzung kein Fragment wie die *Chronika* oder die *Romanzen*, sondern sie bildet ein in sich geschlossenes Ganzes, das den Anfang der Geschichte Böhmens als Grundlage für seine spätere Entwicklung darstellt. Als Handlungsbasis benutzte B die Ursprungssage des tschechischen Volkes, die von der Einwanderung des aus dem Südosten kommenden Stammes in das unbewohnte böhmische Gebiet unter dem Urahnen Czech berichtet, bzw. dessen Herrschaftsübergabe an Krok, seinen Sohn, und schließlich an Libussa. Die älteste Überlieferung der Libussasage entstammt der lateinischen Chronik des Prager Domdechanten Cosmas aus der ersten Hälfte des 12. Jh. s. Die »Böhmische Chronik« des Propstes

Wenceslaus Hajek von Libotschan (1541) datiert Einwanderung und Übergabe der Herrschaft an Libussas Vater Krok in das 7. Jh., und die Geschichte von Libussa und Primislaus in die erste Hälfte des 8. Jh.s. B hat neben den älteren Quellen auch die Überlieferung der Sage aus J. K. A. Musäus' »Volksmärchen der Deutschen« benutzt und Selbsterfundenes hinzugefügt.

Die Art der Verarbeitung des Quellenmaterials zeigt einerseits die Verwandtschaft der *Gründung Prags* mit früheren Werken Bs. Der Einschub von autobiographischem Material im Prolog ist ein solches Beispiel. Autobiographisches findet sich in vielen seiner Frühwerke vom *Godwi* bis zu den *Romanzen*. Das Wortspiel, von B so ausgiebig in Lustspiel und Satire benutzt, findet sich auch in der *Gründung Prags:* auf Pachtas Ermahnung, »Willst du dem Satan in die Zügel fassen!«, erwidert Trinitas, »Ich wollt ihm kühnlich in die Zügel fallen,/Und wie ich fiele, hätt ich Gott gefallen!« (Kemp 4: 569). Die verschiedenen Bedeutungen der Stammsilbe »fallen« (i. e., die Zügel fassen, niederfallen, gottgefällig sein) werden spielerisch vereint. Kontaminationen vieler Art sind hier, ebenso wie im Frühwerk, vorhanden. In der Besprechung von *Gustav Wasa* (oben) wurde auf die Schillerparodie aufmerksam gemacht. In der *Gründung Prags* findet sich Ähnliches. Während die drei Schwestern um das heilige Feuer sitzen und es mit Brennbarem nähren, spricht Kascha über ihre Mutter, die Elfe: »Die Geister des Lebens sind dankbar, sie weben/Irdische Schätze in himmlischen Segen« (Kemp 4: 584). Die Parallele zum Schillergedicht »Würde der Frauen« ist unübersehbar: »Ehret die Frauen! sie flechten und weben/Himmlische Rosen ins irdische Leben«. Schillers Frauen nähren, ebenso wie jene Bs, »wachsam das ewige Feuer/Schöner Gefühle mit heiliger Hand«. Die bereits besprochene Einschub- und Entlehnungstechnik führt B in der *Gründung Prags* ebenfalls fort. Dazu gehört die Erläuterung der Alraunensage (Kemp 4: 858–60), die sich an jene in der *Einsiedlerzeitung* und in Arnims »Isabella« anlehnen; die Erklärung der Pflanze Vitex agnus castus (Keuschlamm), von der B sagt, sie sei »eine Anspielung auf das Lamm Gottes« (Kemp 4: 861) und deren Namenssymbolik eine Parallele zum christusähnlichen Knaben Agnuscastus in den *Romanzen* beinhaltet; der Einschub des Märchens vom Kater Mores (Kemp 4: 874–876), das B später auch in *Die mehreren Wehmüller* einfügte, u. a.

Neben solchen Stil- und Motivmerkmalen, die eine erzähltechnische Verbindung zu den vorhergehenden Arbeiten Bs herstellen, zeugt *Die Gründung Prags* aber auch von einer

135

Neuorientierung Bs. Zunächst fällt auf, daß er, statt wie früher Einschübe fremden Materials, Anspielungen auf Sagen, usw., kommentarlos ins eigene Werk aufzunehmen, diesem Drama einen Apparat anfügt, der nicht nur reichhaltige erklärende Fußnoten, sondern auch Interpretationshilfen und einen Dank für Rat und Kritik von Freunden enthält. Es ist offensichtlich, daß B dieses Werk vom Leser verstanden sehen will. Die Tatsache, daß die in den Fußnoten vermerkten Hinweise oftmals die Interpretation einengen, bzw. verzerren (s. u.), ist sicher ein ungewolltes Beiprodukt dieser neuen Dokumentationsfreudigkeit.

Im Zusammenhang mit dem wissenschaftlichen Anstrich und Bs gründlichen Recherchen der historischen Überlieferung des Materials steht auch die neue Perspektive, die die Geschichte in der *Gründung Prags* erhält. Das Historische ist nicht mehr nur Folie oder Kulisse, wie in der *Chronika* oder in den *Romanzen,* wo es lediglich das mittelalterliche Kolorit beisteuerte. Im Drama wird das Geschichtliche ein integraler Teil, ja das Objekt der Dichtung selbst. Aus diesem Grund wird die Glaubwürdigkeit des dramatischen Stoffs ein so wichtiges Element in der *Gründung Prags,* und bedingt dadurch die Fülle des Belegmaterials. Bs geschichtliche Neusicht ist jener verwandt, die Arnim in seiner »Gräfin Dolores«, in der »Isabella« und in den »Kronenwächtern« zeigt. Da B zur Zeit der Entstehung dieser Werke mit Arnim in enger Verbindung stand, ist ein Gedankenaustausch über die Funktion des Historischen in der literarischen Darstellung anzunehmen. Sehr vereinfacht erklärt (die Literatur über Arnims Geschichtsverständnis ist umfangreich) wird das dargestellte historische Ereignis zum Paradigma für die Verhältnisse der Gegenwart, auf die es bezogen wird. Aus der geschichtlichen Darstellung soll eine Lehre gezogen werden, die für die Gegenwart verbindlich ist. Um dies zu erreichen ist es notwendig, das Historische durch poetische Mittel zu verbrämen (z. B. durch Ausarbeitung einer Symbolik, Einfügung von lehrreichen, aber erfundenen Episoden, usw.). Arnim bezeichnete diese Poetisierung der Geschichte eine »Füllung der Lücken« in der historischen Überlieferung (Einleitung zu den »Kronenwächtern«). B gibt eine ähnliche Definition seiner dichterischen Intention in der Selbstanzeige des Dramas. Die früheste Geschichte ist, wie die früheste Kindheit, unerforschlich und dem Historiker unzugänglich. Sie gleicht dem Traum und wird in den Sagen eines Volkes dunkel und undeutlich erfaßt; »so haben auch immer ganzgesinnte Forscher die Geschichte der Völker

[. . .] bis zu ihrem Aufgang aus morgenroten Nebelwolken [. . .] zu verfolgen geliebt« (Kemp 4: 528–529). Was der Geschichtsforscher aber nicht zu ergründen vermag, kann der Dichter poetisch erfassen: »also wird und muß auch jeder Historiker gern in den Träumen der Geschichte lesen, der Dichter aber wird sie verstehen und auslegen« (529). Der Dichter wird zum Vermittler und Interpreten. Nur durch seine Darstellung der Geschichte kann sie verstanden und aus ihr Nutzen gezogen werden. Damit werden aber die Wirklichkeitsverhältnisse umgekehrt: der Historiker »liest« bloß in der Geschichte, er ist der Rezipient und Schüler, während der Dichter zum Interpreten und Wissenschaftler erhoben wird. Das Verhältnis zwischen Historiker und Dichter ist wie das zwischen Novizen und Priester. Der »wissende« Dichter wird zur Mittlerfigur für das Geschichtliche.

Die dichterische, nicht chronikalisch erfaßbare Einsicht in die Wirklichkeit, wird von B in der *Gründung Prags* gegeben. Schon im Prolog wird der Leser vom Biographischen (der erlebten Vergangenheit) über den Umweg in eine verinnerlichte, unbewußte »Wirklichkeit« (die Abschnitte »Allegorie«, »Vision«, »Traum«, »Sibyllische Worte«) in die erlebte Gegenwart geführt, die »Geschichte« betitelt ist. Letztere erzählt vom Einzug der Großfürstin Katharina Paulowna (der das Drama gewidmet ist) in Prag während Bs dortigem Aufenthalt. Die »Sibyllischen Worte« aber behandeln Libussas Prophezeiung der Gegenwart, d. h., die Zeit der ausgehenden Napoleonischen Kriege, versinnbildlicht im biblischen Bild der Sintflut. Auf diese Weise versucht B, den Bezug zwischen Vergangenheit und Gegenwart, zwischen poetisierter Darstellung und politischem aktuellen Geschehen herzustellen, und den Gegenstand des Dramas (die Libussasage) historisch zu legitimieren.

Diese neue Geschichtsperspektive in Bs Werk ist nicht nur politisch orientiert, sondern auch stark didaktisch im religiösen Sinne. Dies erzielt B durch die Ausarbeitung eines im Quellenmaterial nur minimal vorhandenen »mythologischen Überbaus« (Reindl, 186) und dessen Verbindung mit der frei von ihm erfundenen Episode von der Ankunft des Christentums in Böhmen (personifiziert als byzantinische Jungfrau namens Trinitas), das die Grundlage der ganzen weiteren Geschichte ist. In ziemlich krasser Schwarz-Weißzeichnung wird Zwratka als Vertreterin des alten Götterglaubens, die drei Töchter Kroks als Verkünderinnen einer neuen (christlichen) Zeit dargestellt. B hat auch dies in den Anmerkungen erklärt, damit es dem Leser nicht entgehe:

»Den Gegensatz der guten und bösen, weißen und schwarzen Götter, der sich in vielen Glaubenssystemen wiederfindet und aller menschlichen Vorstellungsweise angemessen scheint, habe ich dadurch lebendiger darzustellen gesucht, daß ich meinen Personen eine besondere Hinneigung nach der einen oder anderen Seite gegeben habe. Indem ich Zwratka bis zur Teufelei nach den Mächten des Abgrunds gewendet, ja gewissermaßen vom Teufel schon in Besitz habe nehmen lassen, habe ich die drei Töchter Kroks zum Lichte bis zur Spekulation hingetrieben, ja sie als Begeisterte gewissermaßen Gottes teilhaftig gemacht.« (Kemp 4: 845–846).

Zwratka, die Dienerin Tscharts, des »Urhebers des Bösen«, zeigt eine gewisse Ähnlichkeit mit »der Hexe in Goethes »Faust«. Tschart ist der »Verneinende«, so wie Mephisto im »Faust« als der Geist bezeichnet wird, der stets verneint; und Zwratka reitet auf dem Besen als seine Braut zum Blocksberg (vgl. die Walpurgisnachtsorgien im »Faust«). B erklärt in den Fußnoten wieder die Blocksbergsagen. Die Symbolik des Hahnenschreis wird doppelt ausgewertet. Zwratka fürchtet den Hahnenschrei, weil er den Anbruch des neuen Tages und damit das Ende ihres Zusammenseins mit Tschart verkündet. Wie oben bemerkt wurde, ist hier Bs Erklärung ein Hindernis zur Interpretation. Die Fußnote besagt nämlich, »*der Hahnenschrei* ist in den wandelnden Geistern, was den Soldaten der Zapfenstreich, sie müssen dann nach Haus gehen« (851). Der Hahnenschrei ist aber auch Symbol für die Verkündung des Anbruchs einer neuen Zeit und der neuen, christlichen Religion: als Trinitas die vom Zaubertrank berauschte Zwratka weckt, ruft diese, »Verfluchter Hahnenschrei aus andrer Welt!« (569). Die »andre Welt« ist nicht bloß die Wirklichkeit, aus der Zwratka im Rausch entwichen ist, sondern die Welt der Christin Trinitas, die das Gegenbild zu Zwratkas alter Götterwelt bildet. Die Tag-, bzw. Nachtsymbolik unterstreicht die einfache Einteilung in gute und böse Figuren, weiße und schwarze Götter. Auch dies wird von B eingehend in den Anmerkungen erläutert.

Zu den positiven Figuren gehören die Töchter Kroks, allen voran Libussa, die die Führung des Slawenstammes in eine neue (christliche) Zukunft einleiten. Die Schwestern sind Drillinge: die heilige Zahl Drei, Symbol der Dreifaltigkeit und Dreieinigkeit, auch in der Figur Trinitas versinnbildlicht, unterstreicht wieder das religiöse Element. Jede der Schwestern besitzt eine besondere Gabe, die sie vor dem Volk besonders auszeichnet.

Tetka, die Zauberkundige, wendet ihr Streben dem Himmel und den Göttern zu; Kascha, die Kräuterkundige, ist der Erde zugewandt; Libussa, die Seherin, ist die Angehörige beider Sphären:

Libussa:
»Der Himmel, Tetka, läßt mich durch dich grüßen,
Dein Aug der Götter leuchtend Werk belauscht,
Die Erde, eine Wolke dir zu Füßen,
Mit ihren Wäldern, ihren Strömen rauscht.
Aus Gartensternen deutet Kascha mir,
Die Erdvertraute, gut des Abgrunds Traum;
Den Gott verstehet und verkündet ihr.
Ich breche uns an seines Mantels Saum,
In seiner Dreiheit eins, dies Kleeblatt mild [. . .].
Kein Heil kann uns, den Töchtern, fortan blühn
Als Einigkeit in dreifachem Bemühn.«
(576–577).

Wenn Tetka die Priesterschaft und Kascha die Heilkunde versinnbildlichen, dann versteht sich Libussa als Ratio. Auch darin wird Bs religiöse Didaxe deutlich, denn in der Christusfigur verbinden sich alle drei Eigenschaften: er ist höchster Priester, Arzt und Weiser zugleich. Die drei Schwestern sind Vorläufer des Gottes, der in Zukunft das Volk beherrschen wird. Libussa spricht es aus:

»Was abwärts zieht, ist allzutief dem Menschen,
Was aufwärts zieht, ist allzuhoch dem Menschen,
Der irdisch leben soll und himmlisch denken,
Daß Erd und Himmel sich in ihm versöhne;
Jener den Gott, den Menschen diesem schenken,
Kann nur der menschlichste der Göttersöhne.«
(580)

Die *Gründung Prags* zeigt gleich mehrere »Erlöserfiguren«. Zum einen die Christusfigur, die überall nur in Metapher und Symbolik auftritt, wie z. B. im »Keuschlamm«: »Aber vom Keuschlamm, das neben mir blühte, / Fiel ein Blättchen hinab, und es hob sich ein Gewüte. / Da erbebte die Tiefe, da wichen die Schwellen, / Und in sich zerstürzte der Finsternis Haus« (595). Aber auch Trinitas, die Christin, ist eine Erlöserfigur, die von Zwratka getötet wird während sie das Sakrament der Taufe spendet. Ähnlich wie Arnims Isabella kommt sie aus dem Morgenland und bringt die »Befreiung« vom alten Glauben. Schließlich ist Libussa als Führerin ihres Volkes, als Verkünderin der Zukunft und als Heldin des Dramas ebenfalls eine Wegweiserin.

Die sehr verzweigte Symbolik, die den historischen Hintergrund und die Sage mit Bs eigener Auslegung eines Aufbruchs in die Christenheit verbindet, enthält das didaktische Element, das dieses Werk zu den inhärent religiösen seiner späteren Jahre in Beziehung setzt. Noch steht seine Dichtung nicht vollkommen im Dienste der Religion. Doch wird in der *Gründung Prags* mehr als in den früheren Werken Bs bereits die neue Orientierung deutlich, die seine Dichtung in den späteren Jahren fast gänzlich einnahm. In diesem Sinne ist das Drama ein Übergangswerk.

Literatur.

R. Kayser: Arnims und Bs Stellung zur Bühne (Berlin, 1914). *F. Heininger:* CB als Dramatiker (Breslau, 1916). *R. Smekal:* Das alte Burgtheater, 1776–1888 (Wien, 1916), 49. *Ders.:* »Theaterprobleme der Romantik. Unbekanntes von CB«, Dt. Rundschau 192 (1922), 200–211. *Ders.:* »CB als Wiener Burgtheaterkritiker«, Österreich-Deutschland 4, Nr. 8 (1927), 3–6. *L. Freundlich:* CB u. die Bühne (Diss. Wien, 1931). *R. Ulshöfer:* Die Theorie des Dramas in der dt. Romantik (Diss. Tübingen, 1935). *P. Neyer:* »›Die Blumen des Fürsten Salm‹. Ein Lustspiel von CB als Quelle eines Droste-Motivs?«, Jb. d. Droste-Gesellschaft 3 (1959), 99–108.

Zu einzelnen Werken.
Aloys und Imelde (AuI).
H. Amelung: »Ein neues Drama CBs«, Frankfurter Zeitung, Nr. 260 (1912). *A. Harnack:* »Einführung«, Bs Sämtliche Werke, hrg. v. C. Schüddekopf, Bd. 9,2 (München/Leipzig, 1912). *H. Amelung:* »Neues u. Altes, Echtes u. Falsches von CB«, Literarisches Echo 15 (1913), 1114–1119. *T. Friedmann:* »Überraschungen von CB«, Hamburger Nachrichten, Lit. Beilage, Nr. 43/4 (1913). *H. Grössel:* Bs Drama »AuI« (Diss. Göttingen, 1959). *F. Kemp:* CB. Werke, Bd. 4 (München, 1966), 927–936. *H. Rölleke:* »Zwei Volksliedzitate in Bs Drama AuI«, JbFDH (1976), 211–215. *T. K. Williams:* »B's AuI«, Romantic Tragedy. Theory vs. Theater (Diss. Yale, 1977), 126–151.

Die Gründung Prags.
E. Grigorovitza: Libussa in der dt. Literatur (Berlin, 1901), 27–73, 78–86. *O. Brechler:* »Einleitung«, Bs Sämtliche Werke, hrg. v. C. Schüddekopf, Bd. 10 (München, 1910). *G. Müller:* »Die Libussa-Dichtung Bs u. Grillparzers«, Euphorion 24 (1923), 617–628. *H. Taeschler:* Die Gründung Prags (Zürich, 1950). *R. Matthaei:* Das Mythische in CBs »Gründung Prags« u. den »RvR« (Diss. Köln, 1961). *W. Frühwald:* »CB. Die Gründung Prags«, Kindlers Literatur-Lexikon, Bd. 3 (1967), 1226–1229. *H. Steinmetz:* »B. Die Gründung Prags«, Die Trilogie (Heidel-

berg, 1968), 110–113. *N. Reindl:* »Die Gründung Prags«, Die poet. Funktion d. Mittelalters in d. Dichtung CBs (Innsbruck, 1976), 179–298. *O. Seidlin:* »Prag: deutsch-romantisch u. Habsburgsch-wienerisch«, Von erwachendem Bewußtsein u. vom Sündenfall (Stuttgart, 1979), 93–119. *U. Ricklefs:* »Objektive Poesie u. Polarität, Gesetz u. Gnade«, Germanistik in Erlangen (1983), 239–269.

Gustav Wasa
(Zur »Satire« vgl. auch Bogs und die Philisterabhandlung oben)
J. Kotzur: Die Auseinandersetzung zwischen Kotzebue u. der Frühromantik um die Jahrhundertwende (Diss. Breslau, 1932). *F. Kemp:* CB. Werke, Bd. 4 (München, 1966), 903–908. *M. Thalmann:* »CB, ›Gustav Wasa‹«, Provokation u. Demonstration in d. Komödie d. Romantik (Berlin, 1974), 71–77. *Anon.:* »CB ›Gustav Wasa‹«, Yale Univ. Library Gazette 53 (1978), 29–32. *W. Bellmann:* »Eine unbekannte Selbstanzeige Bs zum ›Gustav Wasa‹«, BdK, 331–333. *H. Schultz:* »Bs ›Gustav Wasa‹ u. seine versteckte Schöpfungsgeschichte d. romant. Poesie«, BdK, 295–330. *W. Bellmann:* »»Bedlam‹ u. ›Kasperle‹...«, Aurora 42 (1982), 166–177.

Die lustigen Musikanten.
P. H. Gehly: »Ein romant. Singspiel ETA Hoffmanns«, Zs. f. Musik 100 (1933), 1103–1105. *L. Jessel:* »Ein neuer Fund zur Vertonung von Bs ›Lust. Musikanten‹«, JbFDH (1971), 90–122. *H. Rölleke:* »Z. Werner rezensiert CB u. ETA Hoffmann«, Euphorion 67 (1973), 378–382. *Ders.:* »CBs ›Lust. Musikanten‹«, JbFDH (1974), 375. *W. Bellmann:* »Zur Wirkungsgeschichte v. Bs ›Lust. Musikanten‹«, JbFDH (1981), 338–342.

Ponce de Leon (PdL)
H. Heine: »Die romant. Schule«, Sämtl. Werke, hrg. v. E. Elster, Bd. 5 (Leipzig, 1887–1890), 308–309. *G. Roethe:* Bs »PdL«. Eine Säkularstudie (Berlin, 1901). *G. Kluge:* Spiel u. Witz im romant. Lustspiel (Diss. Köln, 1963). *H. Arntzen:* »Das Spiel der Maskierten«, Die ernste Komödie (München, 1968), 156–168. *S. Sudhof:* Nachwort zu PdL (Stuttgart, 1968), 163–175. *D. Borchmeyer:* »PdL«, Kindlers Literatur-Lexikon, Bd. 5 (Zürich, 1969), 2326 ff. *W. Hinck:* »Triumph d. Improvisation«, Ein Theatermann – Theorie u. Praxis (München, 1977), 121–126. *R. Maurer-Adam:* »Deklamatorisches Theater. Dramaturgie u. Inszenierung v. CBs Lustspiel ›PdL‹«, Aurora 40 (1980), 71–99.

5. Religiöse Schriften

Eine der wesentlichsten Lücken in der B-Forschung ist auf die weitgehende Vernachlässigung von Bs religiösen Schriften in der Literaturkritik zurückzuführen. Das ganze Werk Bs nach der Glaubenswende mit Ausnahme einzelner später Gedichte und der Märchen ist von literaturkritischer Seite als belanglos abgetan worden, obwohl es rund 25 Jahre seines Lebens und einen Großteil seines Schaffens umfaßt. Weil die wichtigsten dieser Schriften entweder mit Bs Aufenthalt bei der stigmatisierten Nonne Anna Katharina Emmerick und den auf sie zurückführenden kirchenpolitischen Entwicklungen in Verbindung stehen, oder auf philanthropischen Regungen und politischen Ereignissen fußen, ist bis zum allmählichen Erscheinen dieser Werke in der HKA die grundlegendste Arbeit vor allem von theologisch Interessierten geleistet worden. Dazu gehören J. B. Diel, SJ, W. Kreiten, SJ, Schalom Ben-Chorin und W. Hümpfner, OESA, aber auch H. Cardauns, J. Adam, I. Dietz u. a. Als Literaturhistoriker haben sich F. Röckmann und J. Pradel, aber auch O. Katann, J. Nettesheim (in ihrer Hensel-Studie), G. Schaub und J. Mathes um die Erforschung dieses Materials verdient gemacht. Die für jede Beschäftigung mit den religiösen Schriften Bs unumgänglichen Arbeiten sind die bahnbrechenden Studien B. Gajeks (Homo poeta) und W. Frühwalds (Das Spätwerk CBs). In eine dritte Kategorie von Vorarbeiten, die für die religiösen Schriften von Wichtigkeit sind, gehören die Ausgaben von Briefen, Biographien, Erinnerungen, Tagebüchern und Schriften von Bs Zeitgenossen, die Licht auf den Arbeitsvorgang des Dichters werfen. Viele dieser Ausgaben samt den darauf aufbauenden Einzelstudien, können den Streit um Bs »religiöses« Werk klären helfen.

Für die literarische Erschließung der Emmerick-Schriften wird es zweckmäßig sein, den zeitgenössischen Zwist über die Authentizität von Emmericks Stigmata, bzw. die kirchenpolitischen Vorgänge um die Frage ihrer Heiligsprechung zwar zur Kenntnis zu nehmen, aber nicht in die Werkinterpretation miteinzubeziehen. Mehrere Ansätze lassen sich bereits erkennen: 1. Zunächst wird es notwendig sein, die Originalmanuskripte Bs soweit als möglich wiederherzustellen, was mit dem Erscheinen der Bände 23–28 in der HKA (Trilogie, Emmerick-Biographie) erleichtert wird. Frühwald hat im Abschnitt »Purgierung der Emmerick-Manuskripte« (Spätwerk, 146 ff.) und im 5. Kapitel seines Buches auf das Ausmaß der Tilgungen verwiesen, welche die Spiegelung der »sinnlichen« Liebe Bs zu Luise Hensel im Emmerick-Erlebnis rückgängig machen sollte. Gerade dieses kontaminative Verfahren, welches das religiöse Werk dem biblischen »Hohelied« nahebringt, ist für sein Verständnis als Literatur außerordentlich wichtig. 2. Quellenkritische Studien werden neben eingeflochtenen Zitaten und Selbstzitaten weitere Belege für seinen Kontaminationsstil ergeben. S. Ben-Chorin, dessen Aufsatz einen Vergleich der (B/Emmerickschen) Aufzeichnung von »Joseph und Aseneth« mit rabbinischer Überlieferung zum Thema hat, stellt fest, daß die Genealogie in der Fabel »und der halakhische Midrasch im wesentlichen voll übereinstimmen« (Eine alttestamentl. Vision d. A. K. Emmerick, 337). Gajek (Forschungsbericht) weist auf die mögliche Einbeziehung der Bibelübersetzung im Sinne der Midrasch durch D. B. Hanebergs Einfluß auf B hin. Ben-Chorin ist mit der Entstehungsgeschichte der Emmerick-Schriften offensichtlich nicht vertraut. So muß noch das Grundlegendste in der Quellenkritik geleistet werden. Ein weiterer Hinweis Frühwalds (Spätwerk), daß die drei Emmerick-Schriften mit den ersten zwei Bänden von Görres' »Christlicher Mystik« in engem »innerperspektivischem« Zusammenhang stehen, sollte ebenfalls ausgewertet werden. 3. Als logische Folge derartiger Vorarbeiten käme eine Auseinandersetzung mit der möglichen Einordnung von Bs religiösem Werk in das Gesamtschaffen der Romantik in Betracht. Theoretisch gesehen mag Bs Verfahren sogar eine Erweiterung der romantischen Gattungsmischung, ja sogar der Ironie sein. Auf metaphysisch-symbolischer Ebene ist die »religiöse Wendung« sicher nur als Weiterführung früherer Ansätze *(Romanzen, Chronika)* zu sehen. Frühwald meint, an die Stelle des Glaubens an die Kunst als »verbindende Kraft« oder Mittlerin sei der Glaube an die prophetische Kraft der Seherin getreten: »In der Frühromantik war es nur der Poesie gegeben, durch die empirischen Sprachsonderungen hindurch zu den verlorenen Paradiesen vorzustoßen, jetzt wechselt B das Medium, nicht das Ziel« (Spätwerk, 285). 4. In Zusammenhang mit der Erforschung der Quellen ist auch noch die Sprache der religiösen Schriften zu untersuchen. Solche Studien sind zwar in werkimmanenten Arbeiten über Bs Lyrik bekannt, haben aber keinerlei Interesse an den Emmerick-Schriften gezeigt. Die Erläuterung des struktur- und funktionsbedingten Gebrauchs liturgischer Terminologie wäre für die Interpretation dieser Werke zweckdienlich. 5. Der in den Schriften herrschende dogmatisch-didaktische Ton sollte ebenfalls noch auf seine Funktion hin untersucht werden. Er wäre im Vergleich mit anderen B-Werken für stilkritische Analysen ein dankbares Projekt. Röckmann hat auf die liturgisch-didaktischen Eigenschaften der Sprache im *Bitteren Leiden* hingewiesen.

Von den übrigen religiösen Schriften Bs wird sich der kürzlich erschienene Band 28 der HKA *(A. K. Emmerick-Biographie* samt Lesarten) für die Literaturkritik ergiebig zeigen. Der Vergleich zwischen Stellen in den Tagebuchaufzeichnungen mit solchen im biographischen Werkplan, die das gleiche Ereignis erläutern, zeigt Abweichungen des Inhalts und der Erzählweise, die für die Bewertung von Bs Arbeitsvorgang wichtig sind. Bei dieser unterschiedlichen Wiedergabe des ihm Erzählten ist nicht nur die Frage nach der Authentizität, sondern auch jene nach der Intention des »Rahmenerzählers«, bzw. der Funktion des Erzählten zu stellen. Die Biographie bildet auch einen ausgezeichneten Ausgangspunkt für eine Untersuchung parapsychologischer Phänomene, die im engen Zusammenhang mit zeitgenössischen medizinischen Interessen stehen. Bs Aufzeichnungen sind mit jenen von Dichter-Ärzten wie Justinus Kerner (»Geschichte des Mädchens von Orlach«, »Seherin von Prevorst«), Georg Büchner (z. B. seine Untersuchungen zum »Woyzeck«, »Lenz«), und später Arthur Schnitzler (»Flucht in die Finsternis«) zu vergleichen, die grundsätzlich Krankengeschichten sind, doch gleichzeitig zur Literatur gehören. Hier wäre vielleicht eine neue oder modifizierte Gattungsklassifizierung zu erstellen. Von dem Wenigen, was bisher über dieses Material erarbeitet wurde, gibt J. Mathes in Bd. 28,2 der HKA Auskunft. Wichtig ist auch E. Tunners Aufsatz (»Die ›denkende Klasse‹ und CBs Emmerick-Schriften«).

Einen weiteren wichtigen Ansatzpunkt bringt W. Frühwald in seinem Aufsatz über die Parteinahme der Romantiker im Konflikt zwischen Kirche und Staat (»Anfänge der kathol. Bewegung«). Das politisch-didaktische Element in Bs religiösen Schriften ist in der Literaturkritik noch kaum erfaßt worden. Frühwald hat mehrfach darauf verwiesen. Bs Buch über *Die Barmherzigen Schwestern* benütze »als Kontrastfolie für das Wirken der Schwestern die Französische Revolution des Jahres 1789« (Spätwerk, 178) und es müsse zusammen mit J. Görres' Rezension gelesen werden (Görres, »Kirche, Staat und Cholera«), damit die politische Tendenz verständlich sei. Neben W. Oehls Einleitung zu Bd. 14,1 der *Sämtlichen Werke* (Schüddekopf-Ausgabe), die die *Barmherzigen Schwestern* eingehender bespricht, hat sich Gajek (Homo poeta) mit diesem Buch beschäftigt und auf die fiktionalen Elemente darin verwiesen. Auch er deutet kurz den Zusammenhang mit den politischen Wirren der Französischen Revolution an. R. Moerings Aufsatz über die »Französischen Quellen zu Bs ›Barmh. Schw.‹« läßt das so wichtige politisch-didaktische Element unberührt (»Die

Orientierung an Frankreich kann ich hier nur kurz skizzieren«, 217).

B. Gajek (Homo poeta) analysiert eingehend einige weitere religiöse Arbeiten Bs. Seine grundlegenden Erkenntnisse sind von der Forschung zwar gewürdigt, aber kaum weitergeführt worden. Gajeks Verdienst ist es vor allem, daß er die Anfänge von Bs religiösem Werk mit dem späteren Schaffen in logischen Kontext bringt. Dadurch wird das Religiöse nicht streng vom Literarischen getrennt, sondern die beiden Elemente sind einander zugeordnet. Neben den Dülmener Gedichten Bs, der »Nazarener-Lyrik« und dem *Mosel-Eisgangs-Lied* analysiert Gajek eingehend die *Solinus-Legende* und die *Legende von der heiligen Marina*, wobei er die beiden letzteren im Kontext mit dem Gesamtschaffen Bs interpretiert und die Beschränkungen von gattungs-, methoden- und motivorientierten Arbeiten erfolgreich umgeht.

Literatur.

Die Literatur zu den religiösen Schriften CBs ist größtenteils bereits oben erfaßt (vgl. bes. II/4–6), da sie vor allem biographisch orientiert ist. Als die wichtigsten neuen, wissenschaftlich herausragenden Arbeiten sind nochmals anzuführen:

B. Gajek: Homo poeta (Frankfurt, 1971). Darin bes.: »Die Dülmener Gedichte«, 125–197; die »Nazarener-Lyrik«, 198–232; »Die Solinus-Legende«, 233–298; die »Legende von der heiligen Marina«, 347–436; und die Bibliographie. *W. Frühwald:* Das Spätwerk CBs 1815–1842 (Tübingen, 1977). *E. Tunner:* CB. Imagination et sentiment religieux, 2 Bde. (Paris, 1977).

Oben nicht angeführt sind:
A. Ruge: »Der Pietismus u. die Jesuiten«, Hallische Jbb (1839), 241–288. *K. E. Schmoeger:* Einleitung zu Das Leben unseres Herrn u. Heilandes Jesu Christi, 3 Bde. (Regensburg, 1858–1860). *M. Ponet:* Le mystère des stigmatisés de Catherine Emmerich à Thérèse Neumann (Paris, 1933). *A. Schweitzer:* Geschichte der Leben-Jesu-Forschung (Tübingen, 6. Aufl. 1951). *H. Boetius:* »Zur Entstehung u. Textqualität von CBs ›Ges. Schriften‹«, JbFDH (1967), 406–457.

6. Kritische Schriften

Bs beißender ironischer Witz und seine kritische Stellungnahmen in der Gesellschaft waren bekannt, gefürchtet und geschmäht. Daß sich der Dichter neben mündlicher »Kritik« auch schriftlich kritisch betätigte, ist kaum bekannt oder gewürdigt worden. Selbst in den Forschungsberichten fehlt diese Perspektive, doch geht Gajek (Forschungsbericht, 452–453) kurz auf Bs journalistische Tätigkeit ein. B, wie viele Romantiker mit Ausnahme von Schlegel und Görres, hatte keine besondere Neigung zu streng durchgeführten kritisch-theoretischen Auseinandersetzungen. Seine »kritischen Schriften« sind daher meist kritische Kunstwerke statt kunstreicher Kritiken: das kritische Element wird didaktisch wirksam in poetischer Verbrämung. Arnim, Schumann, R. Wagner und andere Romantiker haben ebenso gearbeitet. Die kritischen Schriften Bs (wie jene anderer Romantiker) nehmen oft die Form von fingierten oder öffentlichen Briefen, »Betrachtungen«, Parabeln, »Berichten«, »Gesprächen« und ähnlichen Versuchen an, das kritische Element poetisch zu verkleiden und symbolisch zu durchtränken. J. Baxa, dessen »Einführung in die romantische Staatswissenschaft« das Phänomen romantischer Ausdrucksweise auf diesem Gebiet zu erklären sucht, faßt die Perspektive des Romantikers so zusammen:

»Mit der innersten Seele erfaßt er die Wirklichkeit und Wesenheit der Dinge, der äußere sprachliche Ausdruck dieses inneren Bildes klingt aber oft wie das Stammeln der gottberauschten, pythischen Seherin. Wer nicht selbst im Herzen ein Stück Mystik besitzt und eine heilige Scheu vor der ewigen Rätselhaftigkeit der Dinge, dem wird die Philosophie und die Staatswissenschaft der deutschen Romantik immerdar verschlossen bleiben wie das apokalyptische Buch.« (173)

Dasselbe gilt für die kritischen und theoretischen Auseinandersetzungen der Romantiker auf dem Gebiet von Kunst und Literatur. Inwiefern dies genremäßig ist, und bis zu welchem Grad die Rücksichten auf die Zensur eine camouflierende, verschlüsselte Ausdrucksweise forciert hat, wäre noch zu untersuchen.

Bs kritische Schriften lassen sich in mindestens fünf Kategorien gliedern: 1. Theaterkritik; 2. politisch-patriotische, und 3. kunstkritische Schriften; 4. Religionspolitisches; und 5. Polemik. Die Theaterrezensionen stehen den Anforderungen, die gewöhnlich an »kritische Schriften« gemacht werden (Klarheit im Ausdruck, Präzision der Kritik, Logik und Übersichtlichkeit des Arguments), am nächsten. Die meisten wurden ursprünglich in Wien (»Dramaturgischer Beobachter«) und Berlin (»Spenersche Zeitung«, dort z. T. mit starken Abweichungen von der Handschrift) gedruckt und stammen aus den Jahren 1814/15. Vereinzelte ungedruckte Texte sind seither aus dem

Nachlaß ediert worden. R. Smekals zahlreiche Arbeiten sind grundlegend, L. Geigers (»Berliner Neudrucke«) und F. Kemps (CB. Werke II) Editionen wesentlich für die Forschung. Der fotomechanische Nachdruck des »Dramaturgischen Beobachters« (Kraus Reprint, 1971) macht diese seltene Zeitschrift der Forschung wieder zugänglich.

Die bei Smekal gedruckten Aufsätze Bs (»Theaterprobleme der Romantik«) beschäftigen sich ohne Umschweife mit grundsätzlichen Fragen des Theaters. Indem B die Stellung reflektiert, die dem Text in einer Oper zukommt, berührt er ein Problem, das in der Romantik viel diskutiert wurde. Wagner erhob schließlich seine (selbst verfaßten) Libretti aus der untergeordneten Position, die Operntexte einnahmen. Er sah in ihnen die dritte Komponente, die sich zur Musik und Schauspielkunst gleichwertig hinzugesellt. Bs Aufsatz *über das moderne Theaterwesen* ist ein kleines Meisterstück der Satire. Er ist in ähnlicher Art geschrieben wie Arnims Theaterkritiken und benutzt die gleichen Argumente wie Wagner in seinen Schriften über die Oper.

Eine stilistisch ganz andere Art ironisch-satirischer Kritik kennzeichnet den Aufsatz *Über Klingemanns »Faust«*. Nicht kühle, logische Rhetorik begründet hier die Argumente wie in den zuvor genannten Aufsätzen, sondern ein poetisch-mutwilliger Witz. Schon der fingierte Adressat, ein »imaginairer Unbekannter, den Endes nicht Unterschriebener während der Aufführung sich als seinen Sitznachbar einzubilden scheint«, erweist diese Kritik des am 12. Sept. 1816 in Berlin uraufgeführten Stücks als phantasiereiches Gebilde poetischer Einfallskraft und rückt sie dem Stil des *Uhrmacher Bogs* nahe.

Noch weiter in die Nähe der »kritischen Poesie« gerückt ist die Rezension von F. C. Lipperts »Seltsamer Audienz«. B benutzt hier die romantische Einschubtechnik und Kontamination mit didaktischer Intention. Nachdem er einleitend bemerkt, man müßte das Stück »durchaus abkürzen oder eine andere Fabel einflechten« (Kemp II, 1120), setzt er diesen Wunsch für das Stück in der Rezension in die Tat um: nach einer kurzen Kritik der »Seltsamen Audienz« geht B »zur Unterhaltung der Leser« zu einer »Erklärung der sogenannten Golem in der Rabbinischen Kabbala« über (1122) und kehrt danach »zur Kritik der seltsamen Audienz-Darstellung zurück« (1123). Der zunächst frappierende Einschub erweist sich bei genauerer Betrachtung als eine Art Parabel: die unkünstlerische, bloß scheinlebendige Darstellung der Charaktere durch die Schauspieler wird der Scheinlebendigkeit der Golemfigur verglichen. Belehrend ist der Einschub, weil er die Gefährlichkeit der Golems (d. h. der falschen Kunst) und die Notwendigkeit ihrer Zerstörung andeutet. B zitiert bei der Erklärung der Golemsage ungefähr ein Dutzend Druckzeilen fast wortwörtlich aus Arnims Novelle »Isabella von Ägypten« (vgl. Kastinger Riley, Kontamination, 355).

Fast gänzlich aus dem Bereich der Kritik enthoben und zur Poesie gehörig sind die *Briefe über das neue Theater,* von denen der zweite (der des Poeten) von B stammt. In dem in der »Wünschelruthe« erschienenen öffentlichen Briefwechsel zwischen dem »Theaterdirektor« Arnim und dem »Poeten« B entspinnt sich ein philosophisches Gespräch über Kunst und Theater bzw. deren zeitgenössische Mißstände. Nach der sehr deutlichen Feststellung Bs zu Anfang des Briefes, »Ich halte von dem Theater, wie es jetzt ist und eine schlechte Bühne es der andern ohne alle Originalität nachtreibt, weniger als nichts« (Kemp II, 1157), konzentriert sich der Inhalt des Aufsatzes auf witzige und beiläufige Anspielungen auf mehrere zeitgenössische und ältere Dichter. Die Sprache wird zunehmend abstrahiert und symbolisiert, bis der anfangs zitierte Satz in neuer Einkleidung erscheint: »seit die stehenden Theater in den Schutz der Serenissimi gekommen, sind die Zugvögel so schneckenfest geworden, daß sie in dem stehenden Sumpfe liegen bleiben und nicht mehr nach schönerem Frühling ziehen, den sie uns mitbringen« (Kemp II, 1164). Die Schuld für die Theatermisere wird auf die fürstliche Protektion und auf die eitle Selbstzufriedenheit »seßhafter« Theatertruppen geschoben. Der kurze Querschnitt durch Bs Theaterrezensionen deutet bereits die stilistische und strukturelle Vielfalt des Verfahrens bei seinen kritischen Schriften an, zu deren Untersuchung noch das Grundlegendste beigetragen werden muß.

J. Baxa bemerkt über Bs »religiös-soziale Schriften«, daß sich B zweimal öffentlich am Zeitgeschehen beteiligt habe: das erstemal in den Kriegsjahren 1813/14, in denen eine »Reihe siegesfroher Vaterlandslieder aus seiner Feder flossen, und das zweitemal zu jener späteren Wendezeit [. . .] in religiös-sozialen Schriften, von denen in erster Linie die ›Bilder und Gespräche aus Paris‹ zu nennen sind« (Einführung in d. romant. Staatswiss., 164). Neben den Vaterlandsliedern und patriotischen Bühnenwerken der Wiener Zeit verfaßte B auch einige Schriften, die in den politisch-publizistischen Bereich fallen. Dazu gehören die beiden Briefe an Arnim, die dieser für den damals von ihm redigierten »Preußischen Correspondenten« umarbeitete. »Tyrol ist frei!« (Nr. 109, 8. Okt. 1813) und »Speckbacher« (Nr. 150, 18. Dez. 1813) berichten von den Tiroler Aufständen in der Nachfolge Andreas Hofers, bzw. des Tiroler Freiheitskämpfers Speckbacher. Angaben über die Gefangennahme von »dreihundert Franzosen mit zwei Kanonen«, die Anzahl der Aufständischen (20.000) und die Kenntnisse über die politischen Verhandlungen mit Bayern werden Bs Informationen aus Wien zuzuschreiben sein.

Die ursprünglich im »Gesellschafter« erschienenen politischen Bemerkungen sind bereits zeitgemäß durch Einkleidung in »Parabeln« verschleiert. Kotzebues Verdächtigung als Spion und seine Ermordung, E. T. A. Hoffmanns (»Meister Floh«) und Arnims Schwierigkeiten mit der Zensur und den Behörden, Kügelgens Ermordung, Schleiermachers politische Verdächtigung und »Stadtarrest« (1822) sind Begebenheiten, die auf die politisch motivierten Verfolgungen und Unruhen deuten, denen Künstler und Intellektuelle in den Jahren nach den Freiheitskriegen ausgesetzt waren. Die Literaturforschung hat diese sozialpolitischen Faktoren ungenügend in Betracht gezogen, wenn über den Obskurantismus der Spätromantiker in dieser Zeit geklagt wird. Bs Parabel *Altes Deutsch und fremdes Deutsch* prangert den Gebrauch von fremden und veralteten Methoden der Kommunikation an, die für zeitgenössische Zwecke unzureichend sind (»Sie wollen Münzen, deren Bild und Überschrift einen Dolmetscher nötig haben, jedermann aufdringen, keiner aber will sich damit bezahlen lassen« – Kemp II, 846), verweist aber gleichzeitig im politischen Sinne auf Fremdherrschaft (das Regentenportrait auf der Münze, die ausländische Beschriftung). Wenn sich B aber auch auf »zu alte deutsche oder gar zu fremde Worte« bezieht, so erlaubt die symbolische Gestaltung ein erweitertes Verständnis des Veralteten und Fremden überhaupt, indem er es als für Deutschland unpassend erklärt. Schließlich läßt sich die Bedeutung der Münze auch auf veraltete (feudalistische) und fremde (kapitalistische) wirtschaftspolitische Zeitströme beziehen. Die Parabel *Deutschland* erläutert die beiden Möglichkeiten zur Verbesserung unzulänglicher Zustände: Schwert und Feder (die Macht der Waffe und die Macht des Wortes) müssen »wechselweise, nach dem Bedürfnisse Deutschlands« gebraucht werden (Kemp II, 853). Wenngleich stark poetisch verkleidet, müssen solche Schriften dennoch zum kritischen Schaffen Bs gerechnet werden.

Die spezifisch kunstkritischen Schriften Bs sind von jenen anderer Romantiker in Stil und Form kaum zu unterscheiden. Die mit Arnim verfaßten *Verschiedenen Empfindungen vor einer Seelandschaft von Friedrich* erschien ursprünglich unter geändertem Titel, von Kleist stark gekürzt und umgearbeitet, 1810 in den »Berliner Abendblättern«. Das Original gibt mit Hilfe des in der Romantik oft gewählten Dialogs eine Anzahl verschiedener Urteile und Perspektiven, die sowohl das künstlerisch Geglückte, wie das von B Beanstandete verdeutlichen. Gleichzeitig wird Kritik am Unverständnis und an der Albernheit des Publikums geübt. Durch Kleists willkürliche Kürzungen entfiel dieser Teil der Kritik und übrig blieb nur die etwas schwärmerische Einleitung. Schließlich fügte Kleist einen Schlußsatz hinzu, in dem er seine Bedenken gegenüber dieser Arbeit formuliert: »meine eigenen Empfindungen, über dies wunderbare Gemählde, sind zu verworren,« läßt er den Rezensenten »cb« sagen; er werde sich daher von den Vorübergehenden »belehren« lassen (12. Blatt, 13. Okt. 1810).

Der Aufsatz *Erklärung der Sinnbilder* für den 1. Band des »Hesperus« (1812) ermöglicht eine weitere wichtige Einsicht in Bs Schaffensweise. Bot der oben erörterte Aufsatz ein konkretes Beispiel romantischer Struktur (Dialogform und Perspektivenwechsel), so stellt die Erläuterung der Umschlagzeichnungen eine Einführung in das romantische Kunstideal dar. Die Symbolik ist der Kunstrichtung der Nazarener verwandt. Besonders aufschlußreich ist Bs lange Einleitung über das, was das Bild *nicht* bringt: keinen »abgehetzten Merkur, keine verschriene Fama«, aber auch keine Sphinx und keinen »antiken Greif«. »Hier ist kein abgeschmackter Plattsinn und kein übersinnlicher Tiefsinn, sondern hier ist *Sinn*« (Kemp II, 1046). Das Fremde, Antikisierende, Mystische und Chiffrierte wird abgelehnt und statt dessen das Einfache, Heimische und »Nützliche« bevorzugt. Die gepriesenen Versinnbildlichungen zeigen einen männlichen und einen weiblichen »Genius«. Sie stellen in stilisierter Form und, für heutige Begriffe stereotypisiert, die sich ergänzenden weltlichen Kräfte dar. Der männlichen Figur gehören Brustharnisch, Reichsapfel und Schwert (»wie ein Kreuz aufgestellt«, Kemp, II, 1047), aber auch Eiche und Komet an, die den männlichen Anteil an Staats- und Waffenkraft, Vaterland und Geschichte symbolisieren. Die weibliche Figur stellt »die Natur, den Bildungstrieb und ihre freigeborne Tochter, die schöne Kunst, also die Gaben der Mutter, den Zurüstungen des zeitlichen Hausherrns, der Geschichte« gegenüber (1049). Die hier geäußerten kritischen Beobachtungen erklären auch Bs Begeisterung für die Kunst Runges, den er in seinem Nachruf *(Andenken eines trefflichen deutschen Mannes und tiefsinnigen Künstlers)* würdigt, und am Schaffen Eduard Steinles, in dem er einen Nachfolger Runges sah. Bs Drama *Gründung Prags* verkörpert das Gegenstück zu den bildenden Künsten, da es mit seinen symbolischen Figuren das Weltgeschehen dichterisch umsetzt. In der Skizze über Schinkel beanstandet B andererseits dessen zu eindeutige Orientierung am Sinnlichen und Weltlichen. Schinkel empfindet »mehr Freude an der derben lebendigen Menschlichkeit Luthers« als an dessen religiösem Feuer. Er ist mehr von Luther fasziniert als vom Heiland, d. h. er sieht in erster Linie den weltlichen Abglanz, nicht das Göttliche selbst. Der Künstler Schinkel ist von einem Feuer durchlodert, das »eine Beziehung auf ein höheres untergegangenes Dasein wie die Sehnsucht nach einem verlornen Vaterland und Bürgerrecht ausspricht, zu dessen voller Erkenntnis er, vor der Freude und Reproduktionslust der Spiegelfragmente dieser verlornen Herrlichkeit in der Kunst, nicht gelangen kann« (Kemp II, 1043). Die kaum von der Forschung beachteten kunstkritischen Schriften stellen schon vor der »Wende« den Bezugspunkt zu Bs religiöser Orientierung dar.

Die religionspolitischen Schriften sind in Aufsätzen und Parabeln zu finden. Sie lassen sich aber erst durch die Einbeziehung der Briefe und im Zusammenhang mit Bs Verhältnis zu Görres und zu seinem katholischen Freundeskreis erschöpfend deuten. Die *Barmherzigen Schwestern*, die den Wahnwitz der Französischen Revolution der heilenden, erlösenden Wirkung der Kirche gegenüberstellen, verdeutlichen symbolisch Bs Anprangerung der demokratischen und kapitalistisch-materialistischen Entartungen. Die Emmerick-Schriften müßten mit Hinsicht auf die Zeitbezüge ebenfalls eingehend untersucht werden. Baxa bezieht sich in seiner Untersuchung der romantischen Staatswissenschaftler auch auf Bs *Bilder und Gespräche aus Paris.* Wieder wird das Wirken von Kirche und Staat einander gegenübergestellt. Während das soziale Werk aus »dem Gebäude der Kirche organisch hervorgewachsen« ist, zeigt der Egoismus weltlicher Sozialpolitik die »offenkundige Unzulänglichkeit aller vom Liberalismus stark vernachlässigten staatlichen Wohlfahrtsinstitute« (165). Baxa meint, B habe bereits auf die Sozialistenverbände angespielt, wenn er erklärt, das weltlich gesinnte Individuum »hat zu viel für sich zu sorgen, um sich für die anderen zu vergessen, und nur allgemeine persönliche Noth ruft in den Weltleuten eine Aufopferung im Vereine hervor«. Solche Vereine arteten später oft in Verbindungen aus, »die das Allgemeine gefährdend, mühsam gestört werden müssen und alle Kräfte auffordern, um in ihren Wurzeln zerstört zu werden« *(Orden,* CBGS 4, 371). Das egoistische, weltliche Streben des Einzelnen, ob im kapitalistischen oder sozialpolitischen Sinne, zersplittere die vorhandenen Geld- und Energiequellen, während die »Kirche, als ein Leib betrachtet« (367), in ihren Orden das Individuum der Sorge um das eigene Ich enthebe und zur Armen- und Krankenpflege befähige. Baxa schreibt: »Den Gegensatz zwischen *Individualismus* und *Universalismus,* das Grundproblem der Gesellschaftslehre, hat CB schon wohl erfaßt, wenn er sich auch noch nicht der genannten Ausdrücke bedient« (166).

Neben den vier Aufsätzen, die die *Bilder und Gespräche aus Paris* umfassen, ist auch noch der Essay *Über populäre geistliche Kunst* erwähnenswert, der sich mit kunstpolitischen Problemen beschäftigt. Der Aufsatz *Der Welt Urtheile über geistliche Vereine,* wie die Pariser Gespräche 1838 in den »Historisch-politischen Blättern« erschienen, geht in seiner Polemik weiter als diese in der Gegenüberstellung von Staat und Kirche. B spricht von »politischen Marktschreiern«, »Culturquacksalbern«, »Erziehungsseiltänzern« und »Finanzalchymisten« (CBGS 4, 395). Er beklagt, daß »die Jugend durch irreligiöse Doktrinen, verkehrter und in todter antiker Hoffart versteinter Lehrer verderbt wird« (397) und spricht von der »erlogenen Seekarte verfälschter Geschichte« (398), die das Volk verdummt. »Philosophen und Aerzte müssen für die Wahrheit der Gespenster fechten«, die, »aus dem magnetischen Hades« geholt, »im eleganten Boudoir magnetisch und somnambulistisch zu spuken« anfangen (398), während man sich abmüht den Geist des Wunderglaubens aus der historischen Grundlage des Christenthums abzutreiben« (399). Bs Vorrede zur Übersetzung von *Fenelon's Leben* und zur Neuausgabe von Spees *Trutz Nachtigall* gehören ebenfalls in diese Kategorie der kritischen Schriften. Frühwald verzeichnet in seinem Forschungsbericht (S. 199, Anm. 77 und S. 221, Anm. 159) einzelne Beiträge Bs in der Zeitschrift *Der Katholik.*

Die letzte Kategorie, Bs polemische Schriften, umfaßt eine große, noch nicht genau zu übersehende Anzahl von meist beißend ironisch oder satirisch gehaltenen Texten. Sie benutzen teils die Form von öffentlichen Briefen und Spottgedichten (z. B. in der Auseinandersetzung mit Voß); teils von fingierten

Briefen (z. B. *Brief einer Apfelhüterin*), als kürzere, in Aufsatzform gehaltene Repliken auf Angriffe (z. B. die in der »Badischen Wochenschrift« 1807 erschienene *Warnung vor literarischer Klätscherei unter uns)*; teils sind es längere Aufsätze (z. B.
die Philistersatire); aber auch scherzhafte Abhandlungen finden
sich darunter (z. B. *Geschichte vom Ursprung des ersten Bärnhäuters)*; schließlich Vorträgen, wie sie z. B. bei der Christlich-
deutschen Tischgesellschaft gehalten wurden. Da eine erhebli-
che Anzahl dieser Schriften seinerzeit nicht gedruckt wurden,
ist die Existenz eines umfangreichen Bestands solcher Materialien unter den noch unedierten Beständen des FDH und anderswo zu vermuten.

Literatur.

L. Geiger: »L. A. v. Arnim. Unbekannte Aufsätze u. Gedichte. Mit
einem Anhang von CB«, Berliner Neudrucke, 3. Serie, Bd. 1 (Berlin,
1892), ix–xiv u. 123–135. *A. C. Kalischer:* »CBs Beziehungen zu
Beethoven«, Euphorion (1895), Ergänzungsheft 1: 55–57. *A. Sauer:*
»Über CBs Beiträge zu C. Bernards Dramaturgischem Beobachter«,
ebend., 64–81. *E. Martin:* »CB als Vorkämpfer dt. Theaterkultur«,
Fränkischer Courier (1916), Nr. 215: 358. *R. Smekal:* »CB, ›Allerlei
Gedanken bei Opern‹«, Frankfurter Zeitung u. Handelsblatt 66, Nr.
636 (4. Sept. 1921), 1–8. *J. Baxa:* »Die staatswiss. Schriften der dt. Ro-
mantiker«, Zs. f. Volkswirtschaft u. Sozialpolitik, NF (1922), 2. Bd.,
H. 1–3: 141–147. *J. Körner:* »Die Wiener ›Friedensblätter‹ 1814–1815«,
Zs. f. Bücherfreunde, NF 14 (1922), 90 ff. *R. Smekal:* »Eine unbekannte
Faust-Kritik von CB«, Köln. Volkszeitung u. Handelsblatt, Nr. 186
(8. März 1922), 1–4. *Ders.:* »Theaterprobleme d. Romantik«, Dt.
Rundschau 192 (1922), 200–211. *J. Baxa:* Einführung in die romant.
Staatswissenschaft (Jena, 1923). *R. Smekal:* »CB als Burgtheaterkriti-
ker«, Alt-Wiener Kalender f. d. J. 1925 (Wien, 1925), 119–146. *G.
Voigt:* »CB u. Charles Baudelaire«, Blick in die Wissenschaft 1 (1948),
63–71. *J. Droz:* Le Romantisme Allemand et l'Etat (Paris, 1966). *H. S.
Reiss:* Politisches Denken in der dt. Romantik (Bern, 1966). *C. Schmitt:*
Politische Romantik (Berlin, 1968[3]). *H. Rölleke:* »Neuentdeckte Bei-
träge CBs zur ›Badischen Wochenschrift‹«, JbFDH (1973), 241–346. *K.
Feilchenfeldt:* »Zwei Briefe CBs im ›Preuß. Correspondenten‹ von
1813«, Philobiblon 19 (1975), 244–255. *Ders.:* »CBs publizistische
Kontakte mit Hamburg«, Aurora 36 (1976), 47–60. *D. Dennerle:* Kunst
als Kommunikationsprozeß (Bern, 1976). *H. Kindermann:* »B u. das
Burgtheater«, Maske u. Kothurn 22 (1976), 54–153. *H. Kurzke:* »Romantik u. katholische Restauration, ZsfdPh 97 (1978), 176–204.

7. Briefe

Wie Bs dramatisches, religiöses und kritisches Werk kann man auch seine Briefe nicht gattungsmäßig eindeutig klassifizieren. Während die ältere Forschung das briefliche Material den Lebenszeugnissen zuordnete und streng vom dichterischen Schaffen trennte, hat die neuere Beschäftigung mit den Briefen deren durchaus poetischen Gehalt erkannt und eine andere Einschätzung versucht. Nach dem Ansatz H. Rüdigers hat H.-J. Fortmüller den Gattungsbegriff Brief für B relativiert. Sprachgestaltung und Formgebung besäßen bei B die »Eigenart, Profanes für das Religiöse durchscheinend zu machen, um es mit dessen überkommener Bedeutsamkeit und Verständlichkeit auszustatten«. Wie B selbst nennt Fortmüller diesen Vorgang sprachliche »Säkularisation« (12–13).

Neben der didaktischen Belehrung findet in Bs Briefen auch eine »Verdichtung« im Doppelsinne des Wortes statt. Der fünfte Brief an E. Linder (Frühwaldausgabe) z. B. ist ein Musterbeispiel der dichterischen Umsetzung einer Idee durch das Wort. Er geht vom Allgemeinen (Gesellschaftskreis) zum Spezifischen (das Kreisen, Kreistanzen des Einzelnen) über und schließt mit der Erläuterung (Fixierung) des Geschehens durch den Beobachter ab. Daß diese wissenschaftlich knappe Mitteilung einer Beobachtung durch die Handhabung der Sprache zum »Gedicht« wird, hebt die B-Briefe aus der Kategorie des Briefes in jene der Poesie. Gleichzeitig können solche Briefe den Platz theoretischer Erörterungen einnehmen, was die Gattungszugehörigkeit weiter relativiert.

Außer den persönlichen Mitteilungen sind bei B auch die öffentlichen zu berücksichtigen. Die fingierten ebenso wie die »öffentlichen« Briefe lassen sich in zwei Kategorien teilen, die sich wohl nur durch die Art und Anzahl der angesprochenen Leserschaft unterscheiden. Sie bilden damit eine separate Gattung, die sich jener der belehrenden bzw. kritischen Schriften nähert. Die persönliche Mitteilung selbst ist in den Bereich des Biographischen bzw. Autobiographischen einzureihen, wie dies von Vordtriede/Bartenschlager getan wird.

Ob Bs Briefe »nicht als Kunstwerke, sondern als Dokumente eines poetischen Lebens« gesehen werden sollen (Frühwald, Linderbriefe, 309), oder ob sie entprivatisierte, literarische Kunstwerke der »Geselligkeit« sind (vgl. Fortmüller, 126), ist noch nicht geklärt. Fiktionale und literarische Elemente sind zweifellos in den Briefen wie in den religiösen Schriften vorhanden. Die Frage nach der Glaubwürdigkeit des Mitgeteilten ist deshalb im Briefmaterial ebenso wie bei den Emmerick-Schriften aktuell. Gerade weil der Brief eine »Selbstdarstellung« ist, wird das Mitgeteilte subjektiviert. Indem der Brief durch eine fingierte Adressatin die wirkliche Empfängerin in die Rolle der Leserin versetzt, benutzt der Autor bereits ein manipulatives literarisches Kommunikationsmodell.

Auf keinen Fall darf die subjektiv überzeugende Darstellung im Brief als historische Wahrheit gelten. Durch das mangelnde Erinnerungsvermögen des Briefschreibers, seine Selbstinterpretation und -darstellung wird das Faktische oft völlig unbeabsichtigt verzerrt. Bs Aussagen über L. Hensel (und die meisten ihm wichtigen Persönlichkeiten), aber auch jene über sich selbst, stehen in starkem Kontrast zu der Sicht anderer Zeitgenossen. Bettinas Bearbeitung des Briefmaterials im »Frühlingskranz« und die Editionsprinzipien späterer Herausgeber von Bs Briefen sind ein gesondertes Problem. Trotz anregender Ansätze zur Erhellung der Gattungsproblematik wird daher die Forschung den Brief und dessen Interpretations- und Verwendungsmöglichkeiten noch umfassenderen Studien unterziehen müssen.

Literatur.

H. Rüdiger: »Über CB als Briefschreiber«, Geistige Arbeit. Zeitung aus d. wissensch. Welt 8, Nr. 8 (1941), 9–11. *A. Wellek:* »Zur Phänomenologie des Briefs«, Die Sammlung 15 (1960), 339–355. *A. Langen:* »Zum Problem der sprachlichen Säkularisation in d. dt. Dichtung d. 18. u. 19. Jhdts.«, ZsfdPh 83, Sonderheft (1963), 24–42. *P. Bürgel:* »Der Privatbrief. Entwurf eines heuristischen Modells«, DVjS 50 (1970), 281–297. *W. Vordtriede/G. Bartenschlager:* Dichter über ihre Dichtungen (München, 1970). *S. J. Schmidt:* »Ist ›Fiktionalität‹ eine linguistische oder eine texttheoretische Kategorie?«, Textsorten. Differenzierungskrit. aus linguistischer Sicht (Frankfurt, 1972). *H.-J. Fortmüller: CB als Briefschreiber (Frankfurt, 1977). H.-G. Dewitz:* »». . . Traue den süßen Tönen des Sirenenliedes nicht. . .‹. Zur Rolle von Bs Briefen in der Forschung«, BdK, 10–24.

Das Namensverzeichnis enthält nur Eintragungen im Text und keine Angaben aus den Literaturhinweisen. Nicht verzeichnet sind die Namen »Clemens Brentano«, sowie jene die im Text als Abkürzungen für Literaturhinweise verwendet werden.

164

SAMMLUNG METZLER

J.B. METZLER

Printed in the United States
By Bookmasters